马克思交往理论视域下的文学批评研究

张 谨 ◎ 著

九 州 出 版 社
JIUZHOUPRESS

图书在版编目（CIP）数据

马克思交往理论视域下的文学批评研究 / 张谨著 .
-- 北京 ：九州出版社，2023.9

ISBN 978-7-5225-2267-8

Ⅰ．①马… Ⅱ．①张… Ⅲ．①马克思主义－文学评论
－理论研究 Ⅳ．① A811.691

中国国家版本馆 CIP 数据核字（2023）第 190790 号

马克思交往理论视域下的文学批评研究

作　　者	张　谨　著
责任编辑	李创娇
出版发行	九州出版社
地　　址	北京市西城区阜外大街甲 35 号（100037）
发行电话	(010)68992190/3/5/6
网　　址	www.jiuzhoupress.com
印　　刷	武汉贝思印务设计有限公司
开　　本	787 毫米 ×1092 毫米　16 开
印　　张	15
字　　数	221 千字
版　　次	2023 年 9 月第 1 版
印　　次	2023 年 9 月第 1 次印刷
书　　号	ISBN 978-7-5225-2267-8
定　　价	68.00 元

前 言

我们常常说中国是一个人情社会，实际是在说这是一个喜欢交际的社会，孔子是鼓励人们在交往中谦虚地向他人请教并学习的。圣人之为圣人并不是天生就通晓大道，而是始终在与自然、他人的交往中进行不断学习和自我完善。但这点并非完全是中国人的特质，马克思在《1844 年经济学哲学手稿》中，也摘录了穆勒的一句话说："人作为喜爱交往的存在必然发展到交换"[1]。而像苏格拉底、伊壁鸠鲁、笛卡尔等人在西方哲学史留下重要轨迹的人物，同样喜爱从交谈中发展并验证自己的思想。

从个人的角度来说，人最重要的欲望其实是自我表达，而人的幸福或者快乐便来自自我表达与他人承认的有机结合。我希望我能在表现自我的过程中得到他人承认，或者说他人评价帮助我完善了自我认识，让我能够想明白一些只靠自己无法认识的问题，一些人生经历的麻烦或者挫折，只有通过他人的对话才能厘清，尤尔根·哈贝马斯对弗洛伊德的研究以及巴赫金对自我意识结构的展示都揭示了这一点。

在马克思自己创作的"艺术的整体"中，经典文本群能够尽可能地呈现出一个具有连续性、代表性、差异性的交往思想，这要求我们在追溯经典文本群的过程中，尊重各个文本自身的历史语境和发展线索，避免成为某种观点的片面截取。直到马克思在《德意志意识形态》提出具体的生产力与交往形式之前，虽然关于人类交往活动的看法一直处于相对隐形的位置，但却从未断续，一方面来自交往范畴本身的延展性，另一方面则因为马克思从博士论文写作的一开始，就表现出一种探索人类现实社会的热诚。而当成熟时期的马克思将资本作为主要研究对象时，交往思想也获得了最完整的形态。

[1] 马克思恩格斯全集（第 42 卷）[M]. 中共中央马克思恩格斯列宁斯大林著作编译局，编译. 北京：人民出版社，1979：19-20.

构建经典文本群必须从文本自身实际以及相互之间的关系出发。从马克思的博士论文到《哲学的贫困》这一时期，是马克思在与其他思想家的精神交往中不断学习、逐步批判的成长阶段，鲍威尔、黑格尔、费尔巴哈、蒲鲁东等人在其中扮演着重要角色。对这一阶段交往思想的总结，作者采取了分篇分节的论述方法，以马克思在该文本的主要逻辑为主，兼顾涉及的交往思想。这七个文本的交往思想主要包括：在马克思博士论文中，排斥性的、定在性的自我意识，展现人与世界交往的多样性和物质性，揭露神圣形象中的自我异化；在《黑格尔法哲学批判》中，以私有制和财产的对立代替政治国家与市民社会之间的对立，揭露非神圣形象中的自我异化；在《论犹太人问题》中，以个人力量和社会力量的结合，把各种中介物对人的控制力量还归于人；《1844年经济学哲学手稿》由于异化劳动，人在和他人的交往中实践着自身的异化，或者说自我异化通过与他人的交往现实化，为了扬弃私有制，马克思提出复归符合社会人性的共产主义，使人能够积极运用所拥有的一切感觉和特性对所处现实进行主动占有和享受；在《神圣家族》中，在交往中脱离群众的批判家，只是群众在实践完成之后，用以回顾既定现实的工具；在《德意志意识形态》中，生产力和交往形式的矛盾是社会发展的关键动因，私有制只有在个人得到全面发展的前提下才能被消灭，因此个人必须全面占有现存的生产力和交往形式，将劳动变为自由的生命活动，这要求无产阶级在世界交往基础上的联合；在《哲学的贫困》中，资产阶级在私有制社会宣扬的自由和平等，无非是自我占有和相互利用的自由和平等，以此掩盖分工、分配、竞争及阶级对抗下的不平等和不自由，阶级斗争是考察社会生产力发展过程的必要环节，革命阶级本身就是生产力。

成熟时期的马克思著作，如《1857—1858经济学手稿》《1861—1863经济学手稿》《资本论》，则表现出更强的连续性，尤其是资本的生产过程，在马克思生前便得到了完整的论述。资本的生产过程，始于价值形式本身的秘密，通过使用价值成为价值、具体劳动成为抽象劳动、私人劳动成为社会劳动这三重对立面的转化，实现着主体的物化与物的主体化，人们交往的目的是确证彼此作为社会一般劳动的等价性，从而确证自己的主体性。在商品发展为货币的过程中，商品成为暂时的货币，货币成为永久的商品，为了货币进行的交换，掩盖了劳动与商品的交换，现在我们只知道与他人的唯一联系——商品所有者之间的联系，因而全部社会交往也变为商品所有者之间的交往。当货币转换为资本，资本主义社会的交往本质便被彻底暴露出来，现在人与人在交往之中的所有对立都可以赤裸地总结为：劳动条件的所有者同劳动能力的所有者之间的相互对立。

资本生产得到的剩余价值分为绝对剩余价值和相对剩余价值两部分，前者反映了人类社会迄今为止产生的自由时间，并非全然来自生产力的自然进步，而更多依附于少数不劳动群体对多数劳动群众的支配和压迫，而后者表现了资本主义生产方式的特性，即机械构成自动生产的巨型躯体，工人只是维持这具躯体机器的器官，工人的自我意识泯没于生产资料之中，活的劳动在生产中不断复活着死去的物化劳动。在资本的积累中，我们不仅看到工人与资本家之间的对立交往，还有小资本家与大资本家之间的对立交往，以及在职工人与产业后备军之间的对立交往。最后，在晚年"人类学笔记"[1]中，通过对原始社会的考察，马克思发现了一种尚未被私有制异化的、朴素的、平等自由的交往形式，从而侧证了此前所设想的那种自由人联合的交往图景。

结束了对经典文本群的总结之后，就进入对马克思自身交往思想的总结和提炼环节。对西方哲学史中交往思想轮廓的大致描述，成为讨论这一话题的基本前提和重要背景。古希腊的哲人们，无论采取何种哲学立场，都对人与人、人与城邦的交往情境充满着兴趣，在青年马克思所描述的素朴性中，苏格拉底以交谈的方式讨论真理，柏拉图的作品展示了哲学从交谈走向独白的道路，对亚里士多德而言，友谊研究是伦理学通往政治学的桥梁，解决人们交往之中的不平等问题正是城邦的责任。古希腊哲学一开始就展现了最形而上学的交往层

---

[1] 全称"卡尔·马克思的人类学笔记"，又被称为"民族学笔记""古代社会史笔记""国家与文明起源笔记"等。该笔记是马克思在1879—1882年期间研究古代社会史所作的五个笔记的通称。五个笔记为：《马·柯瓦列夫斯基〈公社土地占有制，其解体的原因，进程和结果〉（第一册，1879年莫斯科版）一书摘要》《路易斯·亨·摩尔根〈古代社会〉一书摘要》《亨利·萨姆纳·梅恩〈古代法制史讲演录〉（1875年伦敦版）一书摘要》。《约·拉柏克〈文明的起源和人的原始状态〉（1870年伦敦版）一书摘要》《菲尔〈印度和锡兰的雅利安人农村〉一书摘要》。

次，即沟通二元对立的那种努力，它表现在哲学对话与辩证法的关系中，并且在现实社会得到反映。从笛卡尔开启的现代哲学，以我思确立了人作为交往主体的地位，霍布斯以利维坦压制人们因为欲望在交往中产生的冲突，而休谟则强调情感的感染功能在交往中的联合作用。到了德国古典哲学，交往思想的价值来自主体自我立法的需要吗？康德首先揭示了这一前提，并以先验自由确定了交往双方对自立规则的遵守。这一路径经由费希特、谢林的发展，在黑格尔那里得到最终解答，主奴辩证法揭示了人们交往规范制定背后的历史性，人类从荒蛮争斗演变为相互约束的自律，是社会发展所取的成就，康德悖论无法只用形而上学的"先验自由"进行解决，必须进入人类社会发展史中寻找答案。

马克思所认为的交往含义极其宽泛，一切规定、中介、维持人社会关系的制度、体系、规则都可视为交往形式的组成部分，而一切与人社会关系相关的活动都可视为交往活动。交往一般是人社会关系的生产和再生产活动，以人的物化和物的人化两种形态交替进行，满足人在主体性建构中为我性与为他性的需要。马克思的交往思想以德国古典哲学的自我立法为基础，将黑格尔主奴交往模式，转化为商品所有者之间、资本家与工人之间、不同性质资本家之间、工人与工人之间的交往，这四种交往模式在整个资本总循环的运动中互为起点和终点，可在不同空间范围内同时存在。首先，在商品所有者之间的交往中，每个人都在与他人的对立中交替地承担着他人的社会角色：作为买者和卖者，作为商品和货币。这种社会角色的换位，既确立着贫与富的不平等，又扬弃着人天然差异的不平等，以至于不平等只呈现为一种形式。其次，在工人与资本家这种典型的交往形式中，生产资料的占有者无偿得到了劳动力占有为其创造的交换价值，工人不仅只能得到为自己资本家生产的部分价值，而且还要把已经得到的价值拿到其他资本家那里消费。不同资本家之间的交往主要集中在竞争中，表现为大资本家对小资本家的剥削、生息资本家对产业资本家的剥削。最后，在资本自身发展出的再生产体系中，还有在职工人与产业后备军的交往，同样充斥着竞争压力。

通过交往思想窥视整个资本主义社会，可知这是一个通过将交换价值生产普遍化、抽象化从而掩盖其种种对立矛盾的社会。马克思终其一生的思考与创作，都在尝试揭露这种对立造成的抽象、神秘、颠倒，并在此基础上给出对应的人类解放方案。在资本社会的交往中，交往主体主要是交换价值的占有者和欲求者，交往规范是可交换性，将人异化为物，而信用揭示了资本主义社会交往活动的最高异化——一个人人皆是资本家（投机者）的社会。

从马克思交往思想自身出发，进入文学批评领域的主要维度包括：一、文学批评的主要任务是揭露并批判资本主义社会交往的虚伪和不自由，因为资本自身历史使命的限制，资本想要突破的界限与矛盾正是资本自身，而这必然导致在资本主义社会下，人们交往体现的自由和平等本身就充斥着虚伪和冷漠。二、文学交往是文学生产与文学接受的统一过程。文学交往作为文学生产与文学接受的统一运动，正如资本的总循环运动一样，在这个过程中，文学生产、作品、文学接受三者既是起点又是终点，在不同时空维度同时进行着。文学生产是暂时性的，而文学接受中的意义生产却是无止境的，这让文学交往始终保持着未完成性。三、文学交往是组成和表现社会关系的重要实践。凭借文学生产以及语言本身的特性，文学交往以一种虚构的、审美的、戏剧化的方式丰富了参与者的社会关系。在物质生产以及生产关系尚未到共产主义水平之前，文学交往让人们暂时从资本制造的对立中解脱出来。四、文学交往的世界性表现为人民集体的普遍交往。世界文学是普遍性文学交往中的货币符号，一直以来，发行与流通这一特殊商品的权力一直被英语世界的欧美文学所掌握，它们享有着依靠文化霸权所建立的"文学定价权"，任何非英语语种的、非欧美地区的文学要想进入世界文学空间，都必须依赖这种世界文学货币进行交换。但今天，随着中国自身综合国力以及国际地位的提高，中国文学和文论进入世界的时机更加成熟，这次将不再一味地迎合西方文学的他者目光，而是将自身的独特性带向全世界。

最终，如果尝试将马克思的交往思想引入文学批评领域，那么对相关思想的考察是十分必要的。仅从"马克思""交往""文学批评"三个关键词出发，有三种思想或流派与之密切相关，分别是：接受美学与哲学诠释学、巴赫金的对话性思想、哈贝马斯的交往行为理论。接受美学从宣扬读者主体性的角度，提高了文学接受在文学活动中的地位，将阅读与批评活动变成了一种读者与文本的文学交流活动。姚斯以公共性、历史性的期待视野和自居认同作用的审美经验，充分展示了读者接受的动态性和积极性，伊瑟尔则借助现象学美学的作品本体论，将文学作品视为一种作品和读者相互作用的审美相应活动。不过，接受美学在引入读者的同时，也冒着将作品意义相对化的风险，伽达默尔的哲学诠释学对此进行了一定程度的修正，将意义理解变成了一种辩证式的问答对话。巴赫金的对话思想与马克思的亲缘性表现在，二者对语言的功能保有相似立场，语言只是交往的产物，既不可过分工具化，也不可过度诗化。巴赫金认为人的自我意识结构本身就是对话性的，我们所使用的语言，实际上总是一种暗含着社会评价的、等待他人应答的具体表述，人类理想的交往图景应该是以人们集体为主体，同整个宇宙发生亲昵关系的一体化活动。与马克思将人类社会发展的关键归结为物质生产力不同，哈贝马斯将其视为人类学习机制的进步。交往理性以自我发展和社会进化的同一性为依据，以合理性为基础，以合法性为要求，以自我辩护为方法，以解决危机填补意识匮乏为目的，把取得共识视为最终的结果。哈贝马斯的交往行为理论，看似与马克思交往理论最接近，实际上却只能成为其批判与反思的对象。

目录

CONTENTS

第一章 马克思交往理论的发展脉络

第二章 马克思的交往理论

第三章 马克思交往理论对文学批评的启示

第四章　马克思交往理论与文学批评的对话

第一章　马克思交往理论的发展脉络

从博士论文一直到晚年"人类学笔记"，马克思在和黑格尔、鲍威尔、费尔巴哈、蒲鲁东、摩尔根等人的精神交往中，围绕着宗教异化、政治国家与市民社会的对立、异化劳动、批评家与群众的关系、生产力与交往形式之间的矛盾、阶级斗争的必要性和历史性等诸多问题展开对话。以跟随学习为起点，以批判反思的离别作为终点，马克思在这个过程中不断发展了自身的交往理论：复归符合社会的人性，消灭分工，人在普遍交往中成为具有世界性、历史性经验的个体，无产者通过个人与他人的联合占有整个社会财富，社会中的每个个体能够自由支配每一种生产工具和全部的交往形式。

第一节　从博士论文到《论犹太人问题》：缘起

"真正的批判要分析的不是答案，而是问题。……问题就是公开的、无畏的、左右一切个人的时代声音。问题就是时代的口号是它表现自己精神状态的最实际呼声"[1]，青年马克思在博士论文中跟随着古希腊哲人，从人与世界原初素朴的关系出发，表达着一种自由勇敢的哲学精神。

一、马克思博士论文：定在的自我意识在相互排斥中表征生存的多样性

马克思原本计划写一本详细阐释伊壁鸠鲁学派、斯多葛学派、怀疑论学派的著作，从整体考察古希腊晚期三大哲学流派之间的联系与区别，"必须把这篇论文仅仅看成是一部更大著作的导论，在这部著作里我将联系整个希腊思辨来详细地分析伊壁鸠鲁、斯多葛、怀疑论这三派哲学的相互联系"。[2] 但在老师布鲁诺·鲍威尔催促下，加上马克思想尽快谋求大学教职的愿望，他最终选择了"德谟克利特的自然哲学和伊壁鸠鲁的自然哲学的差别"作为博士论文的选题。

马克思宣扬人的自我意识觉醒，将哲学以殉道者姿态从宗教的奴仆角色中解脱出来。这种自我意识的哲学来自鲍威尔，他将整个人类历史视为自我意识的发展史，自我意识逐步扬弃一切成为占领世界的"无限的自我意识"，其哲学便是自我意识发展的最终阶段。古希腊晚期哲学是自我意识最早的历史形态，

---

[1] 马克思恩格斯全集（第 40 卷）[M]. 中共中央马克思恩格斯列宁斯大林著作编译局，编译. 北京：人民出版社，1982：289.

[2] 马克思恩格斯全集（第 40 卷）[M]. 中共中央马克思恩格斯列宁斯大林著作编译局，编译. 北京：人民出版社，1982：188.

这是马克思选择该时期作为博士论文研究对象的原因之一。马克思否定了晚期古希腊哲学是衰落阶段的看法，强调了晚期三大派对罗马精神甚至现代世界的影响。在当时，多数学者只是把伊壁鸠鲁视为德谟克利特学说的一个剽窃者，而马克思从自然哲学以及物理学两方面，在细致地分析了二人的巨大差异之后，指出了伊壁鸠鲁哲学的原创性以及部分对德谟克利特学说的超越。

伊壁鸠鲁与德谟克利特在自然哲学的认识论上已经产生了差异。德谟克利特视感性实在为主观假象，将其从客体世界中驱逐出去，由于不满足于现象界的真实性，德谟克利特转而寻求实证知识，希望通过多次游历获得对世界的客观认识。相反，伊壁鸠鲁肯定感性知觉对于认识的作用，认为哲人的意义不是怀疑而是相信感性世界的客观性，伊壁鸠鲁轻视实证科学，认为它无法让人获得内心的宁静与满足。德谟克利特相信世界存在必然性的规律，执着于发现新的因果关系，伊壁鸠鲁却承认偶然性的重要性，因为唯有如此，世界才是多样性的，人才是自由的，这一点也成为马克思用来反对决定论神学的论据之一。

伊壁鸠鲁注重偶然性所带来的多种可能性，至于这种可能性是否现实则无关紧要，因为现实对象根本不是伊壁鸠鲁的关注对象，其目的是获得内心宁静而非自然知识，自然知识只是慰藉人内心的手段之一。马克思得出结论："因此，我们看到，这两个人在每一步骤上都是互相对立的。一个是怀疑论者，另一个是独断论者；一个把感性世界看作主观假象，另一个把感性世界看作客观现象。"[1] 马克思敏锐地觉察到二人之间有趣的悖论：从自然中追求必然性知识的德谟克利特却把自然视为主观假象，而相信自然现象真实性的伊壁鸠鲁却认倾向于通过偶然性来否定一切自然客观。作为怀疑论者和经验论者的德谟克利特从必然性的角度认识自然，而作为独断论者的伊壁鸠鲁却在自然中处处看到偶然性，马克思在对比中发现了二人这种同为对立又互为颠倒的情况。当然，马克思也并非全然认可伊壁鸠鲁的观点，他反对伊壁鸠鲁绝对排斥他物的独断论，这使伊壁鸠鲁对人的看法脱离了局限性的定在，从而转向完全的内在。

---

[1] 马克思恩格斯全集（第 40 卷）[M]. 中共中央马克思恩格斯列宁斯大林著作编译局，编译. 北京：人民出版社，1982：207.

古希腊晚期的原子论通常认为世界由原子及其存在的空间虚空构成，原子在虚空中的运动促成了万物的生成与运动。原子的运动分为三种：直线垂直降落、相互排斥、偏斜。伊壁鸠鲁与德谟克利特都承认前两种，只有伊壁鸠鲁自己认为存在着第三种偏斜运动。马克思对此的解释是：原子直线下坠是原子本身的运动，而原子存在的数量是众多的，多到原子在运动时必然发生相互排斥从而产生偏斜。原子偏斜造就事物的偶然与多样，避免了决定论，因为决定论最终会导向一个有造物主的世界，这是马克思绝对反对的。德谟克利特原子论的弊端是他试图抽象地把握现实，只看到原子片面的物质性，原子被想象为一个具有单一性质的实体。马克思从这一点切入，以排斥描述众多原子的相互运动，并引进了作为主体之人的规定：

"所以一个人，只有当同他发生关系的另一个人不是一个不同于他的存在，而他本身，即使还不是精神，也是一个个别的人时，这个人才不再是自然的产物，但是要使作为人的人成为他自己的唯一真实的客体，他就必须在他自身中打破他的相对的定在，欲望的力量和纯粹自然的力量。排斥是自我意识的最初形式；因此，它是同那种自认为是直接存在着的、抽象单一的自我意识相适应的。"[1]

这段文字非常重要，它详细描述了马克思早期对人的认识。自我意识是自身主体的第一客体，在主体对自我客体的审查中，人逐渐摆脱其自然本性以及欲望的束缚，开始有了初步对自然以及自身的抽象，而这种脱离自然产物的过程，实际上以人通过交往活动进行的社会化过程为基础。尽管自我意识是人之为人的关键，但它不是直接存在的单一抽象物，而是通过不断排斥外在，打破自身定在成为自己的真实客体。这里已经涉及了一种交往互动的哲学立场，其主要目的是保证自我意识在交往中的自由与理性。

原子偏斜产生多样性运动的逻辑，被青年马克思用来解释自我意识如何从排斥性的互相交往中突破自然和欲望的限制，以一种间接但具体的方式表达着多样性。另外，在人产生"自我"这一客体的过程中，青年马克思初步意识到

---

[1] 马克思恩格斯全集（第40卷）[M].中共中央马克思恩格斯列宁斯大林著作编译局，编译.北京：人民出版社，1982:216.

了一种物化关系："但如果我自己对待自己就像对待一个直接的他物一样，那么我的这种关系就是物质的关系。"[1]马克思批评德谟克利特只看到原子排斥的物质方面而非观念方面，即原子在互相排斥的过程中进行着自我否定。马克思在此时倡导一种处于定在之中的自由，"'定在中的自由'作为有限制的自由，其限制方面即来自'定在'，而自然就是'定在'之一，这就意味着在马克思那里，自然具有与伊壁鸠鲁那里的自然所不同的结局"[2]，人的自由实现应处于现实的物质世界，一个没有被神决定，具备多种可能性的世界。

伊壁鸠鲁主张精神的绝对自由，反对天体永恒性对人情感的束缚。马克思尖锐地指出，意识所进行的虚构与想象只是人与自己影像的斗争，人们对自身影像的看法，取决于反映它的方式。人的意识要求认识对象的客观性，以便在承认认识对象的同时承认自我意识的有效性或者合法性，因此，"如何解释天体，对意识来说是无关紧要的；它断定不可能只有一种解释，而是多种解释，也就是说，任何一种解释都能使意识得到满足；因此，意识承认它的活动是有效的虚构"[3]。对于伊壁鸠鲁而言，意识对真实世界认识动力来自自身的兴趣，世界与自我意识的关系只是一种被承认与被满足的关系。

古希腊哲学起源于自然实体的考察，近代哲学起源于笛卡尔的怀疑精神，他与前者赖以生存的自然决裂。"一切具体的东西都是复合，是差别与界限的总和"[4]，伊壁鸠鲁哲学的问题在于，将这一切差别和界限都理解为任意与想象的，拒绝承认具体事物中存在必然性的规律，那么事物之间的差别也就不存在了。伊壁鸠鲁的怀疑论使他认为认识事物无法使精神成为实在，因为无知恰是人存在的本性之一，正如康德对物自体的描述，而马克思将其视为怀疑主义固有的认识软弱，他们否认人能超出假象的界限，因此从世界外部走向绝对的内心，

[1] 马克思恩格斯全集（第40卷）[M]. 中共中央马克思恩格斯列宁斯大林著作编译局，编译. 北京：人民出版社，1982：217.

[2] 王伟. 作为自我意识限制条件的自然——以马克思博士论文为文本依据 [J]. 社会科学论坛，2022（03）：16-24.

[3] 马克思恩格斯全集（第40卷）[M]. 中共中央马克思恩格斯列宁斯大林著作编译局，编译. 北京：人民出版社，1982：48.

[4] 马克思恩格斯全集（第40卷）[M]. 中共中央马克思恩格斯列宁斯大林著作编译局，编译. 北京：人民出版社，1982：53-54.

从而沦为贫乏的虚无主义。伊壁鸠鲁将最大的快乐视作哲学认识的绝对自由，将最大的善视为内心的宁静，不承认世界的存在需要前提。早期的希腊哲人是实体的容器，他们的实体既有创造性也有现实性，创造性表现在他们以诗意的激情宣言实体，现实性表现在他们以自我表现的方式表现实体，早期希腊哲人因为实体与其观念朴素的统一性，从而成为具有个性的、具体的、生动的形象。

在苏格拉底和诡辩学派之后，实体中的观念性逐渐占据了统治地位，观念性本身成为独立纯粹的抽象，实体借由观念性的自身矛盾，转化为多种可能性规定，其中与实体相符的那些规定成为实体的保存者，转化为主观精神。然而主观精神与实体的相符，并不等于与现实的相符，它本质上仍然是观念性的，但主体到主观精神毕竟完成了一次质的飞越，现在主观精神可以脱离实体而独立存在，"所以对于主体本身来说，它的这一规定是一种既成事实，一种异己的力量，这种力量的承担者是主体，即苏格拉底的灵异"。[1] 这种异己的力量，马克思后来称其为异化。主观精神成为实体的谓语，成为对实体的规定，也成为对具体个人的训诫（如法律）。实体的应有表现是成为主观精神的真正规定，以便个人将其作为对世界的判断标准，个体也由此失去了从自身认识自然世界的自由，个体承载主观精神的实践活动，也成为将自己对象化的活动。

伊壁鸠鲁的神不是上帝，他在世界之内，有自己的规定性："神不是什么别的东西，而是集经验恶行的一切后果之大成的共同体。"[2] 个人之所以不去作恶，是因为他害怕别人也去像他一样为了个人利益去作恶，因此引发了众人之间更大的恶行。伊壁鸠鲁的神是众人之神，它是赏善罚恶的共同体意识，将个人的感性快乐变为众人的共同享有的内心宁静。"哲学研究的首要基础是勇敢的自由的精神"[3]，伊壁鸠鲁为此甚至将世界存在的一切事物看作偶然，试图在有实体前提的世界寻找到无前提的哲学，结果便是独断论与怀疑主义，伊壁鸠

---

[1] 马克思恩格斯全集（第40卷）[M]. 中共中央马克思恩格斯列宁斯大林著作编译局，编译. 北京：人民出版社，1982：67。

[2] 马克思恩格斯全集（第40卷）[M]. 中共中央马克思恩格斯列宁斯大林著作编译局，编译. 北京：人民出版社，1982：81.

[3] 马克思恩格斯全集（第40卷）[M]. 中共中央马克思恩格斯列宁斯大林著作编译局，编译. 北京：人民出版社，1982：112.

鲁的内心自由是主观的、武断的自由，而在青年马克思的时代，哲学是在把握世界之后反对世界的哲学，即黑格尔哲学。

在博士论文结尾，马克思将天体说视为伊壁鸠鲁思想的灵魂，它从具体个别性的角度张扬了自我意识的绝对性和自由，"因此伊壁鸠鲁是最伟大的希腊启蒙思想家"[1]，他实现了自我意识的自然科学，"从伊壁鸠鲁的思想中马克思认识到，如果要完成启蒙精神的弘扬，就必须诉诸一种特定的唯物主义倾向，在其中，事物的物质性（质料性）存在方式要与获得规定的形式性的原则并存，二者在相互抗争中显现出的对必然性的逃逸（自由意志），成为事物的物质性存在方式确证自身的方式"。[2] 哲学实践是一种理论实践，它本身的矛盾在于试图从观念的角度将现象赋予具体形式，给现实打上自己烙印。当哲学拒绝走向现实而是试图作为意志反对现象世界时，哲学抽象的弊病便整个暴露出来，马克思在此给出了精彩的论述：

"世界的哲学化同时也就是哲学的世界化，哲学的实现同时也就是它的丧失，哲学在其外部所反对的东西就是它自己内在缺陷，正是在斗争中它本身陷入了它所反对的错误，而且只有当它陷入这些错误时，它才能消除掉这些错误。凡是反对它的东西，凡是它所反对的东西，总是跟它相同的东西，只不过具有相反的因素罢了。"[3]

马克思已经厌倦哲学自我意识的内部斗争，这种自我意识把世界哲学化的同时，也将自己的个别意识哲学化，从而将世界与自我意识全部抽象化、一般化。起初只是哲学与世界的关系问题，然后演变为自我意识之内的对立和冲突，从而形成了两种不同的哲学派别：一是青年马克思所在的以批判为武器进行概念反思的"自由派"（青年黑格尔派），二是试图以神启解释世界的"实证哲学"（宗教神秘主义）。马克思此时还未能达到对黑格尔哲学进行整体批判的程度，

[1]　马克思恩格斯全集（第 40 卷）[M]. 中共中央马克思恩格斯列宁斯大林著作编译局，编译. 北京：人民出版社，1982：242.

[2]　夏莹. 启蒙与马克思新唯物主义的形成——重读马克思《博士论文》[J]. 山东社会科学，2022（11）：32-39.

[3]　马克思恩格斯全集（第 40 卷）[M]. 中共中央马克思恩格斯列宁斯大林著作编译局，编译. 北京：人民出版社，1982：258.

他着眼的是黑格尔对神的本体论证明，将这种证明视为空洞的同义反复。不过，青年马克思解决这个问题的逻辑仍然是自我意识，对他而言，"当我们思索'存在'的时候，什么存在是直接的呢？自我意识"[1]，因此对神的存在证明不过是对自我意识的存在证明。但是，马克思此时的自我意识与黑格尔的自我意识已经存在着本质区别："在黑氏那里，自我意识是作为绝对精神的某个环节与中介而成为零度主体性的他性实体，流转于由自然到社会直至人类精神之巅，而马克思则赋予其主体性的内在活力，在指向外在社会与内在理论的双重协变中显现其价值的永恒性。"[2]

自我意识的觉醒意味着人开始主动摆脱自然的束缚，而为了形成这种意识，自我首先成为相对于自身主体的一个客体，即黑格尔所谓的"自我的他者"。黑格尔一开始采取的立场，是将人自我客体化的过程视为一个历史性的社会交往过程，但黑格尔并未将这个立场坚持到底。黑格尔通过自我意识将现实世界哲学化，世界与人的交往现在仅仅是自我意识内部的辩证运动，青年马克思将自我客体化表述为自我物化，是一种在定在物质世界所完成的客体化，人在与世界的交往中发展出自我意识之后，以为可以凭借更加独立与抽象的精神把握世界，但精神于人而言只是从形而上学发展出的异己之物，只有处于物质世界的具体个体才有资格表达自我意识的绝对性和自由。

二、《黑格尔法哲学批判》：私有制造就了政治国家与市民社会的对立

作为一切批判前提的宗教批判在德国已经结束。在人自己异化的神圣形象被揭穿后，马克思认为哲学接下来的历史任务便是揭露非神圣形象中的自我异化，即针对德国的国家哲学和法哲学的批判。英法两国已经消灭了以王权为代表的最大私有者，德国却还在为其立法，德国历史如马克思所说像一个笨拙的新兵，还在重复以前的历史。黑格尔法哲学作为德国国家哲学与法哲学的集中

---

[1] 马克思恩格斯全集（第40卷）[M]. 中共中央马克思恩格斯列宁斯大林著作编译局，编译. 北京：人民出版社，1982：285.

[2] 炎冰. 论"自我意识"的政治学况味——马克思《博士论文》续探 [J]. 南京社会科学，2012（06）：39-46.

体现，同样反映了这种现实困境，其哲学虽然具有时代水准，但所维护的却是已经成为历史的君主立宪制。

韩立新认为《黑格尔法哲学批判》的意义在于："在 1843 年前后，马克思经历了一个'从国家到市民社会'的转变过程。马克思之所以能够创立唯物史观，从根本上说得益于他借助于《黑格尔法哲学批判》完成了这一转变。"[1] 这一转变的关键契机是黑格尔的市民社会概念，马克思借助这一概念的批判，将重心由黑格尔的法哲学转向了国民经济学。这也是导致《黑格尔法哲学批判》未被马克思完成的主要原因之一，马克思本打算在《德法年鉴》上发表完《黑格尔法哲学批判导言》之后就将其付印出版，但是"当整理付印的时候，觉得把单纯对思维的批判和对不同事物本身的批判结合起来，是很不适当的"。[2] 马克思于是计划将法、伦理、政治分成几个册子进行论述，之后在《神圣家族》和《德意志意识形态》中完成了对黑格尔思想体系的后续批判。

马克思认为国家普遍利益与市民社会私人利益之间的冲突被黑格尔强行整合起来。黑格尔将作为理念的国家视作市民社会的前提，但现实正与之相反，是市民社会与家庭构成了国家，它们才是国家的存在方式。黑格尔总是将现象看作理念的结果，国家作为抽象的范畴，现实社会成为它的种种规定，"总之，就是在替各个具体规定寻求适应于它们的抽象规定"。[3] 在黑格尔的思想体系中，作为主体的永远是理念，现实社会的发展演变只有作为主体的谓语才有存在价值。马克思将现实差别视作政治制度得以建立的真正主体，理念本应从中产生，但是黑格尔作为主体的理念却能够从内部发展出自己的差别，在哲学表述上就产生了主体变成谓语，谓语变成主体的假象，造就了黑格尔与马克思考察现实的本质差别。

马克思将政治制度建立在现实差别之上，黑格尔将政治制度建立在理念的

[1] 韩立新. 从国家到市民社会：马克思的重要转变——以马克思《黑格尔法哲学批判》为研究中心 [J]. 河北学刊，2009（01）：14-24.

[2] 马克思恩格斯全集（第 1 卷）[M]. 中共中央马克思恩格斯列宁斯大林著作编译局，编译. 北京：人民出版社，1956：723.

[3] 马克思恩格斯全集（第 1 卷）[M]. 中共中央马克思恩格斯列宁斯大林著作编译局，编译. 北京：人民出版社，1956：254.

自我扬弃与发展上。当黑格尔说"国家机体"的不同权力时，马克思说这不过跟理念的不同差别一样是同义反复，本质上仍然是抽象概念的自我规定，因为黑格尔的理念既自我产生又自我结束，马克思犀利地总结道："黑格尔所做的事情不是发展政治制度的现成的特定的理念，而是使政治制度和抽象理念发生关系，使政治制度成为理念发展链条上的一个环节，这是露骨的神秘主义。"[1]黑格尔就这样一点点将哲学上的理念渗透进国家制度学说，将精神视为国家的主体，将国家的实体性同样视为主体，这些主体成为国家的目的，转化为国家的现实规定。马克思则从相反的角度出发，首先肯定现实的主体——具有自我认识与自我实现的精神，国家目的是这种精神的内容，不同权力是其实现的方式。马克思这时对黑格尔的批判，还停留在使用黑格尔的语言去反思黑格尔的阶段，仍可见到"现实精神""实体"这些抽象术语，但是随着论述的深入，马克思逐渐从市民社会的私有财产中找到了突破口。

在黑格尔那里，现代君主立宪制是自由理念的实现形式，分别对应着单一性的王权、普遍性的立法权、特殊性的行政权三个环节。王权是国家意志的化身，君主等于国家主权，具有至高的地位。这种地位并不意味着君主可以实行专制统治，黑格尔设想的君主只有按照法律签订政令的作用，但正是君主这一具体的存在，实现了国家主权的现实化。黑格尔以此将君主的王权与国家主权等同起来，君主的个人意志成为国家意志，当君主宣布自己的行动时，行政权和立法权便为其保驾护航，三种权力也成为一个整体。黑格尔对国家的认识，仅仅停在用逻辑论证国家的层次，这里存在的不是现实事物本身的逻辑，而是符合黑格尔哲学逻辑的现实事物，"由此可见，整个法哲学只不过是对逻辑学的补充"[2]。黑格尔关于国家制度的观点止步于自我意识关系的论述上。黑格尔将国家制度的成立建立在自我意识是否一致的前提下，这似乎是两年前博士论文中青年马克思会赞同的观点，但随着马克思对鲍威尔进行的批判，这种观点已经成为"庸俗"的说法。

[1] 马克思恩格斯全集(第1卷)[M].中共中央马克思恩格斯列宁斯大林著作编译局,编译.北京: 人民出版社, 1956: 259.
[2] 马克思恩格斯全集(第1卷)[M].中共中央马克思恩格斯列宁斯大林著作编译局,编译.北京: 人民出版社, 1956: 264.

黑格尔将王权视为自我规定的最后环节，一切现实性东西的开端，体现了人的特殊性，马克思则直接说"王权就是任性"。[1]黑格尔对王权的看法，透露着对人这一主体的基本认识，这里的特殊性只是私人的特殊性，实际是在肯定单个个体的任意妄为，而组成国家的个体应当是社会性的，个体只有作为众多中的个体才能存在，这是马克思此时对个体的基本规定。这里再次出现了黑格尔式的主谓颠倒，从一般的抽象规定出发，推导出人作为现实主体的性质，在这个过程中，神秘的实体成为现实的主体。黑格尔将人规定为主观的、个体的，其目的在于使国家意志落于国王一人的这种观点具备合法性。凭借主谓颠倒与个体的单一化，黑格尔顺理成章地做出了这样的推论：因为主观性只有作为主体才存在，而主体又只能作为单一性质的东西而存在，因此国家人格只有作为一个人才是现实的。这种为君主立宪制证明的逻辑显然不能得到马克思的认可，"未来的民主制是克服了市民社会和国家分离的制度，在那里，每个人都作为类而存在，每个人都以自己的特定活动满足他人和社会的需要，而他人和社会也会满足我的需要，民主制就是直接体现每个人社会特质的制度"[2]，国家不应从自身的概念出发去规定人，而应从人的角度去规定自身，这个人必须是现实社会里的众多个体。

马克思从中世纪政治、商业、地产的短暂回溯中得出结论："政治国家的抽象是现代的产物。"[3]中世纪人民与国家是同一的，只是这种同一靠人民对宗教与王权的臣服来实现，马克思称之为现实的二元论，是已经完成的异化。在现代国家，政治国家与市民社会的对立产生了抽象的二元论，政治异化仍然存在，并且主要围绕私有财产这一核心问题展开。国家本应作为人的自由产物而存在，现在却被黑格尔绑定到单一个体身上，他甚至认为唯有如此才能实现国家意志的最终决断。围绕这种国家意志所建立的行政权体系，将与之对应的官僚机构的行动变为一种形式主义的例行公事。这种官僚的思维方式是崇拜权威，其个

---

[1] 马克思恩格斯全集(第1卷)[M].中共中央马克思恩格斯列宁斯大林著作编译局,编译.北京：人民出版社，1956：269.

[2] 李淑梅.马克思人民主体性的国家建构思想——基于《黑格尔法哲学批判》的探讨[J].北京大学学报（哲学社会科学版），2021（01）：24-31.

[3] 马克思恩格斯全集(第1卷)[M].中共中央马克思恩格斯列宁斯大林著作编译局,编译.北京：人民出版社，1956：269.

人目的是将国家利益变为自己的个人利益，马克思指出："黑格尔给行政权下的唯一哲学定义就是使单一物和特殊物'从属于'普遍物等。"[1]

黑格尔关于立法权问题的讨论继续出现了二律背反。从立法权的角度看，立法权确立了国家制度的合法性，地位应高于国家制度。从另一方面看，立法权只有在符合国家制度的范围内才能生效，因此又是从属于国家制度。黑格尔对此的解决方式是：国家制度是立法权的前提，但是通过立法权的不断完善，前者得以完成自己进一步的前进运动。马克思认为这不过是另一种形式的二律背反，黑格尔幻想立法权可以在符合国家制度的前提下发挥自己的作用，因为国家是自由与理性精神的最高定在，实际上黑格尔在这里表述矛盾与解决矛盾的方式，只是对概念内部矛盾的解释。国家制度不过是政治国家与非政治国家之间一种协调和契约，"立法权并不创立法律，它只揭示和表述法律"。[2]

在黑格尔将王权、行政权、立法权三者统一到国家制度中时，这三者与国家制度间的矛盾，被他用"国家精神""国家意识""伦理精神"的崇拜神秘消解。黑格尔对王权任性的纵容，正是对自己任性抽象的纵容，他对市民社会与政治国家二元对立的解决，只在概念与形式上得到一种看似的完满。黑格尔法哲学的矛盾一方面在于他看到了现代社会由于市民社会从政治国家分离造成的多种冲突，另一方面却希望通过自己抽象的国家制度理论将这种分离统一在国家内部。"黑格尔通过中介的过渡，将政治国家视为人民存在的完全实现，而对马克思来说，这只不过是一种错误的'变体论'，它把国家变为抽象的和形式的，进而将特殊变为普遍，但这种转变仅仅是表面的和逻辑的，实质上并没有改变"[3]，马克思承认黑格尔对现代社会冲突根源认识得深刻，但进一步脱离了黑格尔的框架，放弃从国家层面整合市民社会的努力，转而提出作为私人等级的市民社会本质上就不要求政治国家的普遍性，它只为了实现个人利益，

[1] 马克思恩格斯全集(第1卷)[M].中共中央马克思恩格斯列宁斯大林著作编译局,编译.北京：人民出版社，1956：304.
[2] 马克思恩格斯全集(第1卷)[M].中共中央马克思恩格斯列宁斯大林著作编译局,编译.北京：人民出版社，1956：316.
[3] 王兴辉.马克思早期国家批判的路径分析——以《黑格尔法哲学批判》为中心[J].理论月刊，2020（12）：5-13.

或者说保卫私有财产。

普遍性的政治国家与特殊性的市民社会的分离，造就了人本质的二重化。人成为公民与市民的复合存在，作为前者，他是相信国家的理想主义者，从属于官僚组织，作为后者，他是为自己私人利益的现实主义者，从属于市民组织。马克思将人民在市民社会中的等级与国家中的政治等级相区别，从法国革命之后，政治等级进一步转变为社会等级，市民社会的等级不过只是私人生活的差别，其主要标准是金钱与教养。"现代的社会等级不像过去那样作为一种社会纽带、作为一种共同体来把个人包括在内，这就显示出了它同先前的市民社会等级的区别"[1]，它是彻底的个人主义。现代社会个人等级或地位的意义在于承认个体的现实差别，这种差别致使人们形成不同的特定共同体。黑格尔想通过对人进行等级规定，解释君主等级存在的必要性，马克思指出这种等级本质上是对主体进行二分，初看起来是对立的，但仍然是基于人本身而产生的不同规定。

黑格尔将德国目前政治国家与市民社会的矛盾，转化为君主与市民社会这一过时的矛盾形式。黑格尔从同业公会那里引出政治上的等级要素，将其看作脱离市民社会的现代抽象，然后又利用市民社会的等级差异作为普遍性的经验反证政治上的等级要素，以此形成了理论上的完美合题。黑格尔无非想说市民等级就是政治等级，"然而，真正的对立是国王和市民社会"[2]，这解释了马克思对《黑格尔法哲学批判》的总基点。黑格尔试图以哲学理论的新视角来拯救既已危亡的君主立宪制度，这种非批判的神秘主义构成了黑格尔法哲学与宗教哲学的秘密。无论是黑格尔对三大权力的阐释，还是对等级要素的论述，都是在将哲学理念二分对立之后进行的抽象调和，他欲求以自为自在的君主国家来决定随历史发展出现的市民社会，面对处处存在的矛盾，黑格尔采取了极端形而上的处理方式，将现实社会的特殊差异消解在抽象概念中，因而黑格尔认为本应该起中介作用的等级制反而强化了市民社会与政治国家的对立，这是哲学幻觉对主体自我的有意自欺，以此将中世纪等级制度的外衣强行覆在现代市民

---

[1] 马克思恩格斯全集(第1卷)[M].中共中央马克思恩格斯列宁斯大林著作编译局,编译.北京：人民出版社，1956：345.
[2] 马克思恩格斯全集(第1卷)[M].中共中央马克思恩格斯列宁斯大林著作编译局,编译.北京：人民出版社，1956：349.

社会身上。

黑格尔尝试用长子继承制从物质层面解决二者的对立。马克思对此直接说："黑格尔在这里所指出的对立，如果揭开来说，就是私有制和财产之间的对立。"[1] 黑格尔将长子继承制视为政治国家对私有财产的支配，以家庭形式保存了财产，从而避免沦为市民社会中独立自主的财产。马克思指出长子继承制的基础是土地占有制，它所占有的财产是高度固定化的私有财产，进一步说，正是这样的私有财产规定了如今的政治国家，这就与黑格尔的立场截然不同。黑格尔认为财产在长子继承制下的不可转让性，表现了主体意志与自由不可转让的普遍性。马克思一针见血地反驳说意志之所以存在，是因为意志体现在了财产中，主体在面对财产时只有成为被支配客体的悲哀命运：

"私有财产（也就是私人的任意性）在这里表现得最为抽象，极其有限的、毫无伦理精神的、粗野的意志在这里成为政治国家的最高合题，成了任性所实现的最高的异化，成了向人类的怯懦进行的最顽强、最英勇的斗争，因为在这里私有财产的人格化、人道化显示了人类的怯弱——所有这一切正是长子继承制的伟大之处所造成的浪漫热狂的结果。"[2]

长子继承制试图以另外一种异化方式来解决人在财产面前所面对的异化，即财产的人格化，它在摆脱私有财产独立性的同时也成为最高的独立性，这是黑格尔推崇长子继承制的理由之一。马克思认为私有财产凭借独立性对支配主体这一历史当然是悲剧性的，但另一方面这种独立性又成就着个体自我实现的理想主义，允许多数个体有获取和支配财产的自由，而非像封建时代那样只能靠血统与姓氏，从这个角度来说，比起黑格尔的长子继承制，这当然是历史的进步。马克思甚至在财产的可变性中看到了人与人的依赖性，即以人的类存在来克服私有财产的冷漠属性。

马克思揭示了私有财产的真正基础："即占有，是一个事实，是不可揭示

---

[1] 马克思恩格斯全集(第1卷)[M]. 中共中央马克思恩格斯列宁斯大林著作编译局,编译. 北京：人民出版社，1956：367.

[2] 马克思恩格斯全集(第1卷)[M]. 中共中央马克思恩格斯列宁斯大林著作编译局,编译. 北京：人民出版社，1956：371.

的事实，而不是权利。只是由于社会赋予实际占有以法律的规定，实际占有才具有合法占有的性质，才具有私有财产的性质。"[1] 私有财产的权利是随心所欲支配和使用事物的权利，正是这种权利而非他物塑造了王权的支配地位。王权不过是占有私有财产的权利罢了，它通过立法占有了原本由社会生产的财富，并进一步用长子继承制实现这种占有的永恒性。

最后在马克思对黑格尔选举权的批判中，我们看到马克思对人类存在本质和社会性关系的阐释。市民社会通过尽可能扩大选举权的范围来使自身成为政治存在，市民越是普遍参与到立法之中，市民社会的抽象越是被扬弃，"资产阶级政治国家及其制度运作，实际上消灭了市民社会的经济性质，进而取消了市民社会本身"[2]，因此市民社会也会随着这种扬弃的完全实现而最终消失，普遍选举既是市民社会的实现也是它的消灭。

选举意味着我们承认他人可以代表自己，这种代表的合法性来自人作为社会性存在的各种现实需要。他人能代表我，是因为他人满足我的需要，从而获得我的承认，反之亦是如此。通俗地说，一切社会职能都具有代表性质，比如，我的鞋匠能代表我的理由在于他满足了我对鞋子的需要。尽管人在社会中只从事某一两方面的工作，但他的需求是全方位的，他为别人工作，别人也在为他工作，在这个过程中人与他人形成了互相需要也互相代表的关系，用马克思的话说："作为类活动的一切特定的社会活动都只代表类，即我固有的本质中的某种规定；这就是说，每个人都是另一个人的代表。——在这里，他之所以起代表的作用，原因不在于他代表了其他的某种东西，而在于他是他自己并且他在做自己所做的事情。"[3] 人在社会中的类关系以彼此需要为基础建立起来，典型表现为社会各职业之间的联动，我们在社会中所从事的实践活动，既是对自己物质与精神需要的实现，也是对他人类存在本质的认可。

[1] 马克思恩格斯全集(第1卷)[M].中共中央马克思恩格斯列宁斯大林著作编译局,编译.北京：人民出版社, 1956:382.

[2] 邹诗鹏.马克思论市民社会的经济性质——基于《黑格尔法哲学批判》的讨论[J].马克思主义与现实, 2021（05）：45-56.

[3] 马克思恩格斯全集(第1卷)[M].中共中央马克思恩格斯列宁斯大林著作编译局,编译.北京：人民出版社, 1956:394.

在人自己异化的神圣形象被揭穿后，哲学接下来的历史任务便是揭露非神圣形象中的自我异化。黑格尔将精神视为国家的主体，是对国家的现实规定，马克思则从现实的主体出发，把国家当作具有自我认识与自我实现精神的内容。在《黑格尔法哲学批判》中，马克思对黑格尔的批判，尽管仍未彻底摆脱黑格尔的语言，但也逐渐从市民社会的私有财产中找到了钥匙。黑格尔希望自己的法哲学能够弥合市民社会与政治国家的裂隙，而马克思从历史发展的角度出发，证明只为占有私有财产的市民社会，这种强烈的私人性本质上就在不断拒绝着政治国家普遍性的要求。私有财产表达着私人的任意占有和随意支配，它的独立尽管是主体自我的异化悲剧，但又成就着个体自我实现的理想主义，而私有财产独立的基础恰恰是人们社会交往发展到一定阶段的结果，财产的可变性中包含着人与人的依赖性。因为他人身上的某一职能满足了我的现实需要，我们在交往中承认他人代表自己的合法性，他人的特殊个性是对我自己个性的某种规定和补足。我作为个体的局限，通过他人满足自身的各种需求来试图成为完整的社会存在。我们通过教育和特定技能的学习成功地扮演某个特定社会角色，我们越是成为自己，越是可以满足他人的需求，并且借此要求他人实现我的各种愿望。社会交往的功能在于，我们以此实现了彼此类本质的相互补充、说明、解释、规定、约束等功能，而他人之所以能起到这样的作用，正是因为他人正在进行的自我确证的实践活动。他人表达自我的生产活动满足了我的需要，从而他人获得了我的承认，表现并构成了我作为类存在的需求，反之亦是如此。

三、《论犹太人问题》：犹太人是全体人类的他者

1841 年，当时德国国王颁布了设立犹太人同业公会以将其同基督教社会隔离的政策，此举引发了社会关于犹太人问题的争论。1842 年 11 月，布鲁诺·鲍威尔发表了《论犹太人问题》，马克思之后在 1844 年 2 月的《德法年鉴》上发表《论犹太人问题》对其进行回应和批评，这是两人关于犹太人问题的第一次争论。其后马克思又在《神圣家族》以及《德意志意识形态》的"圣布鲁诺"一章中对鲍威尔之后的回复又进行了两次讨论，这场持续四年之久的争论在双方对彼此的贬低与嘲讽中草草结束，马克思也与这位青年黑格尔派的代表人物

在思想上彻底划清了界限。

鲍威尔此前以自我意识为核心的宗教批判享誉德国学界，证明了上帝这个最高实体仅仅是自我意识的创造物，历史也只是自我意识走向普遍的历史。这种思想对青年马克思的影响很大，尤其表现在他的博士论文中，许多关于自我意识与实体关系的表述基本来自鲍威尔的指导与影响。不过马克思在从事《莱茵报》编辑期间，一系列关于现实利益冲突的思考（比如，马克思关于林木盗窃、书报审查制度的文章）使他找到了不同于鲍威尔的思考方向，即从市民社会与政治国家的对立来看待人与社会、个体与类、私有财产与公共利益的矛盾，这成为《论犹太人问题》写作的基本背景之一。

鲍威尔基本的观点可以概括为：犹太人问题本质是一个宗教问题，因此只有消灭宗教才能让犹太人与基督教社会达成和解。马克思一开始就指明犹太人问题的本质是政治解放而不是宗教解放，"德国的犹太人首先碰到的问题就是没有政治解放，国家具有人所公认的基督教性质"。[1]基督教国家只知道占有特权，又怎么会"无私地"同其他宗教信徒分享自己的权利，鲍威尔希望通过消灭一切宗教的方式来完成犹太人的解放，本质仍是在宗教的范围内讨论宗教，这种内部批判无助于解决犹太人的现实困境。马克思从不同世俗国家的国情出发，"既然我们看到，就在政治解放已经完成了的国家，宗教不仅存在，而且表现了生命力和力量，这就证明，宗教的存在和国家的完备并不矛盾"。[2]宗教之所以仅仅在德国成为阻碍人们解放的桎梏，是因为君主制德国尚未完成政治解放，宗教的狭隘性只是这种政治不发达的表现。

马克思将政治与宗教的关系问题，一般化为政治解放与人类解放的问题。"宗教就是间接地通过一个中介物对人的承认"[3]，人需要一个中介物来完成对自我力量的承认与对象化，这个中介物同样串联起人和他人的交往，宗教与国家寄

[1] 马克思恩格斯全集(第1卷)[M].中共中央马克思恩格斯列宁斯大林著作编译局,编译.北京：人民出版社，1956:421.

[2] 马克思恩格斯全集(第1卷)[M].中共中央马克思恩格斯列宁斯大林著作编译局,编译.北京：人民出版社，1956:425.

[3] 马克思恩格斯全集(第1卷)[M].中共中央马克思恩格斯列宁斯大林著作编译局,编译.北京：人民出版社，1956:427.

托着人对自身以及他人的神性与政治性。完备的政治国家应体现出与人自私的物质生活相反的类生活，而私人的物质生活恰恰是组成市民社会的前提：

"在政治国家真正发达的地方，人不仅在思想中，在意识中，而且在现实中，在生活中，都过着双重的生活——天国的生活和尘世的生活。前一种是政治共同体中的生活，在这个共同体中，人把自己看作社会存在物；后一种是市民社会中的生活，在这个社会中，人作为私人进行活动，把别人看作工具，把自己也降为工具，成为外力随意摆布的玩物。"[1]

人在市民社会中是世俗物质的个体，在国家中是想象主权中的虚拟类存在物。政治国家与市民社会的分裂，普遍利益与个体利益的冲突，都不在鲍威尔讨论犹太人问题的范围内。人本来是作为类存在物与其他人共同行动，可在市民社会，宗教只是私有财产促成人异化的中介，因此马克思在这里说："在所谓的基督教国家，实际上发生作用的不是人，而是人的异化。"[2] 只有在实现政治解放的民主制国家，宗教仅仅为市民社会的一般构成要素，国家才成为国家，基督教国家（当时的德国）还不具备成为现代世俗国家的条件。

鲍威尔要求犹太人从宗教中解放出来，以此获得政治解放，马克思则认为犹太人解放属于人类解放的一部分，他们的政治解放是为此必经的环节，德国政治解放的主要内容是消灭封建王权对私有财产的独占，并非宗教。市民社会中的人权，是脱离人本质和共同体的利己人权，它要捍卫的自由是私人对财产的占有和任意处置，所宣扬的平等是人人皆有自由获得和使用私有财产的平等，共同体的最终建立正是由于保护私有财产的目的。"现代市民社会是一个阶级社会，在形式的自由和平等之下隐藏着以物为中介的人对人的支配关系"[3]，人作为社会存在的类属性低于作为私有财产拥有者的个体性，作为国家共同体成员的公民性低于他们的市民性。在政治革命摧毁封建专制的旧社会之后，个人

---

[1] 马克思恩格斯全集(第1卷)[M].中共中央马克思恩格斯列宁斯大林著作编译局,编译.北京：人民出版社，1956：428.

[2] 马克思恩格斯全集(第1卷)[M].中共中央马克思恩格斯列宁斯大林著作编译局,编译.北京：人民出版社，1956：433.

[3] 方博.青年马克思的公民浪漫主义——再论《论犹太人问题》[J].北京大学学报（哲学社会科学版），2021（03）：61-69.

与国家的关系从服从与统治变成了国家对个体普遍性诉求的表达，但个体此时只是为占有和使用私有财产的利己主义者，"资产阶级政治解放把人的社会力量以政治力量的形式同经验的个体分离开来，而人的解放则要求社会力量和政治力量的再统合，但资产阶级本身已经无力承担这一解放任务"[1]，人类解放的进程尚未走完，马克思这时对人类解放的描述为：

"只有当现实的个人同时也是抽象的公民，并且作为个人，在自己的经验生活、自己的个人劳动、自己的个人关系中间，成为类存在物的时候，只有当人认识到自己的'原有力量'，并且把这种力量组成社会力量，因而不再把社会力量当作政治力量跟自己分开的时候，只有到了那个时候，人类解放才完成。"[2]

人类解放的目的是将原本属于人与世界、人与他人的关系还于其身。在消除政治国家与市民社会对立的前提下，个人实现在类存在物中的自我本质确证，共同体和他人对个体的承认也不止步于个体的私有财产，个体身上的抽象与现实能在社会实践中达成和解，个体的自我实现同时也是对社会整体的实现，到此才完成人类解放。马克思进一步开拓了论述犹太人问题的格局："犹太人的解放，就其终极意义来说，就是人类从犹太中获得解放。"[3] 从对货币与资本不懈追求的角度出发，犹太人已经完成了自我解放，他们不仅通过金钱成就了自身，还借此对世界产生了广泛影响。

犹太人的神是自私自利追逐金钱的神，而市民社会正从内部不断产生着这样的犹太人，或者说市民社会中的市民人人都是犹太人。基督教国家德国对犹太人的隔绝与贬低，不过是在表达对犹太人财富的嫉妒和占有欲。基督教是高尚唯灵论的犹太教，犹太教是功利物质的基督教，前者试图控制人的意识与精神，后者试图将人贬低为只知买卖的利己主义者，两者都在进行着对人的异化统治。

---

[1] 张晓萌，周鼎. 马克思人权观建构的四维论析 —— 基于《论犹太人问题》及相关文献的研究 [J]. 马克思主义理论学科研究，2022（10）：17-25.

[2] 马克思恩格斯文集（第1卷）[M]. 中共中央马克思恩格斯列宁斯大林著作编译局，编译. 北京：人民出版社，1956：443.

[3] 马克思恩格斯文集（第1卷）[M]. 中共中央马克思恩格斯列宁斯大林著作编译局，编译. 北京：人民出版社，1956：446.

"物的异化就是人自我异化的实践"[1]，犹太人生存历史的顽强并非仅限其宗教信仰的坚定，而是人类在货币与资本面前所表现出的自我异化的根深蒂固，犹太人问题是马克思批判这一异化的镜子与象征物。

犹太人是"全体人类自我的他者"。这个他者顽强的生存力量看似来自宗教，实则还是私有财产。马克思的《论犹太人问题》并非仅限于犹太人的自我解放，而是人类如何从犹太人这个异化的他者中获得解放。人需要一个中介物来完成对自我力量的承认，宗教无非是其中之一，但这个中介在现代政治国家与市民社会的对立下黯然失色。现代人同时经历着两种生活：作为公民在抽象政治共同体中的生活，以及作为市民将自己与他人共同物化的私人生活。马克思强调人作为类存在物的社会性，可市民社会表现出与之对立的自私自利，使人们社会交往中所体现的自由和平等，仅仅限于占有和使用私有财产。在市民社会中，人作为共同体成员的类属性屈服于作为私有财产拥有者的任性，只有当现实个人与抽象公民相结合，个人力量成为社会力量，并且政治国家能够保证个人生活的时候，人类解放才算完成。人类解放的目的是将自我实现与社会发展纳入一轨，在消除政治国家与市民社会对立的前提下，把各种中介物对人的控制力量还归于人，使交往成为彼此自我本质的相互确证。

---

[1] 马克思恩格斯文集(第1卷)[M].中共中央马克思恩格斯列宁斯大林著作编译局,编译.北京：人民出版社，1956：451.

第二节 从《1844年经济学哲学手稿》到《神圣家族》：基本雏形

在《1844年经济学哲学手稿》中，马克思进一步从人类劳动的发展史中看到了私有财产的起源。国民经济学的各种范畴，归根结底是异化劳动与私有财产二者关系的表现。异化劳动，即工人劳动的对象化表现为对象的丧失以及被对象所奴役，工人对物增值的同时也进行着对自身的贬值，工人通过劳动占有自然界的直接结果是失去现实生活维生的手段，他们现在只能以工人的身份才能维持肉体的主体地位。

一、《1844年经济学哲学手稿》：人与人之间的异化交往是异化劳动的最后形式

马克思在序言中简要说明了手稿的目的：仅在限于国民经济学的范围讨论国家、法、道德、市民社会的问题，同时在结尾补充了一章对于黑格尔辩证法的批判，鲍威尔这样的青年黑格尔派对黑格尔哲学的批判，仍然是建立在抽象之上的神学批判，对于黑格尔辩证法与哲学体系的真正批判与开拓，始自费尔巴哈。

面对资本，工人与资本家都有各自的困境：前者为了生存，后者为了盈利。在资本、地租、劳动三者已经分离的前提下，社会的财富无论是增长还是减少，工人的困难处境都不会产生太大变化，他们始终在完善分工的体系下进行着极其片面的劳动，被资本以及资本家的个人兴致所控制。国民经济学认为劳动是财富的唯一源泉，现实却是那些靠着地租、利息生存的有产者对工人发号施令，

是不劳动者对劳动者的宰制，"不言而喻，国民经济学把无产者既无资本又无地租，全靠劳动而且是片面的、抽象的劳动为生的人，仅仅当作工人来考察"。[1] 国民经济学视角下的工人是只知机械劳动的牲畜，他们的愿望是为求得肉体的继续存在，工资不过是资本家给予其维生的施舍，是对工人自己劳动成果的扣除。国民经济学只知工作的工人，而无工作的、不工作的、闲暇的工人则被视为罪犯、游民、娼妓、酒鬼、乞丐。

资本是对他人劳动产品的私有权，是对劳动及其产品的支配权力。"资本家拥有这种权力并不是由于他的个人的特性或者人的特性，而只是由于他是资本的所有者。他的权力就是他的资本的那种不可抗拒的购买的权力"[2]，就像工人是资本家的奴隶那样，资本家同样是资本的奴隶，但他以为资本的权力是自己的权力，认为自己具有随意购买以及处置他物与他人的自由。亚当·斯密认为竞争能够限制资本家的这种权力，挽救工人的工资，但私有制下的市场从来都不存在普遍性的竞争，而是大资本对小资本的吞噬，最终形成少数人对整个社会财富的垄断。

私有制的统治开始于土地占有，封建时代的土地占有是表面的占有，领主借助封号与武力占有土地，导致领主在对自己人民的统治中还存有一丝人情。土地所有者的权力来自早期对土地的掠夺和征服，地租通过地主与租地者的斗争确定，这些敌对利益团体的对立，成为社会组织体系的基础。一个明显的社会事实是，经济越萧条，房租越上涨，地租亦是如此，私有制下的国民经济学，个人从社会获得的利益与社会从个人获得的利益成反比。当历史的车轮转动，封建贵族向资产阶级转化，地主之间的竞争使胜者成为资本家，败者成为无产者或工人，人与土地的关系仅仅通过金钱来维持，所有者与劳动者的关系最终都会沦为剥削者与被剥削者的关系，"资产阶级的政治革命并没有彻底完成人的解放的任务，同样，资产阶级的国民经济学在实现自由时，由于物质需要、

[1] ［德］马克思.1844 年经济学哲学手稿 [M].中共中央马克思恩格斯列宁斯大林著作编译局，编译.北京：人民出版社，2018：13.

[2] ［德］马克思.1844 年经济学哲学手稿 [M].中共中央马克思恩格斯列宁斯大林著作编译局，编译.北京：人民出版社，2018：19.

由于自己的锁链的强迫，表现为一种有节制的利己主义"。[1] 这一历史进程的结果是死的土地完成了对活人的彻底统治，人在与土地的关系上表现出极端异化。马克思从当前国民经济发展现实中所看到的是：

"这一事实无非是表明：劳动所生产的对象，即劳动的产品，作为一种异己的存在物，作为不依赖于生产者的力量，同劳动相对立。劳动的产品是固定在某个对象中的、物化的劳动，这就是劳动的对象化。劳动的现实化就是劳动的对象化。在国民经济的实际状况中，劳动的这种现实化表现为工人的非现实化，对象化表现为对象的丧失和被对象奴役，占有表现为异化、外化。"[2]

劳动的现实化成为工人的异化，工人对物增值的同时也完成了对自身的贬值，这种劳动的异化如此极端，以至于现实的工人会因为自己的劳动而无家可归、出卖身体，甚至被饿死。工人以卑微的方式极其艰苦地维持着对自己劳动产品的部分占有，劳动产品成为工人的异己对象，他在产品中投入的生命力越多，这个异己对象的力量越是强大。原本自然界为工人提供着生产资料与生活资料，但是在异化劳动中，自然界既不是工人的对象，也不维持其生存，更不支持其完成对自身的对象化。工人越是尝试通过劳动占有自然界，越是在劳动中失去自己的对象，在生活中失去维生的手段。人不是首先为人去生存，而是首先为工人去生存，"他只有作为工人才能维持自己作为肉体的主体，并且只有作为肉体的主体才能是工人"。[3] 当国民经济学将劳动的本质锁在财富中，马克思却询问这种劳动对它的主体工人来说意味着什么，国民经济学看到劳动为富人生产了奇迹，马克思反而看到劳动为工人所生产的赤贫。

在考察了劳动产品对工人的异化之后，马克思紧接着讨论了工人在劳动过程中的异化。这种异化的典型表现为工人被强迫劳动，他视劳动为一种折磨，不是自身智力与体力的开发，而是精神与肉体的双重折磨，"劳动的异己性完

[1] 余达淮.资本的道德与不道德的资本——从《1844年经济学哲学手稿》谈起[J].马克思主义与现实，2015（04）：70-75.
[2] [德]马克思.1844年经济学哲学手稿[M].中共中央马克思恩格斯列宁斯大林著作编译局，编译.北京：人民出版社，2018：47.
[3] [德]马克思.1844年经济学哲学手稿[M].中共中央马克思恩格斯列宁斯大林著作编译局，编译.北京：人民出版社，2018：49.

全表现在：只要肉体的强制或其他强制一停止，人们就会像逃避瘟疫那样逃避劳动"。[1]这种劳动过程中的异化，使工人唯有在吃、喝、生殖的时候才发现自己作为人的价值，可这种价值至多表现人的动物本能与需求，还不能体现人作为类生物的存在性。

人与自己劳动产品的异化，表现出人与自然世界的敌对，人在劳动过程中的异化，表现出人与自己的敌对，两者属于异化劳动中人在物中的自我异化。异化劳动还有第三种规定，即人作为普遍自由的类存在物，他在异化劳动中展现出人与自身类属性的敌对。马克思将自然界视为人的无机身体："自然界，就它自身不是人的身体而言，是人的无机身体。人靠自然界生活。这就是说，自然界是人为了不致死亡而必须与之处于持续不断的交互作用过程中的、人的身体。"[2]人与自然的交互是人类最初的交往形式，自然既是人生存的环境，也是人改造的对象。由于异化劳动的过程与产品都与人相异化，因此异化劳动也使类同人相异化，造成个人生活的抽象化并使个人的类生活异化。

异化劳动的最终逻辑指向人与自然、他人的异化交往，"在辩证法的高度上，马克思必然把'异化劳动'过渡到以'交往异化'的发生来进行历史过程的揭示"。[3]人与动物的区别在于他有意识地将自己的生命活动变为自己意识的对象，"有意识的生命活动把人同动物的生命活动直接区别开来。正是由于这一点，人才是类存在物"。[4]换而言之，正因为人是类存在物，他才能够有意识地规划自己的生命活动，将其作为自己的对象，而异化劳动将其颠倒，导致人原本自由的、主动的类能力，仅仅变成维持自己生存的手段。类存在原本可以按照自己的意志组织自己的生活，借此通达个体的自由，但异化劳动在将其剥夺之后，人沦为了单调的机器与粗野的动物。

---

[1] ［德］马克思.1844年经济学哲学手稿[M].中共中央马克思恩格斯列宁斯大林著作编译局，编译.北京：人民出版社，2018：50.

[2] ［德］马克思.1844年经济学哲学手稿[M].中共中央马克思恩格斯列宁斯大林著作编译局，编译.北京：人民出版社，2018：52.

[3] 刘宗碧.《1844年经济学哲学手稿》的双重异化批判和马克思新经济学逻辑的孕育[J].哲学动态，2012（11）：22-27.

[4] ［德］马克思.1844年经济学哲学手稿[M].中共中央马克思恩格斯列宁斯大林著作编译局，编译.北京：人民出版社，2018：53.

　　人的类生活总是在对世界的认识与改造中进行，以此将自然变为他的作品与现实。人懂得学习并按照各种规律与尺度进行生产，这种生产的多样性与可能性保证了人作为类存在的自由度和全面性，但在异化劳动中，人面临的是单调的、乏味的、重复的生产，国民经济学赞扬分工对社会财富累积的贡献，马克思反而批判分工对人自由和全面发展可能性的剥夺。异化劳动摧毁了人的类生活变成最低限度维持肉体存在的生存，人对自己的类意识成为资本用来压制自身的手段。异化劳动摧毁了人现实的对象性，人将自身抽象，将自然抽象，将人与他人的关系抽象，这种抽象的典型表现就在黑格尔与鲍威尔等人的哲学中。

　　人同自己劳动产品、生命活动、类本质相异化的直接结果便是人与他人的异化。马克思认为人与自身的关系同样适用于人与他人的关系：

　　"总之，人的类本质同人相异化这一命题，说的是一个人同他人相异化，以及他们中的每个人都同人的本质相异化。人的异化，一般地说，人对自身的任何关系，只有通过人对他人的关系才得到实现和表现。因此，在异化劳动的条件下，每个人都按照他自己作为工人所具有的那种尺度和关系来观察他人"。[1]

　　我如何看待自己，便会如何看待他人，他人亦如是，但我与他人又都需要彼此的联系来将自身的类属性现实化，这是我们作为类存在物的必然结果，我与他人需要不停地通过交往来确证这一点，现在这一交往规范由异化劳动本身出发。

　　马克思从工人及其生产的异化现实出发，得出工人首先面临的是自我异化为物的两种表现：工人在劳动产品上的异化，使其生产着支配自己的异己物，而他还必须从自身生产的这个异己物中乞求一丝丝的占有来维持生存。工人在劳动过程中异化，更使工人把自己视作机器和动物，因为异化劳动的生产过程要求工人交付自身作为人的自由意志和创造力，工人在生产物的同时也生产着自身的物化。其次，工人面临着自我与类相异化的处境，个人与类敌对，类以抽象个人作为目的，这种人与自身的异化关系，最终表现为人与他人的异化交往。

---

[1]　[德]马克思.1844年经济学哲学手稿[M].中共中央马克思恩格斯列宁斯大林著作编译局，编译.北京：人民出版社，2018：54-55.

那么人通过劳动生产的异己造物，既然不属于人，又属于谁呢？曾经属于神，现在属于人自身，"不是神也不是自然界，只有人自身才能成为统治人的异己力量"[1]，这是马克思的回答。可这又造就了新的问题，为何人劳动的异己造物既属于人又不属于人？这个问题的答案只有在理解异化劳动最终结果——人与人之间的异化，之后才能被解答。

工人的异化劳动的产物当然不属于工人自己，而是属于工人之外的他人——那些依赖工人却又压榨工人的人。马克思再次强调人与自身的关系只有通过与他人的关系才能被现实化，"自我异化只有通过对他人的实践的、现实的关系才能表现出来，异化借以实现的手段本身就是实践的"[2]，人在和他人的交往中实践着自身的异化，或者说自我异化通过与他人的交往现实化，这是马克思在这段关于异化劳动论述中的最终结论，有学者认为，马克思将异化劳动与交往联系起来的灵感，很有可能来自赫斯："值得一提的是，以往对异化的批判多停留在宗教领域和政治领域，赫斯在以往对异化批判的基础上，把人的本质理解为人的交往关系，特别是物质交往关系，从而试图把人的本质归结为社会本质，并引向实践生活层面，转向了经济领域。"[3]

我凭借与他人的交往实践着自我异化，他人同样如此，随着交往形式的复杂化和交往程度的深入，我们在彼此的交往之中创造了一个等价媒介——居于金钱利益之上的人情世故，对于马克思的交往理论而言，私有财产是人与人交往的核心尺度，而私有财产又是异化劳动的必然结果，因此私有制下的交往必然会走向交往异化，这一点在私有制的最高发展阶段——垄断中显露无遗，晚期资本主义社会中的垄断不可避免地产生交往异化的问题。

在《1844 年经济学哲学手稿》中，马克思将私有财产的起源问题，转变为了人类外化劳动的发展史问题，国民经济学的各种范畴，归根结底是异化劳动

---

[1]　[德] 马克思.1844 年经济学哲学手稿 [M]. 中共中央马克思恩格斯列宁斯大林著作编译局，编译. 北京：人民出版社，2018：56.

[2]　[德] 马克思.1844 年经济学哲学手稿 [M]. 中共中央马克思恩格斯列宁斯大林著作编译局，编译. 北京：人民出版社，2018：56.

[3]　宋婷婷，刘奕含. 马克思《1844 年经济学哲学手稿》中异化理论的赫斯因素 [J]. 学术交流，2018（06）：26-32.

与私有财产二者关系的表现，"劳动异化的四方面规定是从人与自然、人与人的交往关系发展以来的割裂现状中说明，马克思得出异化劳动是私有制的直接原因的结论"。[1] 当占有表现为异化，以劳动占有自然界的工人，他的自主行动变为由他人主宰的行动，他对对象的生产同时也是对象的丧失。因此，马克思要求消灭异化劳动，同时也就在要求消灭私有财产，而工人作为异化劳动的集中体现，只有工人的解放才能使社会从私有财产中解放，这种思路被卢卡奇在《历史与阶级意识》中沿用，以证明工人解放对于整个人类解放的必要性。

工人与资本的关系是工人成为活的贫困资本。工人生产资本，资本生产工人，以此工人才能生产自身。工人只有依托资本才能存在，工人如果不生产资本便无法继续生产自身，而资本正是仰仗这种依赖，以一种对工人来说无所谓的方式规定工人的生活。资本与工人的关系既冷漠又密切。当私有财产作为异化劳动存在时，人作为劳动人这种抽象的存在沦为绝对的无，当私有财产作为资本存在时，私有财产失去一切自然和社会的性质，它与劳动的对立达到极端，成为自己围绕自己、复制自己的绝对理念。资本与劳动的关系从统一发展到对立，以至于各自内部的自我对立，在这一过程中私有财产的规模与权力都在不断扩大。到了工业资本时期，私有制终于成为统治者的普遍历史力量。

早期共产主义进行的只是对私有财产的共享而非消灭，而且由于对人本性和个性的忽视，成为私有财产卑鄙性的表现形式。"共产主义是对私有财产即人的自我异化的积极的扬弃，因而是通过人并且为了人对人的本质的真正占有；因此，它是人向自身、也就是向社会的即合乎人性的人的复归，这种复归是完全的复归，是自觉实现并在以往发展的全部财富的范围内实现的复归"[2]，共产主义应在扬弃私有财产的前提下，复归符合社会的人性，前者是手段，后者是目标。

私有财产，作为人异己与非人的对象，"他的生命表现就是他的生命的外化，

---

[1]　崔琳璐．马克思人本逻辑的视阈转换及其当代语境——以《1844 年经济学哲学手稿》与《政治经济学批判（1857—1858 年手稿）》为文本考察[J]．理论月刊，2017（06）：16-21.

[2]　[德] 马克思．1844 年经济学哲学手稿[M]．中共中央马克思恩格斯列宁斯大林著作编译局，编译．北京：人民出版社，2018：77-78.

他的现实化就是他的非现实化，就是异己的现实"。[1] 人为扬弃私有财产而对其生命和产品进行的感性享受，不应当理解为片面、直接地享受和占有，而是以全面的方式，以一种完整的人的姿态，动用人的一切器官实现自我能动的享受。私有制让人只将拥有的物视作有意义的，尽管这只是人生存的手段，可人拥有的物越多，本性反而越匮乏。因此扬弃私有财产，便要解放人全部的感觉和特性。

那么何为符合社会的人性？社会由人生产，人又在社会中生产着自己和他人，"直接体现他的个性的对象如何是他自己为别人的存在，同时也是这个别人的存在，而且也是这个别人为他的存在"[2]，每个个体都是社会运转的起点和终点，我通过与他人的实际交往表现和确证自我的生命活动，同时承认他人的生命活动，这是社会生活的理想方式。社会对人而言，既是对象，又是环境，也是媒介。马克思认为即使人与自然的关系也应当放到社会的框架下讨论，人的社会性优先于自然性："社会是人同自然界的完成了的本质的统一，是自然界的真正复活，是人的实现了的自然主义和自然界的实现了的人道主义"。[3] 社会应当成为人与他人交往，人与自然交往的载体与黏合剂，人在社会中为自己所做之事，是其顺应自然天性所做之事，也是为他人所做之事。但他人的过于强大正是我贫困的原因，"贫困是被动的纽带，它使人感觉到自己需要的最大财富是他人"[4]，在我与他人的交往中用他人确证自我时，反而沦为他人的附着物。我与他人交往的悖论就在于：我的贫困来自他人不再回应我的需要，不再满足的我的需要，我的类存在成为虚无，同时我贫困也来自他人强硬地统治了我的需要，以至于我完全依靠他人创造自己的生活。

"当物按人的方式同人发生关系时，我才能在实践上按人的方式同物发生关系"[5]（人首先要支配物，然后人才能支配自己），用人而非物的方式去对待

[1] ［德］马克思.1844年经济学哲学手稿[M].中共中央马克思恩格斯列宁斯大林著作编译局，编译.北京：人民出版社，2018：81.

[2] ［德］马克思.1844年经济学哲学手稿[M].中共中央马克思恩格斯列宁斯大林著作编译局，编译.北京：人民出版社，2018：79.

[3] ［德］马克思.1844年经济学哲学手稿[M].中共中央马克思恩格斯列宁斯大林著作编译局，编译.北京：人民出版社，2018：79-80.

[4] ［德］马克思.1844年经济学哲学手稿[M].中共中央马克思恩格斯列宁斯大林著作编译局，编译.北京：人民出版社，2018：87.

[5] ［德］马克思.1844年经济学哲学手稿[M].中共中央马克思恩格斯列宁斯大林著作编译

人与物，让物像人那样与人交往，我与物的交往才能成为我对自我生命的占有。当对象性的现实成为人本质力量的现实，人将现实的对象化才可以是其本身的对象化，对象成为人的对象，成为人自身，由此人才能借助不同的对象来实现全面完整的存在状态。人作为类存在的本性要求人必须将他的对象当作自身本质力量的确证，而这种确证的范围又由其感觉的能力作为界限，或者说全部世界历史的范围就由人的五官感觉所确定，人的每一种感觉的独特性，正是其每一种本质力量的独特性。

形而上学的各种对立、精神世界的各种冲突、思维逻辑上的各种矛盾应交由社会实践去中介和解决。马克思认为现代工业虽然以异化的方式展示了人的本质力量，但这种自然界才是人本学的自然界，工业把握现实的能力强于形而上学的思辨，科学应从感性的意识与需要出发，从自然出发才能成为真正的科学。人的历史是自然史的一部分，但自然在人发展之后，也应成为人类史中的一部分。

二、《神圣家族》：群众是理论转变现实实践的主体

鲍威尔等人认为常人都具有对社会现实进行批判的行为，但碍于现实所限，这种行为的结果大多沦为肤浅的漫谈而不了了之，只有像他们青年黑格尔派这样的"批判家"，才能将批判作为主体的纯粹批判进行到底，这种纯粹批判即为批判的批判。鲍威尔在翻译蒲鲁东著作的过程中，刻意利用两种语言的差异将蒲鲁东的观点驯化，被马克思称为"赋予特征的翻译"，"如此的做法导致的结果是，对任何问题的思考和表达，经由埃德加·鲍威尔翻译过来的蒲鲁东的观点被赋予了绝对的批判的特征，真正的蒲鲁东的观点已经被消解了"[1]，因此马克思在对鲍威尔文章的批判中，特地区别了"批判的蒲鲁东"与"真正的蒲鲁东"之间的差异，前者是鲍威尔假借蒲鲁东之名阐释自己观点的蒲鲁东，后者是反对特权，坚持公平的蒲鲁东。

以自我意识为出发点的青年黑格尔派，"到目前为止，它一直是靠批判的贬低、否定和改变某些群众的事物和人物来取得自己的相对荣誉。现代它却靠

局，编译．北京：人民出版社，2018：82.
[1]　刘秀萍．重温《神圣家族》对《蒲鲁东》的分析和评判 [J]．现代哲学，2016（01）：7-14.

批判地贬低、否定和改变全体群众来获得自己的绝对荣誉"[1]，这种抽象思辨家与群众之间的交往矛盾，成为马克思在《神圣家族》中批判鲍威尔的主要线索。马克思肯定蒲鲁东对以往政治经济学所进行的批判。最初的工资由工人与资本协商而定，但是后来却发展为工人被迫同意资本家尽可能压低的工资条件，二者的关系由自由协商走向单方面强制。以往的政治经济学从私有制造成人民富有的角度出发为其辩护，蒲鲁东则注意到掩盖在其表象下的是越来越多人的贫困，这种令人愤怒的醒目现实正是马克思研究政治经济学的出发点之一。

有产阶级与无产阶级同是私有制对现实作用的一体两面，皆为人的自我异化。不同的是，有产阶级在这种自我异化中被满足，将其视为自我存在的强大证明，而无产阶级却在其中看到自身残酷的生存现状，它在替有产阶级生产财富的同时生产着自身的贫困，非人性在无产阶级身上表现到了极致。无产阶级因此必须也必然要通过消灭私有制来达成解放，马克思在这里以人类本性为标准从而反驳了鲍威尔对蒲鲁东的批评，真正的蒲鲁东是站在群众一侧的。由于青年黑格尔派试图在批判群众愚昧性的过程中建立自己的特权，这种为批判而进行的批判，自然站到了多数群众的对立面，并自认为高人一等。

青年黑格尔派以自我意识自诩，他们所看到的平等仅限于自己思维的内部，而现实的平等要求人在实践过程中承认自己与他人的地位，"平等是人在实践领域中对自身的意识，也就是人意识到别人是和自己平等的人，人把别人当作和自己平等的人来对待"[2]。马克思指出在费尔巴哈以前，青年黑格尔派以自我意识为原则确定现实，并去除所有与之不符的东西。按照鲍威尔的观点，宗教是自我意识的产物，但是这种产物在马克思看来只有通过自我异化的方式才能完成。平等之于财产的作用也是如此，当市民社会规定人人平等时，这种平等作为理性原则所创造出的私有财产却处处暴露着人与人的现实差异，因为私有财产正同样表现着人与自我的实际异化。

---

[1] 马克思恩格斯全集(第2卷)[M].中共中央马克思恩格斯列宁斯大林著作编译局,编译.北京：人民出版社，1957：99.

[2] 马克思恩格斯全集(第2卷)[M].中共中央马克思恩格斯列宁斯大林著作编译局,编译.北京：人民出版社，1957：48.

当鲍威尔以"批判的蒲鲁东"进行抽象思辨时，马克思则认为"真正的蒲鲁东"过于"群众化"，他同意蒲鲁东将劳动时间而非土地或者资本，当作工资和产品价值的量度，这让政治经济学恢复了人的权利。批判的批判认为只要在政治经济学的范围内改变工人的自我意识，工人的自我异化便会消失，这同黑格尔法哲学的思想如出一辙：同样是将范畴作为主体，将现实的人作为客体，把本该是主语的人变为思维活动的谓语，"绝对的秘密就这样从本质转化为概念，从它本身是被掩盖着的客体的阶段转化为它自己掩盖自己的主体阶段，或者更好一些，转化为'我'掩盖'它'的阶段，但我们并没有因此获得任何进展"。[1] 客体之"它"通过黑格尔式的思辨变成主体之"我"，之前客体作为现实的抽象之物掩盖现实，借此获得自己的独立，而现在以自我意识或绝对精神的形式自我掩盖，以使人忘记其本质的抽象、神秘以及颠倒。

马克思将鲍威尔的自我意识与黑格尔的绝对精神，视为两具结构相似的自我论证自我的机器，人的历史与现实只是为了印证这种真理而存在着。对马克思而言，真理仅仅就是人本身，随着群众实践范围的扩大和深入，马克思相信他们最终会理解自己。群众总是在现实中感性地生活着，他们不会像思辨哲学家那样将发生在自己身上的异化看作一种观念，这种异化也不仅仅如鲍威尔所说的那样，表现为与精神相对立的空虚、愚昧、思想懒惰。批判的批判——这种纯粹的、绝对的批判不断在抽象思辨中表现出对群众的俯视与控制欲，"但是，哲学家只不过是创造历史的绝对精神在运动完成之后，用来回顾既往以求意识到自身的一种工具"[2]，当黑格尔还在绝对精神创造历史的事后去解释它时，以鲍威尔为代表的青年黑格尔派直接大胆地承认自己就是这种精神代表下的自我意识，前者还事后幻想历史，后者则在对群众的贬低中完成了创造历史与世界的任务。鲍威尔在继承黑格尔哲学体系的基础上将绝对精神发展为自我意识，马克思将其称作对黑格尔历史观"漫画式"的完成。

只有费尔巴哈揭露了黑格尔概念辩证法体系的秘密。历史不是绝对精神或

---

[1] 马克思恩格斯全集(第2卷)[M].中共中央马克思恩格斯列宁斯大林著作编译局，编译.北京：人民出版社，1957：91-92.
[2] 马克思恩格斯全集(第2卷)[M].中共中央马克思恩格斯列宁斯大林著作编译局，编译.北京：人民出版社，1957：108.

自我意识的自我完善，"'历史'并不是把人当作达到自己目的的工具来利用的某种特殊的人格。历史不过是追求着自己目的的人的活动而已"[1]。在上一次与马克思的交锋之后，鲍威尔这次试图从法国革命与市民社会的人权角度，拓展自己在犹太人问题上的看法，但由于他在群众性上的局限，仍将历史视为象征与虚像，以抽象的原子来比喻市民社会中的个体，从而不知市民是现实的利己主义者。马克思重申了在《论犹太人问题》中对鲍威尔的看法：犹太人的解放问题本质不是宗教问题，而是发生在市民社会中私有制财产对人造成的异化问题，它在货币制度上得到了集中表现，这不是犹太人的本质，而是全体人类为实现自我解放必须跨越的阻碍。在鲍威尔那里是批判家们与群众的对立，在马克思这里是政治国家与市民阶层的对立，并且是市民社会巩固了政治国家的发展。

鲍威尔试图以无限的自我意识回答历史与现实的问题，他尝试超越黑格尔的同时却失去了黑格尔体系关键的辩证性。鲍威尔对群众精神空虚愚昧的担忧，实际是对自己抽象思辨的担忧，为此他不得不主观上建构出批判家与群众的对立，以此将自身的问题"转接"到臆想的群体身上，群众成为他自己纯粹批判的人格化身。黑格尔体系的卓越在于他承认绝对精神中的异化与扬弃的必要性，而鲍威尔则试图用一种更高傲的哲学姿态，将群众作为一个既被控制又被抛弃的对象，显示出精神与现实交往中的巨大失衡。

沉湎于神学领域完成批判的批判，当然无法理解下层群众每日在面对生活时所展现的自我更新能力，它只是需要群众作为客体完成对身为主体批判家的衬托。鲍威尔对宗教的批判正如黑格尔对法哲学的批判那样，是旧世界穿戴着新观点的外衣试图在现代世界再次复活，鲍威尔用自我意识将世界驯化，"世界是被迫使自己异化并采取奴隶形象的自我意识的生命表现，但是世界与自我意识之间的差别只是似是而非的差别"[2]。自我意识不承认世界之中还有异己的存在，世界是它的幻影与梦境，是它的自我独白，这便是它与世界的交往方式。

[1] 马克思恩格斯全集(第2卷)[M].中共中央马克思恩格斯列宁斯大林著作编译局,编译.北京：人民出版社，1957：118-119.

[2] 马克思恩格斯全集(第2卷)[M].中共中央马克思恩格斯列宁斯大林著作编译局,编译.北京：人民出版社，1957：178.

"真正的群众自己在内部和互相之间形成最为群众的对立"[1]，马克思提醒我们在试图把群众一般化时，最先面对的就是群众内部各种各样的对立与矛盾，或者说一切对群众的绝对规定注定会遭遇失败的结局，这是鲍威尔思想的必然结果。"现实的个人只是偶性，只是批判的批判借以表现自己永恒性的人间的容器。主体不是人类中的个人所实现的批判，而是批判的非人类的个人。并非批判是人的表现，而是人是批判的异化，因此批评家完全生活在社会之外"[2]，因此我们才能理解当鲍威尔感叹批判家不得不由于批判与社会远离时，马克思对此的态度有多么震惊与愤慨！在神圣家族拥趸的簇拥下，鲍威尔已然看不到所生存世界的现实。

批判的神学家也只是神学家而已，当马克思说批判是一种愤怒的情感时，鲍威尔也在表达着群众对自己的不解，但群众在被他规定为精神愚昧空虚的存在物之后，又如何能理解他的哲学，这种愤怒不是针对现实，而恰恰指向自我意识过度妄想症的软弱，这是批判者自己在自我异化中由反抗无意识间转为妥协的愤怒。当绝对批判在兜兜转转的思辨循环中不停回到原点时，它在幻想中所斥责的群众——现实中的人们，仍然在过自己的生活，对此既不知晓，也不想有兴趣去理会。

当哲学开始走出自我独白，与群众集体和自然世界开始交往的时候，哲学才能成为现实的一部分。"从思想承续的关系看，《神圣家族》是马克思了断他们与青年黑格尔派之间复杂的思想关系的重要环节。这两种异质思想的剥离尽管是在几年内完成的，但也经历了一个曲折的蜕变过程"[3]，批评家与群众的关系在其中发挥着重要作用。对马克思来说，真理仅仅是人所集合起来的群众本身，历史是他们实践自我目的的活动，脱离群众与现实的哲学家只是在群众实践完成之后，用以回顾既定现实的工具。哲学不能枉顾批判现实与群众而将

[1] 马克思恩格斯全集(第2卷)[M].中共中央马克思恩格斯列宁斯大林著作编译局,编译.北京：人民出版社,1957：197.
[2] 马克思恩格斯全集(第2卷)[M].中共中央马克思恩格斯列宁斯大林著作编译局,编译.北京：人民出版社,1957：204.
[3] 聂锦芳.一段思想因缘的解构——《神圣家族》的文本学解读[J].学术研究,2007(02)：45-52.

自己排除在外，否则就会像鲍威尔的神圣家族那样，将群众视为愚昧空虚的集合，不得不感慨自己身为哲学家的与世隔绝，殊不知这正反映着哲学自身无法正视现实的软弱与空虚。所有试图将群众抽象化的哲学尝试都会失败，它们只能从中看到自身无力的幻影，理论可以成为现实的物质力量，但前提是理论须由群众的实践来掌握和实现。

第三节　从《德意志意识形态》到《哲学的贫困》：正式诞生

不是意识决定生活，而是生活决定意识，意识与现实世界的矛盾正如意识所认为的那样只属于自己。比起意识形态家们，群众面临着更为严酷的生存现实，那就是生产、消费、分配三者各自独立的矛盾，马克思在《德意志意识形态》对私有制社会的分析中，认为这一矛盾根源来自分工，比起意识的自我批判，更加重要的是如何消灭分工。

按照马克思对共产主义社会的规划，人们在劳动上的差别，不应成为其在占有上的特权。人们由分工支配的交往，是私有者与异化劳动者组成的联合，人的对象化是人的物化，表达社会性的交往变成物与物之间的漠不关心。为此，共产主义运动要做到：推翻一切旧的生产和交往关系，将之前世代累积的物质创造与精神创造的自发性，放到联合起来的个人支配之下。

一、《德意志意识形态》：生产力与交往形式是人类社会变革的关键动因

德国的批判，至今一直局限于哲学——或者说黑格尔的哲学。从施特劳斯的实体、鲍威尔的自我意识到费尔巴哈的类、施蒂纳的唯一者，虽然德国哲学在黑格尔的基础上逐步世俗化，但仍未脱离宗教与神学的批判起点。"老年黑格尔派认为，只要把一切都归入黑格尔的逻辑范畴，他们就理解了一切。青年黑格尔派则硬说一切都包含宗教观念或者宣布一切都是神学上的东西，由此来

批判一切"[1]，青年黑格尔派将人的一切归为人的意识，认为只要完成对人不同意识产物的批判，就能要求改变人的意识，借此实现哲学对现实世界的改变。囿于自我意识的哲学，能改变的只是依附于这个世界的词句，青年黑格尔派对世界的批判在马克思看来无非只是主语与谓语的颠倒。

马克思在《德意志意识形态》首次提出了趋于成熟的哲学起点："全部人类历史的第一个前提无疑是有生命的个人的存在。因此，第一个需要确认的事实就是这些个人的肉体组织以及由此产生的个人对其他自然的关系。"[2] 人与动物的区别在于人会主动参与到自身生活资料的生产和再生产，人已有的以及再生产的生活资料的特性，决定着人的生活方式。个人的生产方式同时也是他表现自我生命的方式，这由个人进行生产的物质条件所决定。

人为维持肉体组织而进行的物质生产，以个人之间的交往作为前提，而人们的交往形式又被他们的生产所决定，生产与交往的关系成为马克思在《德意志意识形态》中解释人类历史发展动因的关键。分工作为生产力发展水平的典型表现，它的不同发展阶段对应所有制的不同形式。人类从部落所有制到公社所有制，从封建所有制到现代社会私有制的历史，马克思看到随着分工范围的不断扩大和分工体系的不断复杂，社会生产的财富逐渐从共同体共有发展到个人私有。生产力提高导致人类交往范围的进一步扩大，要求不断完善的分工，而分工的发展又致使农业、工业、商业的分离以及城市与农村的对立，私有制在整个过程中逐步取得了对整个社会的统治地位。广泛的生产一定促生出广泛的交往，但在私有制社会，以共同体为基础的联合生产的个人，他的利益却不断与共同体进行对抗，人与他人的交往，变为互相掠夺与欺骗。

现实中的个人，即从事物质生产活动的个人，其思想、意识、观念的生产离不开他的物质活动与物质交往。意识只能是被意识到的存在，而人的存在就在于他的现实生活，"不是意识决定生活，而是生活决定意识。前一种考察方

[1] ［德］马克思，恩格斯. 德意志意识形态（节选本）[M]. 中共中央马克思恩格斯列宁斯大林著作编译局，编译. 北京：人民出版社，2018：9.

[2] ［德］马克思，恩格斯. 德意志意识形态（节选本）[M]. 中共中央马克思恩格斯列宁斯大林著作编译局，编译. 北京：人民出版社，2018：11.

式从意识出发，把意识看作是有生命的个人。后一种符合现实生活的考察方法则从现实的、有生命的个人本身出发，把意识仅仅看作是他们的意识"[1]，人的意识活动由现实生活中的实践决定，在人类还未发展出脑力劳动与体力劳动的分离之前，不会有人日日思考世界由何种思维本质所决定。人目前的现实生活不是一蹴而就的，而是经过数个世代物质生产累积的结果，哲学如果愿意从思辨中俯身注视现实世界，便可彻底地反思关于自我意识的种种幻想。

费尔巴哈对人的解放，仅限关于人的词句和抽象感性的解放。解放是历史活动而非思想活动，是伴随生产力发展和交往形式进步之后，人类社会能够满足大多数人的福祉。虽然比起理性思辨，感性直观固然更接近现实世界，但"费尔巴哈对感性世界的'理解'一方面仅仅限于对这一世界的单纯的直观，另一方面仅仅限于单纯的感觉"[2]，费尔巴哈从黑格尔那里恢复的主体仅限于感性的人，而非现实的、历史的人。当费尔巴哈尝试用人的感官直观观察世界时，现实生活中不可避免地发生着与他作为哲学家意识和感觉不符的现象，费尔巴哈越是尝试更加细微地感知世界，这种矛盾越是深刻，以至于他又开始以德国哲学家的方式处理这些现实细节——重新将感性抽象化和语言化。

马克思在《德意志意识形态》中总结了自己新阐发的历史观：

"从直接生活的物质生产出发阐述现实的生产过程，把同这种生产方式相联系的、它所产生的交往形式即各个不同阶段上的市民社会理解为整个历史的基础，从市民社会作为国家的活动描述市民社会，同时从市民社会出发阐明意识的所有各种不同的理论产物和形式，如宗教、哲学、道德等，而且追溯它们产生的过程。"[3]

意识的一切形式无法仅仅通过自我意识的批判来消灭，而是要通过消灭产生这些幻想的种种现实关系，"历史以及宗教、哲学和任何其他理论的动力是

---

[1]　［德］马克思，恩格斯．德意志意识形态（节选本）[M]．中共中央马克思恩格斯列宁斯大林著作编译局，编译．北京：人民出版社，2018：17.

[2]　［德］马克思，恩格斯．德意志意识形态（节选本）[M]．中共中央马克思恩格斯列宁斯大林著作编译局，编译．北京：人民出版社，2018：20.

[3]　［德］马克思，恩格斯．德意志意识形态（节选本）[M]．中共中央马克思恩格斯列宁斯大林著作编译局，编译．北京：人民出版社，2018：37.

革命（这里是不是也能将这种革命理解为战争为主的暴力形式），而不是批判"[1]，形而上的批判仅仅是形而上学家的自我幻想。每一代人和每个个体所遭遇的现实生活，是上一代人生产力和交往形式的总和，或者说是马克思在《费尔巴哈提纲》中所提到的"社会关系的总和"。费尔巴哈与其他德意志意识形态家的共同点，是他们只承认人与人相互需要的存在现状，既看不到其中的世代更替，更无法为多数人的现实困难找寻出路，他们只承认现存事物的合理性，却不理解也不改变现存事物的非合理性。人类改造自然的物质活动越是深刻，费尔巴哈理论的立足范围越是狭小，当费尔巴哈无力拯救人的世界时，便转身寄希望于从前那个尚未置入统治之下的自然界。共产主义者应使世界革命化，实际地反对与改变世界的现状，而不是像费尔巴哈那样一味地求助于感性直观。

现实的人绝非只为感性的人，更重要的是历史的人，而人在其漫长历史所做最多之事便是维持自身存在的物质生产和物质交往。费尔巴哈将人看作感性的对象而非感性的活动，除了一直谈论爱与友情，不知人还有其他社会关系，以为人的解放是"类的平等化"，却忽视实现这种"平等"所需的生产力条件和交往条件。费尔巴哈以感性、感觉的实在肯定性，反驳黑格尔在思辨中由否定之否定达成的抽象肯定性，这种从人五官感觉出发对具体世界展开认识的角度，得到《1844 年经济学哲学手稿》时期马克思的赞同。而在《德意志意识形态》中，马克思明确将费尔巴哈作为批判而非跟随的对象。费尔巴哈曾是马克思离开黑格尔建立自己哲学的跳板，当马克思新哲学的雏形趋于完整，对费尔巴哈的批判也成为对过去成长过程的反思和告别。

人类为了创造自身的历史，必须能够创造自身的生活。马克思在《德意志意识形态》中考察了原初历史关系的四个要素：人类的第一个也是首要的历史活动便是生产能满足吃穿住行的生活资料，这种绝大多数人每日每时所从事的生产活动，是人类迄今一切历史的基本条件，也是人类社会发展的基本事实，这成为马克思审视人类历史关系的第一种因素；第二种因素是满足基本物质生产需要之后的新的物质再生产和需要再生产，这为人类历史发展提供了源源不

[1] ［德］马克思，恩格斯. 德意志意识形态（节选本）[M]. 中共中央马克思恩格斯列宁斯大林著作编译局，编译. 北京：人民出版社，2018：37.

断的动力；第三种因素是人对他人生命的生产，即人类的自我繁衍，由此相伴的家庭关系曾是人类唯一的社会关系；"这样，生命的生产，无论是通过劳动而生产自己的生命，还是通过生育而生产他人的生命，就立即表现为双重关系：一方面是自然关系，另一方面是社会关系"[1]，由此马克思引发出人类历史关系的第四种基本的要素——人类伴随一定生产方式而进行的共同活动，即人的社会关系，马克思甚至说这种共同活动方式本身就是"生产力"的一部分。

最初是人与自然的交往，然后是人们自己的交往。马克思认为只有基于以上四种基本人类历史关系的考察，我们才能进入对人意识的反思中，正如人的物质生产和交往会受其肉体组织的制约，人的意识同样受到这样的限制。"语言是一种实践的、既为别人存在因而也为我自身而存在的、现实的意识。语言也和意识一样，只是由于需要，由于和他人交往的迫切需要才产生的"[2]，人的关系都是为人而存在的关系，意识也是如此。意识最初只是人对自身环境的感知，随后意识感知到处于这个环境中的自身与他人他物的存在，自然起初作为一种威慑和异己的力量与人对立，人类与自然的关系在很长一段历史中同动物与自然的关系并无区别，是单纯驯服与被驯服的关系，这种意识此时尚未发展为人的意识。人不同于动物的关键在于，人意识到可以借由与他人的交往来缓解与自然的对立，并随着生产力与分工的发展进而演化出更为完整与独立的意识，必须组织出更复杂的交往体系来改造自然，同时也是在改造人自己。当人类社会出现物质劳动与精神劳动的分工时，意识才有能力摆脱世界构造出"纯粹"的理论，"至此，我们看到，马克思在新历史观的框架中把'意识'安置在'生产力'和'交往形式'之后的从属性位置，显示了与黑格尔唯心主义历史观相颠倒的鲜明特征"。[3]

对马克思而言，意识自诩的困境只是观念的困境，与其谈论意识如何完成

[1] ［德］马克思，恩格斯．德意志意识形态（节选本）[M]．中共中央马克思恩格斯列宁斯大林著作编译局，编译．北京：人民出版社，2018：25.

[2] ［德］马克思，恩格斯．德意志意识形态（节选本）[M]．中共中央马克思恩格斯列宁斯大林著作编译局，编译．北京：人民出版社，2018：26.

[3] 梁爽．"人的本质"的自我生成何以可能——《德意志意识形态》对黑格尔辩证法的继承与重构 [J]．哲学研究，2022（10）：31-42.

自我批判，不如切实思考如何消灭分工。分工首先导致个体在参与社会活动时被迫承担单一性质的工作，个体的特殊性变成工作种类的特殊性，人全面发展的可能性也被取消。其次，分工导致社会分裂成不同群体、不同个人、个人与全体之间利益的对立，以至于市民社会必须参与国家这一虚幻共同体的形式来调配各方不断对立的利益矛盾。最终，分工是私有制社会不平等分配的根源，决定着不同阶级的产生，而不平等的所有制使社会始终存在着一个阶级统治其他一切阶级的局面。当统治阶级将自己的本阶级利益作为整个社会的普遍利益时，这种虚幻的共同利益必然与其他阶级的特殊利益产生矛盾，导致私有制国家会源源不断地发生着革命。

分工还压抑了多数人民群众的艺术才能，将艺术创造集中在少数人的身上。不过，即使是这少数人，他们也屈从于历史性分工下的地方局限性和民族局限性。个人的生活方式和社会关系始终是由一定的物质生产和物质交往方式决定，在未来将实现的共产主义社会中，通过消灭分工，"马克思扬弃的不是分工体系本身，只是分工和社会交往的异化形式，分工和交往都是不能被消灭的，交往最终要以无产阶级代表的自由个人结合起来的普遍交往作为自己的形式"[1]，人的职业称谓将不再是绑定在其身上的唯一标签，各种职业仅仅成为人在社会中可能进行的多种活动，而非人为谋取生存的唯一劳动。

被迫的分工，会限制个体发挥个性的范围，马克思认为在未来可能的共产主义社会中，人将有机会按照自己的个性和愿望规划自己的活动，实现自身的全面发展。个人力量由于分工转化为物的这一历史现象，只有当个人通过联合形式集体，重新完成对物的支配时才能消除。分工将个人与个人不可避免地联合起来，但这种联合因为占有者的身份而成为一种对彼此而言是异己的关系，交往是为了生存的不得不联合，而不是人为了实现自己与他人的对象化关系。过去存在的种种集体，总是将自己作为主体与内部的个人对立，并且为了缓解这种对立，这种虚幻的共同体通常会采取物质或者文化上的控制手段，将共同体内部的个人重新肢解为各种对立的小型团体。共同体在这些小团体彼此的内

---

[1] 王旭东. 重释《德意志意识形态·费尔巴哈》章中交往形式概念的作用和意义 [J]. 社会主义研究，2018（05）：31-39.

耗之中实现对个体的动态统治，在这个意义上统治者需要反抗者与革命者来转移人民对自身的注意力，以私有制为本质的现代发达国家正是这种虚幻共同体的典型代表。

国民政治经济学将一切财产都当成货币，以造成一种个人权力的假象，从而用关于货币的学说来解释生产与交往的各种关系，掩盖背后虚伪的利己主义。货币作为交换手段的特殊性在于："在货币权力的支配下，在普遍的交换手段独立化而成为一种对社会或个人来说的独立力量的情况下，生产和交往的各种关系的独立现象表现得最明显了"。[1]国民经济学将个人在交往中的一切活动都解释为相互利用，我对别人正如别人如何对我，我们都以对方对自己有用为前提和对方进行交往。这种看似互相利用的背后实际上是双方同为私有者的剥削与欺骗，"'利用'范畴是从我和别人发生的现实的交往关系中抽象出来的，而完全不是从反思或仅仅从一种意志中抽象出来的"[2]，国民经济学借助这种范畴转换，大胆地将符合资产阶级的意识——相互剥削的意识宣扬为社会全体市民的一般意识。这种相互利用的功利论，是国民经济学家用来为现存制度辩护的手段，人在资产阶级社会所享有的平等与自由是我们彼此可以相互剥削的平等与自由，他人不过是我生存的"食品"，"因此他就把与世界的交往变成与自身的交往，他从这种间接的自我享乐过渡到直接的自我享乐，他自己吞食自己"[3]。

马克思发现人类社会在历史发展中一直处于对立之中，在古代是自由民与奴隶的对立，中世纪是贵族与农奴的对立，近代是无产阶级与资产阶级的对立。人们的社会交往总是处于这种对立的语境之中，而像马克思在《德意志意识形态》中所批判的桑乔这样的学者，出于为现存制度辩护的动机，认为人们的交往只局限于私人范围，作为单纯的个人进行交往，否认人的社会地位在交往过

---

[1] 马克思恩格斯全集(第3卷)[M].中共中央马克思恩格斯列宁斯大林著作编译局,编译.北京：人民出版社，1960：463.

[2] 马克思恩格斯全集(第3卷)[M].中共中央马克思恩格斯列宁斯大林著作编译局,编译.北京：人民出版社，1960：480.

[3] 马克思恩格斯全集(第3卷)[M].中共中央马克思恩格斯列宁斯大林著作编译局,编译.北京：人民出版社，1960：488.

程中的作用。这些学者所没有注意到的是："在分工的范围内，私人关系必然地、不可避免地会发展为阶级关系，并作为这样的关系固定下来"[1]，人与人的交往是其社会关系的交往，而在私有制社会，人最主要的社会关系便是他的阶级关系，因此必须重视人在与他人交往过程中彼此阶级地位的差异，而不是刻意忽视或抹除其中的对立和特殊性。

个人与个人的关系变为个人与物的关系，是人类历史发展过程中不可避免的阶段，这个阶段在现代资本主义社会得到了最尖锐最普遍的展示，以至于物对人的统治，社会对个性的压抑成为常态。马克思在《德意志意识形态》中将自己的观点总结为以下五方面：[2]

第一，现代社会的生产力和交往形式已经发展到了这样的程度，以至于它们在私有制的统治对人的统治，成为极具破坏性的力量，同时还将无产阶级与资产阶级的矛盾加深到了极致。

第二，要消灭这种条件下社会关系对个人的独立、个性对偶然性的屈从、个人的私人关系对共同阶级关系的屈从等现实问题，归根结底要消灭分工。

第三，只有当私有制和分工成为生产力与交往形式的发展桎梏时，分工才能被消灭。

第四，私有制只有在个人得到全面发展的前提下才能被消灭，而个人全面发展的基础是个人能全面占有现存的生产力和交往形式，将劳动变为自由的生命活动。

第五，私有制和分工被消灭的同时，也就是个人在现代生产力和世界交往基础上的联合。

德国哲人的批判，迄今一直限于哲学，能改变的只是抽象词句的不同诉说方式。对哲学家而言，最困难的任务是将思想回归于现实之中。德国哲学——

---

[1] 马克思恩格斯全集（第3卷）[M]. 中共中央马克思恩格斯列宁斯大林著作编译局，编译. 北京：人民出版社，1960：514.

[2] 马克思恩格斯全集（第3卷）[M]. 中共中央马克思恩格斯列宁斯大林著作编译局，编译. 北京：人民出版社，1960：516.

如马克思所言，在它始于意识终于道德的过程中，并没能完成这样的任务，德国哲学家想通过抽象的思辨语言建立独立的精神世界，以此逃避现实社会，哲学"从思想世界降到现实世界的问题，变成了从语言降到生活中的问题"。[1] 在马克思看来，思想和观念成为独立力量是个人之间的私人关系独立化与专门化的结果，进一步说是生产力和交往形式发展到一定阶段出现的体力劳动与脑力劳动分工的结果。语言只是交往的工具，是现实生活的表现，语言一旦试图成为独立于人的力量，便立即变为某种词句构成的世界。降临到现实生活的语言仍旧只是语言，认为只要通过语言过渡到生活，就能解决哲学与现实的脱节只是哲学本身的幻想。哲学家费尽心思想在自己哲学中找到一个救世主般的词汇来拯救世界，以便他从一种幻想过渡到另外一种幻想，从一个精神世界走向另一个精神世界，但是这个救世主般的词汇最终既无法拯救现实世界，也无法挽救哲学家自己的思想世界，反而宣示着哲学自身在现实中的终结。

二、《哲学的贫困》：阶级斗争是考察社会生产力发展过程的必要环节

关于使用价值如何转变为交换价值，蒲鲁东认为人的需求导致人需要进行分工来生产，而分工使不同的人产生交换彼此产品的需要，既然有交换，那必然有交换价值。这种观点的逻辑似乎并无问题，但为什么马克思认为蒲鲁东"假定"了人的需要呢？难道人不是切实地产生各种需要吗？实际上，马克思并非质疑蒲鲁东的论述逻辑，而是批评蒲鲁东表明观念的方式。当蒲鲁东考察分工时，理所当然地将其当作合理的存在进行考察，而非人类发展的特殊现象，也就无法像马克思那样进行反思。此外，他也没有意识到劳动产品的交换也有其现实的发展历史，在中世纪，只有剩余产品才参与交换，而到了近代资本主义社会，一切产品都参与交换，被交换所决定。因此蒲鲁东所谓的"历史的叙述的方法"，在马克思看来恰恰没有遵循历史发展的逻辑。

当蒲鲁东认为自己揭露了价值的本性，即使用价值和交换价值的对立时，

---

[1] 马克思恩格斯全集(第3卷)[M].中共中央马克思恩格斯列宁斯大林著作编译局,编译.北京：人民出版社，1960：525.

马克思则以西斯蒙第和罗德戴尔的原文证明，蒲鲁东并非认识到这一矛盾的第一人。蒲鲁东以物的数量越多越廉价、数量越少越昂贵作为定理，将使用价值与交换价值的对立，解释为众多的使用价值与稀少的交换价值的对立，仅仅将金银当作交换价值，并且还混淆了使用价值与供给、交换价值与需要的关系，将使用价值当作效用，将交换价值当作需要，以此说价格的矛盾在于自由的生产者与自由的购买者之间的矛盾。

马克思一一否定了蒲鲁东的观点：首先，物的数量固然是决定物价值的因素之一，但是人对物的需求同样对物价值起决定作用；其次，生产者所生产的并不仅仅是物的效用，他生产的目的还是为了交换，因此他也在生产物的交换价值，对于消费者而言同样如此，消费者购买物的目的并不只是为了使用，还有可能是为了交换价值更高的物；最后，对于蒲鲁东关于生产者与消费者是"自由的"这种天真的幻想，马克思则直白地挑明："生产者只要是在以分工和交换为基础的社会力进行生产，他就不得不出卖。……消费者并不比生产者更自由，他的意见是以他的资金和他的需要为基础的。"[1]

在蒲鲁东去掉生产者与消费者所面临的现实要素之后，他得以如愿以偿地进行自己的最终抽象：构成价值。作为使用价值与交换价值的综合价值，构成价值的价值由生产产品的劳动时间构成。"马克思指出，为了阐述使用价值与交换价值的对立，蒲鲁东先把全部生产者抽象为唯一的一个生产者，再将一切消费者化作唯一的一个消费者，最后让这两个虚构的人物互相斗争"[2]，蒲鲁东认为在相同劳动时间量下的两种不同产品价值相等，工人生产这两种产品的劳动并无本质区别，也得到相等的工资报酬。在蒲鲁东工资与劳动的交换是完全平等交换的前提下，蒲鲁东提出了自己共产主义社会的改革方案——工资平均化，工人工作多少时间就得到多少工资，以消除整个资本社会的贫富差异。

蒲鲁东这种直白纯粹的逻辑能实现他关于共产主义社会的美好愿望吗？马克思的回答是否定的，因为这种工资平均的改革方案忽略了资本主义社会最基

---

[1] 马克思恩格斯全集(第4卷)[M]. 中共中央马克思恩格斯列宁斯大林著作编译局,编译. 北京: 人民出版社, 1958: 86.

[2] 杨洪源.《哲学的贫困》中的价值形式问题 [J]. 现代哲学, 2021（01）: 26-33.

本的经济事实——竞争以及阶级斗争，它们决定着工人的劳动在与资本家发放的工资交换中，永远不可能处于平等的地位。马克思以李嘉图经济学思想为例，李嘉图与蒲鲁东不同，仅认为劳动时间决定着交换价值而非产品全部的价值，并且劳动作为商品，其价值由其必要而非全部的生产时间决定。而资本主义社会中的必要劳动时间，总是代表着生产维持工人生存最低生活资料的时间，在资本家的竞争之下，工人必要劳动时间所产生的价值永远多于维持其生产资料所需的最低价值，这个差额是资本再生产得以维持的本质原因，因此蒲鲁东用以解放社会的构成价值，反而是工人被资本家奴役的原因。

在马克思看来，蒲鲁东将劳动时间作为价值尺度的做法，忽略了现存社会的阶级斗争，"当文明一开始建立的时候，生产就开始建立在级别、等级和阶级的对抗上，最后建立在积累的劳动和直接的劳动的对抗上。没有对抗就没有进步。这是文明直到今天所遵循的规律。到目前为止，生产力就是由于这种阶级对抗的规律而发展起来的"[1]。

"毫无疑问，蒲鲁东先生是把以下两种方式混为一谈了：一种是用生产某种商品所必要的劳动时间来衡量，另一种是用劳动价值来衡量"[2]，基于同样的理由，蒲鲁东也混淆了生产费用与工资，认为后者构成了劳动产品的全部价值。社会产品的所有交换，按照蒲鲁东的看法，唯一的标准便是劳动时间，至于产品本身的供求关系则无关紧要，商品的价值不仅取决于生产商品的劳动时间，还取决于由市场竞争所规定的最低数额，即必要劳动时间。马克思明确地解释了蒲鲁东逻辑的悖论：当蒲鲁东为了用构成价值为工资平均化的方案背书时，他以劳动时间确立产品的价值，而产品作为可以交换的商品，蒲鲁东同时也就在说劳动是具有价值的商品。问题在于：当劳动作为商品进入市场竞争时，实际所表现出的是工资逐渐低于商品价格的经济事实，为了逃避而不是解释这种现实，蒲鲁东转过头又说劳动不是商品这样确定的东西，它不可能有价值，这又背离了自己的理论初衷——以劳动时间作为价值尺度。

[1]　马克思恩格斯全集(第4卷)[M].中共中央马克思恩格斯列宁斯大林著作编译局,编译.北京：人民出版社，1958：104.

[2]　马克思恩格斯全集(第4卷)[M].中共中央马克思恩格斯列宁斯大林著作编译局,编译.北京：人民出版社，1958：98.

人类历史中的生产并非如蒲鲁东所描述那样，是简单劳动产品迈向复杂劳动产品的线性过程。私有制社会总是倾向于将少数人的富有建立在多数人的贫困之上，这点自古以来就并未发生多大改变。蒲鲁东工资平均化所依赖的自然供求关系，在现代大工业产生之后已然不复存在，大工业本身的大规模生产和普遍化竞争要求生产走在消费前面，先生产再诱导或强制人们进行消费，直到无法消费、无力还贷产生经济危机时才抑制生产，这种生产的无政府状态被马克思视为现代社会灾难的根源但同时也是发展动因。

产品交换的实质是不同劳动的交换，产品的交换方式由其生产方式所决定，而生产方式又受到该历史时期下阶级对抗的现状影响，这是马克思在《哲学的贫困》中对蒲鲁东进行批判时得出的基本结论。蒲鲁东将社会财富剩余的产生全部归结为生产力的发展产生的迭代或者累积效应。马克思认为蒲鲁东的看法首先没有考虑到生产力不发达，还未产生分工的时候，剩余如何从无到有生产出来。马克思结合英国社会的实际情况：在整个社会生产率提高数倍的前提下，工人工资并未产生明显变化。这一事实表明："要获得这种生产力的发展和这种劳动剩余，就必须有阶级存在，其中一些阶级富裕，另一些则死于贫困。"[1]

当蒲鲁东谈政治经济学时，他是对李嘉图等人的拙劣模仿，而当蒲鲁东开始谈政治经济学的形而上学，他就像鲍威尔一样回归黑格尔的怀抱。马克思对蒲鲁东这种形而上学思想的批判，接续着《神圣家族》中对黑格尔的批判。蒲鲁东认为经济理论按自身范畴和逻辑发展，而非遵循真实历史的时间顺序。同马克思通常所批判的学者会犯的错误一样，蒲鲁东将经济学中的分工、信用、货币等观念当成现有的、合法的范畴进行使用，他的独特性无非用另一种看似不同的逻辑安排这些观念在理论中出现的顺序，蒲鲁东忽略了生产关系的历史发展，也就没有能力对这些范畴本身进行批判。

蒲鲁东既然和黑格尔一样将事物发展的历史运动归结为逻辑范畴的演变，他对运动的抽象便成为对抽象形态运动的分析，即纯粹理性的运动，"纯理性

---

[1] 马克思恩格斯全集(第4卷)[M].中共中央马克思恩格斯列宁斯大林著作编译局,编译.北京：人民出版社，1958：135.

的运动又是怎么回事呢？就是它自己安置自己，把自己跟自己对置，自相结合，就是它把自己规定为正题、反题、合题，或者就是它自我肯定、自我否定和否定自我否定"。[1] 所谓的形而上学方法，即理性自我肯定的过程，是思想本身产生对立面又将其消解的过程，思想通过两个彼此矛盾思想的融合完成自身的增值，作为思想的这种辩证运动，简单范畴变为群、群变为系列、系列上升到整个体系。

黑格尔试图在自身思想之中，安排观念在理性中的顺序，蒲鲁东则试图用自己的观念建立真实的世界。蒲鲁东在范畴运动的抽象中发现永恒不变的经济规律，马克思告诉他观念只是历史的、暂时的产物，永恒不变只是停滞不前的同义语。社会的发展阶段不会像蒲鲁东所认为的那样，完美地匹配着不同的经济范畴，每个历史阶段的生产关系都是一个特定的有机整体。辩证法在黑格尔那里是对立思想的正反合题，在蒲鲁东这里却成了单独保留其中一面的幼稚尝试，对此马克思敏锐地说道："两个矛盾方面的共存、斗争以及融合成一个新的范畴，就是辩证运动的实质。谁要给自己提出消除坏的方面的任务，就是立即使辩证运动终结。"[2] 蒲鲁东对辩证法的运用，反而终结了其思想中的辩证性。当思想缺乏辩证法作为自身前进的推手时，蒲鲁东不得不依靠平等这一古老又空虚的范畴作为人类发展的"天命"，而一个谈"天命"的经济学家与一个谈上帝的神学家，又有多少差别？

真实的历史情况是，作为落后生产力的"坏的一面"，往往推动着历史前进。如果封建时代的贵族正如自诩那般富有骑士精神，各行各业的生活欣欣向荣，资本主义的萌芽自诞生之日起便会消亡，正是封建贵族的压迫和不思进取才引起资产阶级的社会革命，而当资产阶级成为统治阶级之后，与前者的相适应的经济形式和政治制度便被彻底摧毁。因此，与一定的生产力相适应的生产关系，社会财富在阶级对抗中的不公平分配才是马克思考察社会历史的立场。

马克思在《哲学的贫困》中尤其注重这种阶级对抗。资产阶级是封建时代

---

[1] 马克思恩格斯全集(第4卷)[M].中共中央马克思恩格斯列宁斯大林著作编译局,编译.北京：人民出版社,1958：142.

[2] 马克思恩格斯全集(第4卷)[M].中共中央马克思恩格斯列宁斯大林著作编译局,编译.北京：人民出版社,1958：146.

不完整的无产阶级，资产阶级之于封建贵族和地主的对抗关系，正如现代无产阶级之于资本家的对抗关系，但无产阶级出于自身独特的生存现实，它的革命与前者的革命有着本质区别。这种区别是："资产阶级运动在其中进行的那些生产关系的性质绝不是一致的单纯的，而是两重的；在产生财富的那些关系中也产生贫困，在发展生产力的那些关系中也发展一种产生压迫的力量；只有在不断消灭资产阶级个别成员的财富和不断壮大的无产阶级的条件下，这些关系才能产生资产者的财富。"[1] 作为社会统治阶级的大资本家，同时也是整个社会财富生产的寄生虫和吸血鬼，他们在这一点上与此前历史上的统治阶级保持着惊人的相似。

在分工问题上，蒲鲁东认为机器消除了分工，马克思却看到机器反而增加了分工。蒲鲁东将人的差异作为分工产生的原因，实际上分工限制了人发挥才能的空间，固化了人的社会角色，马克思则引用亚当·斯密的观点，指出人与人之间的才能差异并没有我们所想的那样巨大。蒲鲁东为了推导出分工所产生的贫困，武断地将机器作为分工的反题，即分工是劳动的分散，机器是劳动的聚集，认为机器将不同的劳动结合起来，从而降低工人在生产过程中的地位。马克思则认为机器只是生产力工具，而分工是一个经济范畴，两者无法放到一起比较。蒲鲁东只看到现代大工厂中的机器生产，忽视了作为其前身的工场手工业的发展历史。工场手工业初次把资本与生产力紧密结合起来，并集中到特定的地域和场所之中，而机器的发展又将这种集中生产日益呈现出更大、更复杂化的趋势，这又适应了欧洲通过殖民所开拓的世界市场的巨大需要，由此产生了蒲鲁东笔下的大工业生产，但是这种大工业生产要求比工厂手工业更加细致的机器操作技术，由此产生了更多而非更少的分工。机器在简化了单个工人所需的劳动职能的同时，增加了较之前数倍的工作种类，蒲鲁东片面地认为机器贬低了工人，但却看不到整个现代社会异化劳动的本质，这也是为什么马克思与蒲鲁东在分工问题上截然相反的原因所在。现代分工对人的影响，如马克思所言："现代社会分工的内部特点，在于它产生了特长和专业，同时也产生

---

[1] 马克思恩格斯全集(第 4 卷)[M]. 中共中央马克思恩格斯列宁斯大林著作编译局，编译. 北京：人民出版社，1958：155-156.

职业的痴呆。"[1] 机器作为生产力还被资本家用在与工人的阶级斗争中，当工人以自身的技能作为筹码联合罢工时，现代工业自动生产线的诞生击碎了这方面的罢工动机。

正如蒲鲁东只想改变分工而不是消灭分工，他同样只想按照自己的看法维持资本社会的竞争。蒲鲁东将竞争视作社会成员为了同一目标所发起的竞赛关系，竞争是社会联合的形式之一，社会主义无法在摆脱竞争的条件下建立起自己的共同体，以此维护竞争从而反对当时的社会主义者。蒲鲁东借由竞争通过自我否定产生垄断的逻辑，甚至得出垄断是竞争对立面这样荒唐的结论，马克思认为竞争和垄断在这里才是真正的合题，因为垄断者的地位恰恰通过不断竞争所建立起来。

蒲鲁东对资本主义社会现状的维护还体现在罢工问题上。国民经济学家反对罢工的理由通常来自对正常经济秩序的维护，而以蒲鲁东为代表的社会主义者则说工人罢工既不能有效地提高工资，也不会因为形成同盟就成为政治组织。相反，马克思从现实角度出发，认为经济的发展首先将多数人居民转化为工人，其次大工业的生产特性又将多数工人聚集一处，二者使现代工人得以采取广泛的同盟形式，一方面为了提高工资，另一方面则要求资本家调整那些促使工人彼此竞争加剧的工作条例。

这种最初自发产生的联合同盟，作为工人阶级产生的先决条件，会在与资产阶级斗争中逐渐团结，形成真正自为的工人阶级。一旦工人同盟作为阶级斗争的基础条件，同盟自身便具有政治团体的性质，资产阶级一开始也是在与封建贵族的斗争中，逐渐从城市自治团体走向阶级同盟。在近现代阶级斗争的历史中，有产者在不断交往中形成阶级的时间，要远远超过他们在成为阶级之后推翻贵族阶级的时间，一旦革命完成，之前统治阶级所依赖的生产力和社会关系就无法继续维持下去。

新阶级的革命以旧有社会全部的生产力作为基础，"在一切生产力工具中，

---

[1] 马克思恩格斯全集(第4卷)[M].中共中央马克思恩格斯列宁斯大林著作编译局,编译.北京:人民出版社,1958:171.

最强大的一种生产力是革命阶级本身"[1]，马克思的这个论断不仅指明工人的政治同盟会成为新社会产生的主要条件，而且强调了人自身就是社会中最重要的生产力。资产阶级革命的历史作用是消除等级制，将平等、自由的观念塑造为现代社会的基石，而无产阶级的革命将在此基础上消灭一切阶级，"工人阶级解放的条件就是要消灭一切阶级；正如第三等级即资产阶级解放的条件就是消灭一切等级一样"。[2] 工人完成社会革命，实现自身解放之前的阶级斗争史，一直不断地产生着新的统治阶级，而当无产阶级实现这一切之后，它将建立一个新的消除阶级对立的联合体社会，从此不会再有政权，因为政权是资本主义社会内部阶级斗争的表现，社会进化的动力也将不再是血与肉的社会革命，我们不必非要消灭他者才能生存。

资产阶级在私有制社会宣扬的自由和平等，无非集中在两方面：自我占有和相互利用。以自我占有和相互利用的自由平等，掩盖分工、分配、竞争及阶级对抗下的不平等和不自由，而揭露这一实质的任务由马克思在《哲学的贫困》中初步完成。马克思通过对蒲鲁东经济学及形而上学思想的批判，进一步明确了资本主义社会的历史使命和局限，资产阶级赖以为生的分工、竞争、商品价值等诸多范畴，并非如国民经济学家所认为的那样是天然合法的永恒存在。人类文明建立伊始，生产就建立在种种级别、等级、阶级的对抗中，生产力正是在这样的对抗中才发展起来，因此在考察生产力决定生产关系的过程中，必须结合该历史时期下的阶级对抗作为参考，阶级斗争是考察社会生产力发展过程的必要环节，革命阶级本身就是生产力。

阶级斗争反映着现实人类社会历史发展过程中的辩证运动。理性在形而上学中自我肯定、自我否定和否定自我否定，不过是这种运动下暂时的缩影，独白的理性自我试图用互相对立的范畴形成内部合题，在封闭的思维中建构出控制世界的整套体系，它的辩证运动是意识自我旋转的封闭圆圈。这个自诩永恒与至高的精神圆圈，实际上却主动随着历史的发展改变自身形态，为求得生存

---

[1] 马克思恩格斯全集(第4卷)[M].中共中央马克思恩格斯列宁斯大林著作编译局,编译.北京：人民出版社，1958：197.

[2] 马克思恩格斯全集(第4卷)[M].中共中央马克思恩格斯列宁斯大林著作编译局,编译.北京：人民出版社，1958：197.

一席之地从而适应现实的同时，又在新的形态中宽慰自身所取得的进步，继而再次喋喋不休地对现实表达其不甘的支配欲，以掩盖自身内容的匮乏和无力，这是许多哲学家的生存写照。

迄今为止，人类生产力的发展建立在阶级斗争之上，资本主义继承和发展了这一对立形式，"从主体向度看，现代资产阶级社会的奴役关系本质是'积累起来的劳动'对劳动的统治"。[1]资本主义社会的生产关系本身充满着对抗性，在产生财富的地方生产贫困，在发展生产力的地方制造剥削和压迫。一旦化身为统治阶级，大资本家与封建贵族并无本质区别，资产阶级运动的先驱们，仍旧是人类历史上统治阶级与被统治阶级这种对立形式的继承者。资产阶级革命的历史任务在于消除了人类社会中的等级制，将贵族天生引以为傲的血缘和封号占有与利用，变为了自由平等的占有与利用，而工人阶级革命还要在此基础上消灭一切阶级，消除一切因人的占有所产生的现实差异和矛盾冲突。

[1]　张一兵. 资产阶级社会的历史性透视——广松涉版《德意志意识形态》"费尔巴哈章"新探 [J]. 理论探讨，2022（05）：108-117.

第四节　从《1857—1858 经济学手稿》到晚年"人类学笔记"：成熟以及自我超越

　　1857 年 8 月至 1858 年 6 月，马克思写下了大概五十页手稿，这是未来《资本论》的草稿，从而正式拉开了系统性考察资本主义社会的厚厚幕布。马克思计划将自己的著作分为六册，将第一册中的第一篇取名为《资本一般》，论述资本的生产、流通及利润，这其实已经奠定了《资本论》三卷的基本结构。随后在 1859 年出版的《政治经济学批判》中，马克思打算以商品—货币—资本逐步递进的方式，完成原来《资本一般》中的写作计划，可当马克思论述到资本部分时，遭遇了巨大的困难，因此《政治经济学批判》只完成了前两部分。为了解决这一困难，在 1861 年 8 月至 1863 年中期这段时间，马克思又写下了大量手稿，其中阐述经济学史的绝大部分内容组成了《剩余价值论》，其他手稿则进一步为《资本论》主体的写作夯实了地基。直至 1866 年 1 月，马克思才基本完成了三卷《资本论》。但出于严谨的学术风格，马克思并未将其全部出版，而是先付印了第一卷，在出版之后马克思不断修改，获得了相对完成的形态。不过，晚年马克思没有继续将精力放在《资本论》后两卷的修改与出版上，直到逝世之前，他一直致力于摘录各种历史学以及人类学著作，留下了庞杂的笔记。

　　以上对马克思后期写作经历的概述，只是为了证明：从《1857—1858 经济学手稿》《1861—1863 经济学手稿》到《资本论》三卷，包括晚年笔记，都隶属于一个完整的理论体系，四者形成了更加紧密的文本群关系，因此之前分篇分节的论述方法就不再适用了。为了集中地、突出地展示马克思在这一阶段的整体思想，本章选取相对完整的《资本论》第一卷作为主要行文逻辑，即资本的生产过程，并在特定部分兼顾《1857—1858 经济学手稿》《1861—1863 经济学手稿》中的关键论述，以此揭示马克思成熟时期的交往思想。资本的生产过程是马克思批判资本主义社会的起点，而价值形式则是这一起点中的起点。

一、价值形式的秘密：人们的交往关系被一般化为商品的交换关系

马克思关于价值形式的论述才是《资本论》的真正逻辑起点："在本章的开头，我们曾经依照通常的说法，说商品是使用价值和交换价值，严格说来，这是不对的。商品是使用价值或使用物品和'价值'。"[1] 以当时古典政治经济学家的眼光，商品的价值和价值量只能由商品之间的交换关系来说明，这固然符合商品本身的性质，但马克思提醒我们，劳动产品在一切社会状态下都是使用物品，但成为商品却是人类社会发展到一定历史时期的结果，不能一开始就将商品理所当然地视为使用价值和交换价值结合的二重物。劳动产品的价值形式是资产阶级生产方式最抽象、最一般的形式，但也正因如此才使资产阶级生产方式成为人类历史长河中一种特殊的社会生产类型，从而具有阶段性的历史特征。

因此准确地说商品是使用物品与价值形式的结合体。价值形式包含着人类劳动产品发展为商品的理论逻辑。要了解商品的价值形式，必须从它最简单、最不发达的形态开始，而一个商品最简单的关系，就是它同另一个商品的关系。一个商品通过另外一个商品来表现自己的价值，这种价值形式被马克思定义为相对价值形式。两个不同商品的交往为我们提供了最简单的商品价值表现，当商品 A 通过另一个商品 B 表现自己的价值，商品 B 对商品 A 就起着等价物的作用，或者说，商品 B 和商品 A 处于等价形式之中。

"一旦麻布与别的商品即上衣交往时，商品价值的分析向我们说明的一切，现在就由麻布自己说出来了"[2]，只是这种语言是商品自己的语言。在商品 A 与商品 B 的交往中，后者是前者价值的具体表现形式。为了达成这种价值关系，

---

[1] 马克思恩格斯全集（第 23 卷）[M].中共中央马克思恩格斯列宁斯大林著作编译局，编译．北京：人民出版社，1972：75.

[2] 马克思恩格斯全集（第 23 卷）[M].中共中央马克思恩格斯列宁斯大林著作编译局，编译．北京：人民出版社，1972：66.

商品 B 的使用价值成为商品 A 价值的尺度，商品 B 的使用价值此时不属于自己，而是成为表现商品 A 价值的具体形式。现在，商品 A 的交换价值借由商品 B 的使用价值表现出来，商品 B 不仅成为着商品 A 的等价物，而且作为反映着商品 A 价值存在的镜子，以自身具体的使用价值表现着商品 A 抽象的交换价值。

一旦完成这种抽象，全部商品在可交换与可代替的意义上，成为表现人类劳动的同一单位。当一个具体的商品在与其他商品的交往中成为等价物，这意味着它的使用价值自动被抽象为另一商品的价值表现形式。马克思将等价形式的特点归纳为四点：（一）使用价值成为其对立面——价值的表现形式，商品 B 的使用价值成为商品 A 价值承担者和表现尺度，确立着二者作为物化劳动的同质性；（二）具体劳动成为其对立面——抽象人类劳动的表现形式，作为等价物的商品 B，所有生产它的具体劳动自动在交换中被抽象为一般劳动；（三）私人劳动成为其对立面——社会劳动，彼此单独进行的私人劳动借由交换建立起相对的社会联系，从而将私人所生产的产品变为社会形式的商品，因此也可以认为使用价值表达着商品的个人性，而价值表现着商品的社会性；（四）商品拜物教在等价形式中被突显出来，在生产者围绕着商品交换所建立的社会关系中，要求不同的具体劳动必须抽象为一般的社会劳动，生产者彼此作为人的交往关系被作为物的商品交换关系所取代，人与物的地位被颠倒了。通过这种抽象，将人们的交往关系一般化为商品的交换关系，而不是相反，因此商品拜物教实际上是对人们物化交往关系的描述。

通过使用价值成为价值、具体劳动成为抽象劳动、私人劳动成为社会劳动这三重对立面的转化，实现着主体的物化与物的主体化。"这只是人们自己的一定的社会关系，但它在人们面前采取了物与物的关系的虚幻形式。……在商品世界里，人手的产物也是这样。我把这叫作拜物教"[1]，商品拜物教通过交换颠倒了人与物在世界中的位置，这是马克思对等价形式的总体看法。正因为这种颠倒将具体可感的使用价值当作抽象一般的价值表现物，而不是抽象之物作为现实之物的属性，人们才难以理解价值形式背后的秘密。

---

[1] 马克思恩格斯全集（第 49 卷）[M]. 中共中央马克思恩格斯列宁斯大林著作编译局，编译. 北京：人民出版社，1982: 162.

这个秘密只有在人类的社会关系发展到特定历史阶段之后才能理解。古希腊时期的亚里士多德可以理解简单价值形式中的等价物，但却不能从中抽象出价值这一概念，根本原因在于："价值表现的秘密，即一切劳动由于而且只是由于都是一般人类劳动而具有的等同性和同等意义，只有在人类平等概念已经成为国民的牢固的成见的时候，才能揭示出来。"[1]希腊社会以奴隶劳动为基础，本质是人们阶级地位以及劳动的不平等，时代的局限阻碍着亚里士多德将一切劳动都视为等价的人类劳动，也就无法进一步从等价物中发现价值的概念。物与物在人类社会中的价值关系，终究只是特定历史时期下人与人之间的关系表征。

在商品的简单价值形式中，已经包含着使用价值和交换价值的简单对立，即商品 A 与商品 B 的对立，但商品 A 还可以通过与除自身以外的一切商品的对立来表现自身的价值，这是一个不断延长甚至是永无止境的系列。人类社会每生产一种新的产品，都可以在交换中成为着彼此价值确证的等价物。正如马克思所说："现在，一种商品例如麻布的价值表现在商品世界的其他一切元素上。每一种其他的商品体都成为反映麻布价值的镜子。这样，这个价值本身才真正表现为无差别的人类劳动的凝结。"[2]在这个相互映射的商品序列中，单个商品不再只是同另外一个商品发生社会关系，而是同整个商品世界发生社会关系。每一种商品现在都化身为一个特殊的等价物，与其他同为等价物的商品并列，各种不同的商品中所包含的具体私人劳动，现在只是一般社会劳动的表现形式。

在一个相互映射价值的世界中，人与他人在交往中相互映射。单独商品的相对价值永远处于未完成的状态，因为与之对立从而表现其价值的商品系列永无止境，展现我价值的他人同样永无止境。在简单形式中，商品互为彼此的价值表现物，必须排斥对方建立起异化的关系，承认对方作为私人具体劳动的合法性身份，否则便无法围绕人类劳动这一基石建立起相对价值关系。

---

[1]　马克思恩格斯全集（第 49 卷）[M]. 中共中央马克思恩格斯列宁斯大林著作编译局，编译. 北京：人民出版社，1982：161.
[2]　马克思恩格斯全集（第 49 卷）[M]. 中共中央马克思恩格斯列宁斯大林著作编译局，编译. 北京：人民出版社，1982：167.

总的来看，简单的相对价值形式是用一个商品的使用价值作为等价物，表现与之对立的另一个商品的价值，作为等价物的商品在交换中获得个别的、特殊的等价形式。而在扩大的相对价值形式中，一个商品的价值表现在其他一切商品上，从逻辑上讲，一切商品都是商品世界暂时性的潜在等价物，人亦是如此，我们都是彼此潜在的价值确证者与见证者。最终，在人类社会对商品价值的彻底抽象过程中，某一个商品从商品世界中被排挤出来，其他商品从此以后都用这个商品来表现自己的价值，被排挤出的商品成为一般等价物，相对价值形式发展为一般价值形式。

货币的秘密便是一般等价形式的秘密，金在作为货币与其他商品对立之前，早以商品的身份与它们对立，"新的金银产地的发现，都起了异常重要的作用；因为这些地方所生产的使用价值立刻变为一般商品，另一方面它使这些地方不仅有了以交换价值为基础的交往的可能性（由于它的抽象性），而且还立刻有了这种交往的必要性"。[1] 货币形式来自简单商品形式向一般等价物形式的过渡之中。一旦人们以某种方式为彼此劳动，其劳动便立刻从私人形式转化为社会形式，"可见，商品形式的奥秘不过在于：商品形式在人们面前把人们本身劳动的社会性质反映成劳动产品本身的物的性质，反映成这些物的天然的社会属性，从而把生产者同总劳动的社会关系反映成存在于生产者之外的物与物之间的社会关系。由于这种转换，劳动产品成了商品，成了可感觉而又超感觉的物或社会的物"[2]，因此物化始于劳动的物化，在产品交换为商品的背后，是人与人的交往，只是由于商品拜物教的作用，人们误将彼此间一定的社会关系，当作占有物之间的虚幻联系。货币形式作为商品世界的最终完成式，用物的形式掩盖了私人劳动者及其劳动产品间的社会关系。

人们在自己劳动中产生的社会关系，现在被他们劳动产品在交换中的关系掩盖起来。实际上，劳动产品唯有在交换中，才取得人类社会赋予的价值对象性，劳动产品作为使用价值凝聚的人类劳动，反而不是成为商品的主要理由。恰恰

[1] 马克思恩格斯全集（第 46 卷下）[M]. 中共中央马克思恩格斯列宁斯大林著作编译局，编译. 北京：人民出版社，1980：436.
[2] 马克思恩格斯全集（第 23 卷）[M]. 中共中央马克思恩格斯列宁斯大林著作编译局，编译. 北京：人民出版社，1972：88-89.

相反，人们交换产品的目的是确证彼此作为社会一般劳动的等价性，从而确证自己的主体性。马克思认为人类把使用物品当作价值的做法，正如人类对语言的发明和使用那样，是人类历史不断发展之后的社会产物。人们围绕物质生产所建立起来的社会关系，如果还是保持着奴隶制社会那样的人身依附，劳动产品便会直接作为劳役和实物贡赋上缴给统治阶级，私人的特殊劳动可以直接进入社会，而不必非要通过交换中的抽象成为一般性的社会劳动。

二、资本的主要生产过程：从商品到货币，从货币到资本

在梳理完劳动产品价值形式的基本逻辑之后，我们现在再来看商品本身。商品以使用价值作为自身的物质性规定，这本不属于政治经济学的范围，使用价值只表示产品为人所需的一般存在，根本不揭示人在价值中的社会关系。商品之所以成为商品，源于其所有者将使用价值视作交换价值，这唯有通过与其他所有者进行交换才能实现。随着商品交换的发展，价值形式渐渐固定在某些特定种类的商品上，直到被单一的货币形式所取代。在物物交换中，我们还能清楚地看到物对人与人之间社会关系的中介运动，一旦采取货币形式，这种运动立刻被掩盖，人们直白的社会关系被抽象为单纯原子般的关系，从而使他们以为自己的生产关系可以通过物的形式表现出来。

商品首先已是一个独立于人存在的对象，它虽然凭借着使用价值建立起与人的联系，但这种使用价值仅仅是为了成为交换价值的承担者。当使用价值达成它的使命之后，私人劳动的具体特殊性被抽离，成为一般性的社会劳动。必须在建立起这种同质性关系之后，我们才能对商品价值这一幽灵般的对象性进行量化，即马克思所说的社会必要劳动时间："社会必要劳动时间是在现有的社会正常的生产条件下，在社会平均的劳动熟练程度和劳动强度下制造某种使用价值所需要的劳动时间。"[1] 单个商品先是通过与其他商品的交换确立价值关系，现在又在同种商品的其他生产过程中确立起作为价值的比例和量度，前者是质的一般化，后者是量的平均化，我们的交往关系也是如此被量化，《资本论》

[1] 马克思恩格斯全集（第23卷）[M]. 中共中央马克思恩格斯列宁斯大林著作编译局，编译. 北京：人民出版社，1972：52.

实际上是人在资本主义社会中的关系论与交往论。

单个商品无论在质上还是在量上，都要通过另外一件不同及相同的商品来确立自身的存在。商品价值的确认既需要不同商品，也需要同类商品，人自我价值的确证也需要同与不同，从相同中确定量，从不同中确立质，商品的质量以及人的价值判断也由此而来。在产品普遍采取商品形式的社会里，商品生产者首要进行的是为满足他人需要的生产。商品生产者以及生产的商品，本质上烙印着为他人而存在的痕迹。

商品仅在交换中才成为价值，价值作为一件商品同另一件商品交换的比例指数，反映了商品自身的社会关系与经济特质。"价值概念完全属于现代经济学，因为它是资本本身和以资本为基础的生产的最抽象的表现。价值概念泄露了资本的秘密"[1]，商品成为价值时消除了本身作为人造物的一切天然属性，单单只是其他商品的一般尺度——货币。货币展示了商品的交换属性与社会属性，作为一种实际的同时也是象征的媒介，商品通过货币实现了抽离了自身作为物的自然属性。原始的物物交换需要在特定地域和时间中才能完成，但随着人们交往范围的扩大，可交换的物品数量的增加，人们需要一个稳定的第三者——货币作为中介成为商品价值的固定象征。"社会的发展，在产生出这种象征的同时，也产生出日益适合于这种象征的材料"[2]，货币产生之后虽然逐渐代替了商品的交换价值，但货币本质上所依赖的仍是以生产关系为基础的社会关系，货币是人部分社会关系的象征，虽然在资本处于支配地位的时代，货币看似成为人最主要的社会关系。

生产的社会性发展，使生产者越来越将产品的交换价值作为生产的主要目的，交换关系最初作为一种外在于生产者的关系，现在成为一种支配整个生产过程的异己关系（现在为了生存，我必须为了他人而劳动），在分工与货币权力的发展中逐步巩固了自身地位。生产力的发展与交往水平的提高，将产品变

---

[1] 马克思恩格斯全集（第 46 卷下）[M]. 中共中央马克思恩格斯列宁斯大林著作编译局，编译. 北京：人民出版社，1980：299.
[2] 马克思恩格斯全集（第 46 卷上）[M]. 中共中央马克思恩格斯列宁斯大林著作编译局，编译. 北京：人民出版社，1979：90.

为商品，商品变为交换价值，交换价值成为货币，其现实典型便是商人阶层的出现。商品不仅是为了使用而交换，更是为了交换而交换。货币即便曾经只是人们某种社会关系的符号与象征，现在却成为人们一切社会活动的目的，从原来商品的代表颠倒为商品的本质，一切实在的劳动和产品反而成为货币的代表。马克思将货币的这种特点总结为：

"通过否定自己的目的的同时来实现自己的目的；脱离商品而独立；由手段变为目的；通过使商品同交换价值分离来实现商品的交换价值；通过使交换分裂，来使交换易于进行；通过使直接商品交换的困难普遍化来克服这种困难；按照生产者依赖于交换的同等程度，来使交换脱离生产者而独立。"[1]

商品成为暂时的货币，货币成为永久的商品，为了货币进行的交换，掩盖了劳动与商品的交换。"一切产品和活动转化为交换价值，既要以生产中人的（历史的）一切固定的依赖关系的解体作为前提，又要以生产者互相间的全面的依赖为前提"[2]，人们在资本主义社会的交往生产着这样的悖论：既互不相干又全面依赖，我的私人利益只能通过他人私人利益的实现而实现，但他人的私人利益同时又在干扰着我实现自身的私人利益。通过货币，这个悖论得到现实的、暂时的解决，人在资本主义社会的一切生产关系，其目的都是为了交换，人的主体性集中在交换价值的生产者身上，以使用交换价值完成对他人的支配。

人们彼此独立的前提是社会关系的全面物化，这同时也是独立交往的前提，现在我们只知道人与他人的一种联系——商品所有者之间的联系，因而全部社会交往也是商品所有者之间的交往。"商品内在的使用价值和价值的对立，私人劳动同时必须表现为直接社会劳动的对立，特殊的具体的劳动同时只是当作抽象的一般的劳动的对立，物的人格化和人格的物化的对立，这种内在的矛盾在商品形态变化的对立中取得了发展的运动形式"[3]，人人都是商品社会中的相

---

[1]　马克思恩格斯全集（第 46 卷上）[M]. 中共中央马克思恩格斯列宁斯大林著作编译局，编译. 北京：人民出版社，1979：96-97.

[2]　马克思恩格斯全集（第 46 卷上）[M]. 中共中央马克思恩格斯列宁斯大林著作编译局，编译. 北京：人民出版社，1979：102.

[3]　马克思恩格斯全集（第 23 卷）[M]. 中共中央马克思恩格斯列宁斯大林著作编译局，编译. 北京：人民出版社，1972：133.

互对立的所有者，他们以让出自己劳动产品的形式，来占有他人的劳动产品。流通凭借将我与他人劳动产品的换出与换进的同一性，分裂成卖和买的对立，从而打破产品交换中的时间、空间、个人的局限。而货币作为整个运动的中介物，不断沉淀在商品空出来的流通位置上，它作为激进的平均主义者消灭了商品流通过程中的一切差别，当然也包含人自身。

货币存在的前提是人们社会关系的物化，人们对货币的信赖，本质上是对彼此间物化联系的信赖。人们借助货币将自己的社会关系异化为物，随着这种异化的发展，生产和消费建立起自身的普遍联系和占有物的全面依赖，我们得以作为交换者相互独立并对彼此视若无睹。这种矛盾当然阻碍着人们的交往，倘若我们保持冷漠，就无法使交换中进行并获得更多利益，现代交通与通信工具的发展，本质上不仅是为了人的交往，更是为了资本的扩张。资本依附于交往中人们的彼此交换，在这种交往中，我并非想认识或者了解你本人，而只是为了掌握你对我的供求关系与交换比例。

现在我们来看货币如何变为资本。当资本表现为货币时，首先表现为货币的第一种形式，即作为价值尺度的规定，货币的价值成为资本自行增值的尺度。货币的第二种形式——交换手段表现在流通过程中，作为资本的货币在这里仅仅是一种转瞬即逝的要素，货币作为资本与特殊的使用价值——活劳动能力相交换，作为增值过后的物化劳动重新开始周转。货币的第三种形式——资本，以独立于流通的价值成为最纯粹的资本，它只凭借自我发生关系成为价值。

"为了阐明资本的概念，必须从价值出发，并且从已经在流通运动中发展起来的交换价值出发，而不是从劳动出发"[1]，马克思在这里将剩余价值的产生问题变为了货币如何转化为资本的问题。资本的最初前提是作为流通的交换价值。交换价值在货币上所取得的独立形式，在货币实现自己价值尺度和交换手段的功能之前，仅仅保持着消极的、转瞬即逝的状态，商品的交换价值之所以具有暂时的意义，在于它扬弃了只为一定个人而存在的使用价值的片面性，把

[1] 马克思恩格斯全集（第 47 卷）[M]. 中共中央马克思恩格斯列宁斯大林著作编译局，编译. 北京: 人民出版社，1979: 15—16.

使用价值变成为他的使用价值。一旦货币表现为独立于流通并通过流通保存自身的交换价值，货币就成为资本。"货币在流通中的二重规定本来就是矛盾的：在货币充当转瞬即逝的媒介的地方，它仅仅充当流通手段；同时货币又是价格的实现，它以这种方式积累起来，转化为它作为货币的第三种规定"[1]，货币同价值的一致性本身便带着几分幻想色彩，它始终只是维持流通的辅助工具。

价值——表现为货币形式的物化劳动，只有同劳动能力这种商品交换才能增加。劳动能力作为商品时的使用价值是增加生产资料的交换价值，使货币顺利转化为资本。资本家在交换中是物化劳动自行保值和增值的主体与人格化，工人是其劳动能力的主体与人格化，二者的对立，归根结底是活的劳动能力与死的物化劳动的对立。劳动能力原本是劳动者主体性的可能性，"……是一切客体都完全被剥夺的劳动的可能性。劳动能力表示绝对贫困，即物的财富被全部剥夺。劳动能力所占有的对象性只是工人本人的身体，是他本身的对象性"[2]，其所有者除了劳动能力之外一无所有。反观物化劳动，实际上只是劳动能力物化的结果。劳动能力是活的主体能力，是待实现的劳动，是活的主体在一定时期内的生产活动，而物化劳动是过去的、已实现的劳动。

劳动能力在与货币的交换中表现为绝对的贫困，因为整个世界的物质财富以及它们的一般形式——交换价值，都作为别人的占有物与它相对立。劳动能力本身作为工人生命机体里从事劳动的可能性，在资本主义社会彻底失去了实现自身的现实物质条件，从而完全独立存在。资本家仰仗着占有劳动能力实现自身的劳动资料与维持自身的生活资料，将工人牢牢地控制在生产中，"因此，被剥夺了劳动资料和生活资料的劳动能力是绝对贫困本身，工人作为只是劳动能力的人格化，他有实际的需要，但他为满足他的需要进行的活动却只是丧失了物的条件的，仅仅包含在他自己的主体中的能力（可能性）。工人本身，按其概念是贫民，是这种单独存在的、与物的条件相脱离的能力的化身和承担者"[3]。

[1] 马克思恩格斯全集（第46卷下）[M]. 中共中央马克思恩格斯列宁斯大林著作编译局，编译. 北京：人民出版社，1980：341.

[2] 马克思恩格斯全集（第47卷）[M]. 中共中央马克思恩格斯列宁斯大林著作编译局，编译. 北京：人民出版社，1979：193.

[3] 马克思恩格斯全集（第47卷）[M]. 中共中央马克思恩格斯列宁斯大林著作编译局，编

资本家购买工人的劳动能力，必须以各种条件作为前提。工人在出卖自己劳动力之前，首先必须是能够支配自身劳动能力的自由所有者。工人与资本家的最初交往，彼此作为商品所有者完全处在法律意义上平等关系之中，正如马克思所说："他们是作为自由的、在法律上平等的人缔结契约的。契约是他们的意志借以得到共同的法律表现的最后结果。平等！因为他们彼此只是作为商品所有者发生关系，用等价物交换等价物。所有权！因为他们都只支配自己的东西。"[1] 双方在接下的交往中暂时性地交换彼此的商品，工人如果把劳动力全部卖光，他就只是出卖自己的奴隶，失去了自由人身份，因此工人在让渡劳动力的同时仍然不放弃对它的所有权，让资本家只在一定的期限内暂时支配和使用他的劳动能力。工人一方面是自由人，能把自己的劳动力当自己的商品来支配，另一方面，工人除了自由以外一无所有，他没有任何实现其劳动能力所必需的物质条件，只能借助资本家才能确证其身份的存在。创造交换价值正是劳动能力特有的使用价值，而劳动能力自身的交换价值却等于已经固化的、维持工人生存的、物化劳动的价值。

劳动资料作为实现活劳动的条件和手段，被活劳动创造出了较之前更为高级的使用价值。每种劳动资料的使用价值，相比于被活劳动更新之后的使用价值，是一种较低级的使用价值，因为它是形成新的使用价值的基础，商品的使用价值越高级，意味着使用价值更新自我的次数和经历的劳动过程就越多，新的使用价值所经过的媒介也就越多。低级的使用价值可以作为高级的、复杂的使用价值的要素，使用价值得到不断更新的动力完全来自活劳动在劳动对象中的物化，"劳动从活动的形式转入存在的形式，转入物的形式。劳动在改变对象的同时，改变了它本身的形式。赋予形式的活动对对象和它自己本身进行消费；它使对象的形式改变，并使自己物化；它在自己的主体形式中作为活动消耗自己，并且消耗对象中的物质的东西，也就是说，消除了对象对于劳动目的漠然无视的态度"[2]，人类通过对劳动对象的物化，将自身意志赋予在劳动对象

译．北京：人民出版社，1979：39．

[1] 马克思恩格斯全集（第 23 卷）[M]．中共中央马克思恩格斯列宁斯大林著作编译局，编译．北京：人民出版社，1972：199．

[2] 马克思恩格斯全集（第 47 卷）[M]．中共中央马克思恩格斯列宁斯大林著作编译局，编

被改变的形式中，劳动对象此时成为人主体性的存储物与见证者。

在劳动过程中，过去的劳动产品被现在的活劳动消费和使用，以生产更高级的、经过更多媒介的使用价值。使用价值在生产过程中的不断升级更新，表明了社会各个劳动部门之间存在的物质依赖及相互补充，整个社会劳动被统一起来。以往的物化劳动充当了实现新劳动的手段，充当了新的使用价值诞生的前提，劳动对象被过去劳动赋予的属性，随着使用价值的更新被不断扬弃，活劳动扬弃物化劳动已经死亡的对象性，将自身的可能性物化在这种对象性中，把可能存在的使用价值变为实际存在的使用价值。"因而，从一方面来看，如果现存的产品，即过去劳动的结果是作为活劳动的物的条件使活劳动得以实现的媒介，那么，从另一方面来看，活劳动就是使这些产品作为使用价值，作为产品得以实现的媒介，使这些产品保存下来，赋予它们作为某种'新的形式'的要素以生命，使它们得以避免自然界的一般物质变换"[1]，在劳动过程中，作为过去物化劳动的劳动资料仿佛被活劳动所复活一般，不但避免了随时间流逝而自然损坏的命运，还能以新的形式再次出现在人类社会中。

劳动资料的使用价值在生产过程中的更新，从资本的角度看，无法产生任何价值。劳动资料的价值得到保存，只是因为它们的使用价值本身在劳动过程中被活劳动所消费。对资本家而言存在两种劳动时间：一种劳动时间使劳动资料的价值得到保存，另一种劳动时间给它们增加新价值，相反对工人而言只存在一种劳动时间——他在这种劳动时间中生产产品。工人的活劳动在增加价值的同时保存了旧价值，使资本家可以无偿地保存预先存在的价值。

生产越是以流通中的交换价值作为目的，生产本身越是成为资本主义的生产。"从资本的物的方面来看，它被看作简单的生产过程，即劳动过程。然而从形式规定性方面来看，这个过程是自行增殖的过程。自行增殖既包括预先存在的价值的保存，也包括它的增殖"[2]，劳动过程只能看到工人与物的关系，资

译．北京：人民出版社，1979：60.

[1]　马克思恩格斯全集（第 47 卷）[M]．中共中央马克思恩格斯列宁斯大林著作编译局，编译．北京：人民出版社，1979：65.

[2]　马克思恩格斯全集（第 47 卷）[M]．中共中央马克思恩格斯列宁斯大林著作编译局，编译．北京：人民出版社，1979：73.

本的真实面目显露在以交换价值为目的的生产和流通中。资本将自己表现为一种等价物，将个人劳动化为相等的、一般的、无差别的、社会抽象劳动，连带着一并抹除了存在于劳动资料中的物质性和有用性。劳动能力和劳动资料作为交换价值，不外是被某种物上吸收的、一般劳动的时间量，两者在实际使用价值上表现的特殊性，对资本而言都无关紧要。

资本最初只拥有劳动在形式上的所有权，劳动的工艺和流程仍然属于工人自身，但资本在发展过程中逐渐改变了这个过程，第一次创造出它所特有的生产方式，将工人集中纳入资本家的监督和支配中。工人如今所表现出来的劳动条件与劳动能力的对立关系，恰恰是资本主导生产之后的特殊产物，活劳动表现为物化劳动，借此再生产自己并使自己增值，物化劳动通过交换占有活劳动从而表现为独立的价值，这一切被马克思称为资本主义的生产过程。

现在整个社会生产都建立在这样一个基础上：雇佣劳动成为统治性的生产关系，工人"实现他的劳动的那些条件就必须作为异化的条件，异己的权力，受别人的意志支配的条件，即别人的财产同他相对立。物化劳动，价值本身作为自私的本质，即作为资本与工人相对立，由于资本的承担者是资本家，因此它也就作为资本家与工人相对立"。[1] 资本和雇佣劳动是同一关系的两个因素：只有被资本支配、与资本对立的劳动才能成为雇佣劳动，反之，只有凭借活劳动保存自身、增加自身的价值才能成为资本。雇佣劳动制度是资本主义生产必然出现的社会劳动形式，资本主义生产过程的结果不仅是商品和剩余价值，而且是这种关系本身的再生产，雇佣劳动始终是资本主义生产的基本前提之一。

在雇佣劳动中，过去的物化劳动统治着现在的活劳动，工人的劳动能力成为资本的力量，主客体的关系被颠倒，劳动产品现在作为异己的、独立的权力与劳动相对立，工人的劳动始终处于虚无的对象性中，指向于不属于自己的物质世界。在生产过程中，工人作为劳动能力的人格化与资本交往，一旦交往开始，他的全部便已经属于资本。工人与资本家交换关系是单个的，但彼此独立的工

---

[1] 马克思恩格斯全集（第47卷）[M].中共中央马克思恩格斯列宁斯大林著作编译局，编译.北京：人民出版社，1979：123.

人们与资本家发生的关系却是社会性的，资本家一次不会只购买一个劳动能力，而是同时购买许多个单独的劳动能力，以将其结合成彼此独立但统一的商品联合体。工人的协作并非自愿，而是被迫接受资本家给他们安排的规则，协作间的联合关系对工人而言是与资本的对立关系，并非工人们的相互关系。工人的协作只作用于劳动过程之中，但这个劳动过程不属于自己，而是被资本家所支配。工人现在化身为整个商品生产环节中一个器官，作为资本的一种特殊存在方式，被无条件地榨取和控制。

总之，雇佣劳动从来都不是劳动的绝对形式，而只是劳动的历史形式。就以生产过程本身而言，工人的生活资料完全不必以异化的形式与之对立，这种对立是资本主义生产关系诞生前提和生产结果，并且随着资本不断再生产这种关系而日益尖锐化。虽然资本主义生产关系作为一定的社会形式可能具有历史的必然性，但不能因此就认为这种生产关系可以永恒不变地主宰人类社会。资本主义生产关系始终是个人在整体生产中表现出的社会关系，有着一定的特殊历史限制和使命。

资本家和工人之间的关系，是劳动条件和劳动能力之间的关系。在人类社会制度的变革中，占统治地位的阶级总是占有劳动资料的阶级，而仆役阶级总是作为劳动能力的所有者受其支配。工人与资本家交往关系的特殊性在于，劳动条件和劳动能力在历史上表现为主人与奴仆、自由民和奴隶、神和凡人之类的关系，其背后一切政治的、宗教的、观念的外衣被资本无情剥离和抽象，沦为单纯的买卖关系与纯粹的货币关系。现在人与人在交往之中的所有对立都可以赤裸地总结为：劳动条件的所有者同劳动能力的所有者之间的相互对立。

三、晚年"人类学笔记"：在更高形式上复活平等与自由

与马克思其他文本得到的关注不同，马克思晚年对路易斯·亨·摩尔根等人类学家相关研究成果所做的笔记，在学界关于晚年马克思研究性质所下的"中断论""转移论""思想衰退论"等结论的影响下，长期以来一直未受到应有的重视。但随着"人类学笔记"（以下简称笔记）研究的深入，越来越多的学

者认识到，用所谓的"转移""衰退"来形容晚年马克思研究是不合实际的，他仍旧围绕着消灭财产私有制，实现无产阶级解放，推动人的全面发展等主题进行着不懈思索。研究主题的持续性使我们得以确立研究晚年笔记的基本立场："不应定性为实证科学、经验科学性质的'人类学研究'而应定为一种唯物史观色彩的'历史哲学研究'，笔记中所体现的思想，应当视作马克思对此前研究诸多论题的补充和发展。"[1]

由于研究范围的扩大，马克思的研究重点发生了一些改变，"由此，马克思强调了一个边缘国家独立发展道路的可能性，与他早先的立场不同，不再把分析的重点放在边缘地区的发展对西方革命的贡献上。西方革命本身成为对俄罗斯社会特定发展潜力独立评估的前提"。[2] 从笔记中摘录的情况实际看，马克思试图在研究视角上努力去除西方中心化的色彩，他没有一视同仁地对待五位人类学者的著作，对摩尔根《古代社会》的摘录很明显处于五个笔记中的核心地位。[3] 作为一名人类学家，摩尔根通过田野调查的方式与美国当地的印第安部落长期生活在一起，为马克思了解原始社会的真实样貌提供了大量的一手资料。用恩格斯在《家庭、私有制和国家的起源》第一版序言中的话说："摩尔根在美国，以他自己的方式，重新发现了 40 年前马克思所发现的唯物主义历史观……在主要点上得出了与马克思相同的结果。"[4] 尽管恩格斯对于马克思笔记的理解，并不能完全与笔记中的马克思画等号，但也能从侧面看出，摩尔根与马克思在一些基本立场上具有相似性，这是马克思重视摩尔根研究的主要原因。

《古代社会》第一章序言开篇就区分了古代社会和近代文明社会的差异，前者产生了社会，以人身和氏族制度为基础，基本单位是氏族；后者产生了国家，以地域和财产为基础，基本单位是家庭。马克思一开始没有摘录这一部分，

[1] 林锋. 再论马克思"人类学笔记"的"研究性质"[J]. 教学与研究，2019（03）：23-28.

[2] Stefan Kalmring, Andreas Nowak. Viewing Africa with Marx: Remarks on Marx's Fragmented Engagement with the African Continent [J]. *Science & Society*, 2017 (03).

[3] 王晓红. 马克思晚年笔记的原始核心是什么——关于《路易斯·亨·摩尔根古代社会一书摘要》的地位 [J]. 高校理论战线，2009（03）：43-49.

[4] [德]恩格斯. 家庭、私有制和国家的起源 [M]. 中共中央马克思恩格斯列宁斯大林著作编译局，编译. 北京：人民出版社，2018：03.

可能是还存有疑问。但随后笔记第四章对诸多学者的批判又可以证明，马克思至少部分地采纳了摩尔根的观点，即"氏族"要放在私有制产生之前的古代社会中论述，"家庭"则放到之后的近代社会。原因有二：第一，古代社会并非没有家庭，只是氏族才是最主要的社会组织，最好的证明就是组成家庭的男女双方属于不同氏族（因为同一氏族内部禁止通婚），死后财产属于各自的氏族，以家庭作为基本单位考察古代社会不符实际。第二，"家庭"只属于专偶制形成之后的文明社会，它是一个近代词汇，与我们今天所理解的含义一致，把它套用在古代社会中的学者显然对此缺乏实际认识。因此，马克思在摩尔根的基础上，以所有制区别了两个术语的使用，与此相对应的是使用"等级""阶级"去描述古代社会，这在财产公有，依赖人身关系，尚未出现异化的氏族社会也是不合逻辑的。反过来说，如果试图消除资本主义社会的异化，那么摩尔根提供给马克思的可能便是以财产共有作为基础，强调以人为主体的集体关系的社会蓝图。

在笔记中，马克思以摩尔根的研究为基础，极其严格地使用"氏族""部落""家庭""政治"等词汇，他甚至在评述中一字一句地纠正了当时学者蒙森的表述错误"所有这些州（应为部落）在原始时期在政治上（蠢驴！）都是独立自主的，各由其邦君统治之（蒙森先生，实行管理的是议事会，而不是最高军事酋长，蒙森的邦君！）。"[1] 马克思的评语表明：在笔记接近尾声的时候，摩尔根的观点已基本被马克思内化为对原始社会组织形态的认识，认为必须严谨地区分原始氏族社会与之后以私有制为前提的政治社会在术语使用上的差别。

摩尔根认为在野蛮与文明时代（使用摩尔根的时代分期）之交，大部分土地已经归个人所有，其标志便是人们已经学会抵押土地，马克思进一步做了补充性的评注："即标志牌，债务人必须在抵押的房屋旁边或抵押的土地上设立这种标志牌，上面写明债款数额和债主的名字。"[2] 随着财富的增加，私有制的出现，集体性的氏族制度遭到破坏，后文的评注说："不管地域如何，同一氏

[1] ［德］马克思. 马克思古代社会史笔记 [M]. 中共中央马克思恩格斯列宁斯大林著作编译局，编译. 北京：人民出版社，1996：334.
[2] ［德］马克思. 马克思古代社会史笔记 [M]. 中共中央马克思恩格斯列宁斯大林著作编译局，编译. 北京：人民出版社，1996：184.

族中的财产差别使氏族成员的利益的共同性变成了他们之间的对抗性；此外，与土地和牲畜一起，货币资本也随着奴隶制的发展而具有了决定的意义！"[1] 当然，摩尔根对财产的看法是认为这种人类被财富所支配的历史，只是其发展阶段中的一小部分，马克思接着评论道："而且是很小的一部分。"[2] 这表示晚年马克思相信人类最终能够消除财产私有制带来的异化，进入另外一个能够实现人全面发展的社会。

随着氏族社会的解体，贵族和奴隶阶级产生的阶级对立一直延续至今，而摩尔根因为受到资产阶级意识形态的影响并未完全认清这个事实。因此，摩尔根才会认为在罗马政治社会的建立之后，此时形同虚设的氏族仍然能够起到保护平民的作用，马克思对此评论道："摩尔根认为被保护的人，从一开始就是平民的一部分，这是不正确的。"[3] 同样的观点还体现为在《高卢战记》的评注上，凯撒记载了将土地平均分配给人民的历史，而马克思则借助其他学者的材料进行了反驳，证明了土地的分配仍按阶级划分，统治者记录中的虚伪平等并不存在。对此，有学者认为必须区分受资本主义意识形态影响的人类学与马克思笔记的区别："这种观点更适合于与人类解放有关的人类学，而不是加深在新自由主义结构，反共产主义国家和'全球相互依存'之间沟壑的人类学，后者从未质疑大集团的权力，或所谓民主社会中的法西斯回响，以及一般政治经济制度其正常运作中对数以百万计的人所产生的不利影响。人类学的这一传统倡导当地人民努力捍卫一种在结构上和实践上都与资本主义强烈对立的生活方式。"[4] 如果说真有一种马克思式的人类学，那么这种人类学必须在原始社会的考察中，以一种资本主义社会对立面的姿态，反思当今世界"人的解放"这一命题，而不是先入为主地进行理解，或者满足于还原古代生活的样貌和社会形态。

[1] ［德］马克思．马克思古代社会史笔记 [M]．中共中央马克思恩格斯列宁斯大林著作编译局，编译．北京：人民出版社，1996：317.

[2] ［德］马克思．马克思古代社会史笔记 [M]．中共中央马克思恩格斯列宁斯大林著作编译局，编译．北京：人民出版社，1996：192.

[3] ［德］马克思．马克思古代社会史笔记 [M]．中共中央马克思恩格斯列宁斯大林著作编译局，编译．北京：人民出版社，1996：346.

[4] Christine Ward Gaile, Community, *State and Questions of Social Evolution in Marx's "Ethnological Notebooks"* [J]. Anthropologica, 2003, 45 (1).

从评语的整体内容上看，马克思对古代社会的考察依然是以生产关系和所有制作为基本线索。不过随着笔记的深入，尤其在笔记的后半段，马克思刻意规范了"氏族""部落""家庭""政治"等词汇的使用范围，马克思不再局限将摩尔根的论述作为一种反思当时英国资本主义社会的参照物——尽管这可能是他写作"人类学笔记"的初衷之一，而是开始将原始社会视为具有独立特点的发展模式，同时批判那些将现代观念带入原始社会研究的做法。在摩尔根所描述的原始社会中，劳动工具和技术的进步是人类社会发展的重要标志，在此基础上，人与人之间各自为生存所花费的劳动、得到的财产，以及其分配都处于一种朴素的公平和平等之中。这种集体创造和分配财富的实践过程，使以人为主体的相互依赖关系、个体与集体的互补结构、人的集体性和社会本质得以确证，笔记对《古代社会》的诸多评语也证明这一点。但是，回到原始社会不等于抛弃现代文明社会的发展成果，摩尔根和马克思借此想表达的是："要想实现人的解放，人类就必须扬弃私有制，在更高层面上进到公有制社会。"[1]

总之，晚年马克思的"人类学笔记"与《历史学笔记》[2]以及《资本论》，三者完成了在研究跨度上的延续，组成了一个"艺术的整体"。[3]同时，在研究范围上，"人类学笔记"又显示出晚年马克思对自我的超越，这种不再局限于资产阶级时代西欧地区，而是力图揭示整个人类发展史和生存世界的研究，暗示了晚年马克思正在酝酿着一个气势磅礴的写作计划。

---

[1] 孙熙国，张莉.马克思晚年"人类学笔记"的理论主题 [J].北京大学学报（哲学社会科学版），2017（06）：80-82.

[2] ［德］马克思.历史学笔记 [M].中共编译局马列著作编译部，编译.北京：中国人民大学出版社，2005.

[3] 冯景源.再谈唯物史观"艺术整体"的重要意义 [J].新视野，2005（01）：55-57.

第二章　马克思的交往理论

本章的任务是在第一章的基础上，结合西方哲学史中的交往思想，将马克思自己的交往思想单独提炼出来。为了避免这种提炼成为马克思生前一直在批判的那种抽象，在总结交往本身的定义时，我们借助了马克思在进入政治经济学时所使用的抽象方法，即马克思总结生产一般、资本一般所使用的方法。本章对交往思想的基本看法，是将其视为一个生产密切相关的范畴，因为马克思本人很少单独使用交往范畴 [1]，而是以"交往—生产"这样的二元对应形式进行论述，交往规范、模式与资本的总循环运动密切相关，交往主体由于在不同阶段扮演不同角色，所以交往活动的本质也有所不同。不过，从整个西方哲学史发展的角度看，马克思交往理论的特殊性或者贡献在于：深刻揭示了现代社会交往活动的动机与意义，人们在交往活动中成为相互对立的商品所有者、资本家与工人这两种主要模式，而这基本组成了人在资本主义世界中绝大部分的社会关系。

---

[1] 尽管在某些地方，马克思也单独论述过交往形式本身。

第一节　概述西方哲学史中的交往思想

哲学史首先是哲学家们的生活史与思想史，在发表自己的观点之前，哲学家是特定社会与历史环境下的具体个体。作为历史连续序列中的一份子，一名哲学家的思想自然会受到过去及同时代人的影响，如策勒所说："我们意识到，正是在这一跟其他人的确定关联中，这个哲学家个人才成为和造成他所成为和造成的；并且因此才产生了诉诸那将他包括在内的团体以说明这个哲学家个人之特殊性与意义的必要性。"[1] 哲学家不仅继承着之前的哲学传统，而且在其发展轨迹中纳入自身的思想个性，这个性在哲学史的传播程度，显示着哲学家本人在哲学史上的地位。每当哲学家开始思考和批判既有的哲学传统，便已经与其中观点的代表者进行着精神交往。每一个哲学观点的背后都是一个具体个体对特定时代的回应，整个哲学史也是哲学家们的精神交往史，在历经时代变迁之后沉淀下来，成为人类思想演变的记录。

一、古希腊哲学中的交往思想

青年马克思在博士论文中将古希腊哲学的伟大归于其素朴性。古希腊哲学正如它的艺术那样一样，表达人类童年时期的纯真人性。古希腊哲学在自然天体的运动中看到人类行为典范性与永恒性，诸神是人类自身不同人格在自然中的化身，人在对神的想象中表露着对自然与道德的认识。对于古希腊哲学而言，精神与自然的原始统一既是前提亦是特征，古希腊的哲学同时也是伦理学，因为真理与德性息息相关。哲学家们本能地亲近着自然与自身，对自然的直观生

---

[1] ［德］爱德华·策勒．古希腊哲学史（第一卷上）[M]．聂敏里主编．聂敏里，等译．北京：人民出版社，2020：13.

动且充满诗性，即使它的怀疑主义也不像现代哲学那样将无知视为一种不幸，而是渺小个体居于广袤自然之中必然具备的有限。精神与自然的分离，对不同人性的价值取舍和判断，始于古希腊之后的哲学。古希腊哲学最终在二元论中结束，中世纪的哲学将其表现为精神与自然的对立，二元论是西方哲学一直以来的特征或者说局限之一，古希腊哲学在发展中已经展现了从和谐统一到二元对立的趋势。

在苏格拉底看来，所有哲学的目的都是为了获得知识，而知识与德性密切相关，二者难舍其一，德性便是正确的知识。苏格拉底探求真理的方法恰恰就在与他人自由随性的交往中，他徘徊于公共场所，时刻准备与不同的陌生人对话，以辩证性的问答刻意将交谈引向对知识和道德的思考。苏格拉底借由言谈之中的魅力聚集起了自己的学派，维系这个学派的动力不仅是共同的学说，还有苏格拉底与其追随者之间的亲密交往。

交谈伊始，苏格拉底将自己视为无知但渴求知识的形象，通过交谈学习他人所知，对他人的观点进行分析，从他人的所知中发掘无知。这种无知的发掘不是为了嘲讽交谈对象，而是为引发出确定概念做准备。整个过程往往聚焦于日常生活中的普遍事例，苏格拉底认为每个问题都有多个角度去理解，每个人的观点都有其确定性和片面性，而苏格拉底将这些观点放在不同的对话中去检验，以选择或排除对象的某一本质，将不同的观念发展为确定的概念。这种在公共对话中产生的哲学，有助于苏格拉底传播自身的观点，作为一名哲学家，苏格拉底在与他人的交往中一起追寻知识，这不仅是自身哲学思想的实践，也是追求真理的关键方法。哲学家越是追求自身哲学的独特个性，就越有必要参与和他人的共同交流。正视自身的无知同时也是对权威的质疑，直到在反复地对话实践之后找出源于自身信念的真正德性和正确行为。苏格拉底之死是一个哲学事件，因为他亲身证明了获得知识的宝贵德性之一——勇敢。

作为苏格拉底的学生，柏拉图继承了老师从对话中获得知识的方法，他创作的许多对话录都没有留下确切的结论，而是坦露出对问题的无知。以对话录阐释哲学思想，必然意味着将哲学对话进行艺术加工，这种文学性的哲学表达使柏拉图的对话区别于苏格拉底的亲身交谈，兼具了思辨性与审美效果。这表明柏拉图不仅是哲学家，还是一位诗人。对话录仍然保留了思想在口头交谈中的相互碰撞，而独白性的陈述更多出现在晚期的科学论述中，柏拉图越在科学讨论中深入，对话角色的自由越是受到限制。早期柏拉图对话居多，演讲生动，晚期则自我阐发居多，教义式内容增加，交谈渐渐沦为一种习惯和形式，仅仅起到刻画人物形象等文学上的作用。柏拉图的作品展示了哲学从交谈走向独白的道路，自由的交谈逐渐服务于柏拉图自己阐释思想逻辑的需要。

在不断地提问与回答中，从一正一反的角度对同一主题反复旁敲侧击，我们知道这正是苏格拉底问询知识的方法。当这种对话被记录下来，成为艺术加工之后的哲学著作，读者在看对话的同时不自觉地参与其中，对交谈内容进行独立思考，由被动接受知识转为主动探索，避免被单一的观点盖棺论定。"对于柏拉图而言，思维是灵魂与自身的谈话；哲学谈话就是让真理在另一个人的灵魂中产生出来的，所以，逻辑（daslogische）的本质就是对话的（dialogisches）"[1]，这种对话性的逻辑典型便是辩证法，柏拉图将其视为通达真理的必经之路。

对于一般民众在国家中的交往，柏拉图以哲人王的姿态规定了一切。人们组成国家的最初原因是以集体劳作满足个人的物质需要，但柏拉图将德性视为国家存在的最终目标。柏拉图轻视劳作与政治事务，因为这些活动无助于人建立内心宁静的生活，从而进行哲学沉思。国家应该作为德性的典范对国民进行教化，国家的统治者只能是终生从事哲学的人，他们兼具德性与智慧，规划着每个社会阶层的特定作用和功能，柏拉图的理想国正如他的理念那般明晰与和谐。所有社会成员都应当参与到德性与智慧的修养中，个体属于国家而非家庭或其他狭小的共同体，为了保证公民行为的一致性，柏拉图甚至要求包括统治阶级在内所有人都取消私有财产，这种政治绝对与哲学理想的结合，使柏拉图对个人自由采取极其严苛的态度，这正是其哲学逻辑演变的必然结果。

---

[1] ［德］爱德华·策勒. 古希腊哲学史（第三卷）[M]. 聂敏里主编，聂敏里，等译. 北京：人民出版社，2020：114.

柏拉图认为理念是善的存在，现象是恶的非存在，具体事物是存在与非存在的混合之物，理念与现象的混合比例决定着事物在世界中的存在地位，这是柏拉图为调和二元论所做的尝试。亚里士多德采取的道路与老师截然不同，他在一开始就确定：存在无法生成，因为存在已经存在，非存在同样无法生成，因为非存在便等于不存在。事物不是存在与非存在的混合，它之所以被生成为存在是因为本身就存在着被生成的可能性，换而言之，事物是可能的存在，具备将要成为现实存在的潜能。质料与形式并非普遍与个体的对立关系，而是现实性与潜在性的关系，"因此，质料自身蕴含了形式，它要求形式，自然而然地倾向和渴求（亚里士多德这样来表达）形式，它得到形式的激发从而发展自身。另一方面，形式通过实现质料潜在的能力而使质料变得完善；它是质料的'实现'和'现实性'"[1]。事物的生成和运动是潜在性向现实性的过渡，凭借形式与质料规定的永恒性，事物的运动也是绝对的。

亚里士多德哲学的特征在于将抽象思辨与现实经验相结合，在继承古希腊哲学追求普遍性真理的传统上，展现超越前人的现实把握。对柏拉图现象与理念二元论的重构，正是亚里士多德哲学体系的关键出发点。在伦理学方面，前有苏格拉底将美德等同于知识，人们作恶的原因在于缺乏对事物的正确认识，亚里士多德反对这一点，因为有些人明知为恶仍然故意作恶，他认为道德活动同时受到欲望和理性的双重控制，进一步讲是欲望对理性的服从。在公共交往中，最重要的美德便是正义，亚里士多德将正义视为财富的公正分配，具体表现为按劳分配与等价交换，正义要求个体正确地分配属于自己和他人的财富，与此相反的行为便是不正义。正义的最高阶段需要个体间的友谊进行保证，以获得整个集体的共同承认。

友谊作为个体交往中的美德，不仅是个体生存的必要条件，也是将个体联合为集体的关键力量。亚里士多德将友谊定义为人们彼此相互建立的善意关系，"真正的友谊要求朋友爱戴彼此身上的善，他们应当从对方那里接受善并回赠

---

[1] ［德］爱德华·策勒.古希腊哲学史（第四卷上）[M].聂敏里主编，聂敏里，等译.北京：人民出版社，2020：249-250.

善"[1]，人们建立深厚的友谊往往需要长期的交往，交往双方在其中既有精神上的亲近又保持着人格上的平等，并且往往只会与少数人保持这样的关系。正义与友谊一样涉及了人类交往中的平等问题，平等交往才能产生真正的友谊，对亚里士多德而言，友谊研究是伦理学通往政治学的桥梁，解决人们交往之中的不平等问题正是城邦的责任。幸福的人必然拥有着真正的友谊，他在为朋友的牺牲与奉献之中感觉到自身存在的完整，从朋友的交往中获得鼓舞。亚里士多德认为人从本性上就希望与他人交往，"友谊是生命的联合和交往，是从自爱到爱人的延展。每个人在他的朋友的存在和活动中体会到犹如自身的存在和活动一般的快乐，并将自己最珍视的价值投射到他的朋友身上"[2]，一段良好的友谊能使人的存在获得加倍的快乐，人的幸福生活必然也是一种集体的生活。

在上述古希腊哲学史的简略回顾中，我们可以看到交往表现在如下三方面：

交往作为解决哲学体系二元论的思想尝试。这点首先始于那些有意识使用二元论构建哲学图景的哲学家，如柏拉图和亚里士多德，柏拉图以存在和非存在的混合来解决现象与理念的二元对立，亚里士多德以存在的现实性和潜在性建构起质料与形式之间的联系，甚至斯多葛学派也为了解释贤哲与愚人的对立作出了诸多努力。二元对立作为西方哲学最基础与持久的架构，符合人天性对现实事物的认知习惯，正是在这种基本的两两比较中，哲学才得以从简单具体的事物演绎至复杂抽象的概念。一个完整的哲学体系似乎总是绕不开一系列诸如个性与普遍、具体与抽象、现象与本质、简单与复杂、人与自然或神、个人与他人、个人与集体等诸多二元对立的关系，从对立中我们认识到这些范畴之间的联系和差异，但也正是在对立中，范畴之间的矛盾难以调和，或者走向哲学家的自我演绎。就像柏拉图、亚里士多德以及其他后继者所为我们展示的那样，二元融合是远比二元对立困难的任务，为此需要一种交往的哲学意识，保持范畴之间对立与融合的张力，这是最形而上的交往层次。

[1] ［德］爱德华·策勒.古希腊哲学史（第四卷下）[M].聂敏里主编，聂敏里，等译.北京：人民出版社，2020：455.
[2] ［德］爱德华·策勒.古希腊哲学史（第四卷下）[M].聂敏里主编，聂敏里，等译.北京：人民出版社，2020：459.

对话录与辩证法。哲学绝不仅是个人的冥思苦想，哲学家往往需要在交谈中不断证明自身的立场，以增加观点的说服力。苏格拉底有意将自身的哲学发展与他人的交往相结合，哲学演绎变成一场引发他人思考自己无知之处的对话教育。柏拉图则将逻辑本身视为辩证的对话，他对苏格拉底对话的文学诠释，在生动展示哲学思辨的同时，也邀请读者作为这次对话的见证者参与思考。尽管之后哲学中的独白性超过了对话性，但柏拉图的对话录仍然鲜明地展示了对话与辩证法的紧密关系。亚里士多德也创作过少量的对话录，不过这些对话基本服务于哲学家本人的思想阐释，失去了问与答中的积极互动，辩证法的形式也作为三段论被固定下来。在古希腊晚期的哲学中，对话录这种形式并未彻底消失，像西塞罗这样的哲学家仍然使用它进行哲学写作，只是这种对话仅限于展示对立双方各自的观点，既未见双方进行激烈的思想碰撞，也无法得知哲学家本人的立场，这也是其作为折中主义的哲学表征之一。总的看来，哲学对话与辩证法的关系曾经相当紧密，随着古希腊哲学的历史发展，辩证法从问答式的对话中独立出来成为专门的哲学方法或逻辑学研究，哲学思辨中的对话性逐渐让位于哲学家的个人独白。不过这种问答式的对话，在伽达默尔的哲学诠释中重新出现，在当代哲学史的发展中得到延续。

人与他人、共同体的交往。重视人与他人以及共同体的交往一直是古希腊哲学的传统之一，这点往往成为哲学家在伦理学与政治学领域思考的内容，正如亚里士多德所展示的那样，伦理学在政治学中找到了实践自身的现实基础。即使晚期注重个体内在的斯多葛学派以及伊壁鸠鲁学派，仍然以不同方式延续了这一立场。素朴是古希腊哲学的独特个性，其体现为人们相信着自身与世界天然存在着信任亲密的关系，人与他人和共同体的和谐是这种关系发展的必然结果。早期的毕达哥拉斯学派以数字和音乐反映这种和谐，之后的哲学传统将之视为德性的重要组成部分，比如，苏格拉底在与他人的交往中发展自身的哲学，伊壁鸠鲁则用这种交往来验证自己的哲学。古希腊的哲学家们大都有与人交往的兴趣，将人的社会属性看作理所应当，人应该与他人保持友爱的关系，亚里士多德将友谊视作德性的重要组成部分。在个人与共同体的关系中，哲学家们虽然出于沉思的需要与政治保持距离，但是仍将自己视为共同体中的一员，像斯多葛学派甚至演化出世界公民的身份。人与他人及共同体的交往一直是古希腊哲学的重要主题之一，从中可以窥见人类童年时期对交往的渴望和热情，对这时期的哲学家来说，哲学也是一种生活方式，这正是他们哲学实践的形式之一。

二、笛卡尔及英国经验主义中的交往思想

作为哲学家的笛卡尔，既渴望与他人交往，又善于孤独沉思。与人交往，能使笛卡尔将自己的研究延伸至数学、物理学、医学等多个领域，而自我沉思，又使笛卡尔的思想成为西方哲学史的关键转折点。在孤独的自我沉思之中，笛卡尔做的第一件事是确立自身的存在，为此需要用彻底的怀疑意识，将一切感官和思维的确定性连根拔起，再以纯粹理性重新塑造一切。关键的转折在于那句著名的哲学名言："我思，故我在"，我无法怀疑正在怀疑着的、我的思维本身，只要我在思维，在想着什么，我就是确实存在的主体。沉思的思维确立着主体的存在，或者说存在本身就是沉思中的思维，这里的"思"包括理解、判断、想象、感觉等一系列的主体性能力。在通过自我沉思完成自我肯定之后，笛卡尔以上帝确保了思维之我的最终真实性，从而避免纯粹自我的独白和幻想，主体的存在和真实性由思维和上帝两者分别做了担保。不过二元论的幽灵继续徘徊在笛卡尔的思想中，只是现在获得新的形态——身心的绝对差异。

笛卡尔在交往中认识到哲学表述应保持简明通俗，这与当时晦涩高深的圈内哲学形成了区别。难能可贵的还是，笛卡尔将简单作为真理的标准之一，尽量在论证中使用简单的命题构成逻辑链，这也是他从数学演绎中获得的经验。此外，笛卡尔的代表作《第一哲学沉思集》本身也是一部独白与对话兼具的著作，笛卡尔在前半部分自我证明，在后半部分与当时反驳自己的学者一一进行论辩，使读者能够直接看到哲学家之间的对话，独白文本与对话文本的相互映照成为该书在结构上最重要的特征。尽管笛卡尔在这场对话中并未进一步发展自己的思想，论辩中的误解多于认同，但是仍为其作者在西方哲学史上获取了应有的位置。在笛卡尔所在的17世纪，哲学研究和传播主要通过书信，哲学家之间的私人信件往往具有半公开的性质，同时书信也是避免官方审查的重要手段。哲

学思想的新发展往往不是来自大学和书店，而是这些私人信件和地下手册。在笛卡尔之后，如何诉说主体之我成为哲学发展的枢纽，凭借着思维，尤其是思维中的理性，人可以摆脱上帝的原罪压力成为自由而独立的存在。

对于人与人的交往，霍布斯从两个基本命题开始推演：第一，人本质是利己生物；第二，人在战争状态下没有任何道德可言。人为了脱离战争状态保存自己，恢复和平时期的道德，会通过相互制定契约来转让自己的权利，一旦所有社会成员的权利被转移到一个主体上，这个主体作为国家意志反过来会确保人们履行自己的契约，从而避免战争状态。社会契约建立国家，而国家保证社会契约的执行，两者相互作用，避免利己的个人在自然交往中沦落于战争冲突的困境，而是否遵守社会契约，成为霍布斯考量个体行为正义与否的标准。人的天然私欲只会让人在交往中处于无道德可言的战争状态，通过社会契约，人们的交往才能过渡到受道德约束的文明状态。为了规劝人们服从自己制定的自然法，霍布斯设想人们通过契约将管理自己的权利转移到某一群或一个人身上，使其充当人们的集体人格——国家，这就是利维坦的诞生。利维坦作为集体人格的化身，权力基础来自民众对自身的恐惧，人们出于对利维坦的恐惧而压抑自己的私欲，因而在交往中表现出节制、有礼的姿态。人的自私自利只有通过专制的利维坦进行制约。霍布斯的理论完全从人的自然情感和欲望出发，抛开了形而上学和神学，而利维坦本身鲜明的专制主义色彩，成为日后讨论个人与集体交往的典型例证。

人的一切观念都基于经验，这是英国经验主义的基本原则之一，该原则始于洛克。洛克认为心灵只是在被动地接受观念，我们只能认识观念而不能直接认识事物，事物与观念的同一性是人的自以为，正如我们在交谈中与他人谈论某一观念时，我们所使用的词语实际上表述的是自己心中的观念。私人性质的观念在交流中总是会产生误解，复杂的观念更是如此，语言中的词语作为公共的交流工具扮演着解释的作用，但词不达意是语言天生存在的特征，人们为了交流甚至会编造和杜撰新的词语。洛克为了解决交流困境提出了普遍词，以发现词语协助言语沟通中的普遍性质，普遍词本身是普遍观念的记号，它不是对事物本质的抽象而是对众多观念的一般化，通过抽象获得普遍词的过程也是排除观念与人的个别性，归纳共同性的过程。

与霍布斯不同，洛克并未将人的自然状态等同于战争，而是认为自然状态是人凭借良心与理性各自独立生存的处境。人们如果都能保持自然状态下的交往，便不必组建国家，但现实往往不是这样。人们通过劳动获得财产（这里的财产也包括人的生命和自由），但为了捍卫自己的财产，人们需要组成国家，因此国家的主要目的是保卫人民的财产。人们放弃天生自由转而接受社会普遍约束的主要动机，是为了同他人一样，在加入的共同体中享有财产与生命的自由，换而言之，为了在交往中获得更多自由与安全，人们必须首先牺牲掉部分的个人自由。为了制衡国家权力，必须进行分权，而政府只是受人民所托实现公共利益的工具，这些观念已经成为建立现代社会的基本常识，比起霍布斯的利维坦，洛克的国家理论显然影响更大。

英国经验主义与欧洲大陆理性主义的对立由休谟最终完成。休谟将人性作为哲学研究的对象，开始有意识地建立一门关于人本身的学科，尽管他采取的方法仍是自然科学一样的归纳和实验。同洛克一样，休谟拒绝抽象观念的普遍性，抽象观念本质上仍具有不可磨灭的特殊性和个性，同一范畴在哲学史中的不同演变已经证明了这一点。观念来自主观的印象，对于休谟而言，事物间的因果性不是自然规律，而是人认识事物的习惯使然，不是原因导致了结果，而是对象与另外一个对象之间的恒常跟随让我们以为存在着因果性，关键在于事物间的必然性并不等于人认识的必然性。休谟并不否认因果联系，而是从人自身的角度出发，揭示出习惯、信念、期待等因素对人在认识世界过程中产生的影响。

世界的因果性和人存在的完整性由记忆的连续性所确证，心灵只是连续的知觉系列。在怀疑主义的经验论视角中，理性必定屈服于情感，"理性是，而且只能是情感的奴隶，除了服务和服从于情感外，它不能妄称有任何别的职能"[1]，正是情感的感染功能将人类联系起来组成一个整体，通过同情引起的观

---

[1] ［英］弗雷德里克·科普勒斯顿.英国哲学：从霍布斯到休谟[M].周晓亮，译.天津：天津人民出版社，2020：323.

念联想，我分享着他人的痛苦和快乐，成为自己行为的旁观者，由此我们将共同的乐称作善，共同的苦作为恶，道德来自人类情感上的共同感而非理性。休谟还讨论了人与人的交往与不同国家交往之间区别："因为不同国家之间的交往不像个人之间的交往那样必要或有利。如果没有某种社会，人类生活不可能存在，但国家之间的交往没有与此同等程度的重要性。"[1] 休谟的这种观点自然不适用于当下，全球化语境中的国家交往与个人交往息息相关，并且前者往往影响到后者。

三、德国古典哲学中主体自我立法的演变之路

从启蒙运动开始，西方哲学逐渐为主体自身展开言说，现在必须依赖主体自己的能力来进行反思和批判——包括先前哲学发展的所有认识论原则，对此居功甚伟的哲学家便是康德。康德将经验视为直观与概念的联结，二者是不可相互还原的表象，前者使我们直接意识到事物存在在那里，后者使我们间接地意识到该事物此时具有某些属性。纯粹的感性直观无法在意识中形成连续统一的表象，需要与推论而得的概念进行结合形成判断之后，才能获得对象与世界的完整图景。从康德开始，哲学对真理的追问由"真理是什么？"转为"如何认识真理？"，认识论的主体不再是神或者自然，而是人本身。

康德哲学的关键问题在于：表象与被表象对象之间的关系。康德认为我们的经验不是反映世界，而是自发提供给世界，甚至时空也并非世界本身的尺度，而是人类认识习惯使然所赋予的规范，这类似于休谟在因果性上的认识。单凭感性直观，我们只能得到纷繁杂多的模糊经验，这是被动从世界中获取的诸多表象，在先验想象中被联结起来之后，人才能对感性杂多作出判断，以区分被表象的对象和关于对象的表象。从感性直观中获得表象，与其说与对象有关，不如说与人的意识联系更紧密，表象与被表象对象之间的关系不是通常的因果性，而是我们在经验基础上按照某种规范所下的判断，并且这种规范在康德看来理应具有共通性。

---

[1] ［英］弗雷德里克·科普勒斯顿. 英国哲学：从霍布斯到休谟 [M]. 周晓亮，译. 天津：天津人民出版社，2020：352.

自然界不存在表象，自然仅仅是自然本身，表象是人主动认识自然的最初结果。人作为认识主体的自发性如此重要，以至于不再需要自然或者上帝为其确证，康德本人将这点视为哲学发展中的哥白尼革命。通过感性直观与概念相结合的认识论，康德实现了理性主义与经验主义的形而上学交往，感性对物自体一无所知，它只能直观现象，而理性只能依据逻辑序列亦步亦趋地前行，试图将自己建构为一个独立的整体，就像中世纪哲学家们围绕各种命题所展开的论证那样。

解决二元对立的努力往往会招致二律背反，但这恰恰成为康德从形而上学转向伦理学的契机。人在被动直观中自发地选择范畴和逻辑进行认识和推演，这暗示了两种冲突：一方面，我们取得经验的范围、应用经验的方式由世界本身所决定，换而言之，作为世界之中的存在者，我们受到世界规律的支配；另一方面对于世界向我们呈现的表象，我们具有自发选择和推理的自由。如何理解决定论与自由之间的二律背反？康德认为应当放到实践中去解决，人和世界存在两种交往行为：人在第一种行为中被动地反映世界，被世界所决定，比如，人体自身诸多的生理反应。人在另一类行为中则主动选择按照某种规范去行动，因为这种行为涉及了价值判断，行动者必须为其行动后果担负责任。从这里看，康德所认为的自由，实际上体现为人主动选择依据何种规范去行事的自由，尽管人存在着种种动机和欲望，但只要开始行动，他便只能按照自身对世界的理解去实现目的。

虽然我们存在于世界之中受其所限，但在世界不能决定和回应我们的地方，仍然必须认为自己存在着本体意义上的自由。由于康德不需要用上帝来保证这种自由的真实性，而是居于行动者的实践，因此康德将这种无法从理论进行证明的、自以为的自由设想为先验自由。凭借这种先验自由，人能够按照所选择的规范去行动，道德作为人人都要遵守的普遍规范，是人自己选择为自己增加的约束，为了将这种约束同先验自由相匹配，康德将道德视为人类为自身创立的法则，换而言之，道德作为人类为自我约束所创立的法则，通过道德实现自律本身反而是先验自由的实现，只有人类自己为自己立法，人类自己才会选择遵循，道德自律本身也是先验自由的一部分，正是在这个意义上，自律即自由。

康德的道德主体是一个自己建立法则、选择法则并自我约束的行动者，它的行动和目的本身正是其自律自由的体现。至此，道德不再被视为外加于人的秩序，而是一个由我与他人共同制定并遵循的法则，体现着自我尊严与相互尊重，"也就是说，道德秩序是一个理想，是共同创立的秩序，而不是自然秩序或被赋予的秩序；它是每个自律行动者在为自己和他人立法时涉及的相互性，它被视为'创立'法则的相互性，个体行动者脱离所有其他行动者是不能考虑它的，共同体也不能将之实体化进一种现存整体当中"[1]。

现在进一步看康德的二律背反，为了调和人与自然的关系，康德设定了一个先验自由的本体领域，以表明当人按照知性制定的规定去行事时，他已实践着自身的自由，生活的意义在于以不同的方式实现这种自由。据康德所述，我们虽然能将法则施加自身，但是这么做的理由却不能由我们自己决定，否则当我按照某种法则制定理由，再按照这种理由所制定的法则去行动时，那么最开始制定理由的法则本身，其理由又是什么？为了避免这种无限的逻辑循环，这个最开始的理由必然来自外部，这就产生了一个悖论：当我们建立基本的行动准则时，凭借先验自由我们可以不要先行的理由，可为了启动自我立法，这个理由又是必要的，这个康德悖论成为之后德国哲学家必须解决的难题。

黑格尔认为康德悖论将主体自我一分为二，我为了"我"向自己提出一个法则，之后"我"就以此理由（因为这是我为了"我"而提出的）将我制定的法则用于自己。一分为二的行动者仅仅能够解释康德悖论，却不能进一步说明二者的关系，即制定规则的我与服从规则的"我"，双方在构成主体的过程中是一方优先抑或是相互制约？黑格尔从社会交往的视角中寻找答案，由于我无法仅凭自己掌握规则的效力，所以需要他人的承认，前面我与"我"的关系，被黑格尔转化为现实中我与他人的交往关系。在交往之初，每个人都有自身的行动规范，并且也不想因遵守他人的规范而束缚自己，两者的矛盾产生了一系

[1] ［美］特里·平卡德. 德国哲学1760—1860：观念论的遗产 [M]. 侯振武，译. 北京：中国人民大学出版社，2019：54.

列为获得承认而进行的斗争，这就要求某一方的妥协，胜利者成为制定法则的主人，失败者成为服从法则的奴隶，暂时结束关于承认的斗争。

主人的权威由奴隶授予，而奴隶之所以具备授予这种权威的权威，又只能由作为法则创立者本身的主人所授予，如此看来，康德悖论仍然没有得到解决。实际上，主人在相互承认的斗争中，已初步凭借个体欲望确立了作为立法者的地位，不过这也让奴隶意识到主人强加于自己的规则并非都具有合法性，这让奴隶在服从规则的过程中比主人更加明白立法者的意义。如果主人行事的依据仅仅是自身欲望而忽略理性，那么奴隶就可以利用主人权威源于自身服从这一根本特质，逐渐影响主人自己的立法策略，由此形成了主奴二者相互作用的辩证法。从自我意识形成的主奴辩证法中，黑格尔认为制定规范的最初权威来自行动者之间的社会交往，只有发展到一定历史时期下的人类社会，才能找到康德悖论的答案，换而言之，人类从荒蛮争斗演变为相互约束的自律，是社会发展所取的成就，康德悖论无法只用形而上学的"先验自由"进行解决，而必须进入人类社会发展史中寻找答案。

在黑格尔的哲学史理解中，无论是古希腊还是中世纪，都试图将自我法则制定者的主人描述为外在于人的存在（理式、神、上帝），在此之后，哲学又试图从自我理性中找出某个确定的出发点。黑格尔认为这些尝试都失败了，自成一体的法则必须来自人自己，但又不能完全局限在自我之中，"换言之，试图坚持将'真实的'自我当作我们相互之间原本具有偶然性的交往的固定点的做法，被证明是不可能的"。[1] 现代社会中的主体必须既是主人又是奴隶，他必须以社会交往而非其他方式来证明自身的主体性地位，在与他人相互承认的斗争中，我与他人不断互换奴隶与主人的身份，在这种辩证运动中共同创立法则，才能寻得那个授予自我立法权的最初理由。

人作为精神性的存在者，最终目的是成为自由的行动者。康德用"先验自由"调和自由与自然之间的矛盾，黑格尔则将这种差别视为精神的自我设定，本质

---

[1] ［美］特里·平卡德. 德国哲学 1760—1860: 观念论的遗产 [M]. 侯振武，译. 北京: 中国人民大学出版社，2019: 243.

上是一种规范，一种社会成就，"'精神'和自然之间的差别本身是'被设定'的，也就是规范性的，而不是一个我们所发现的、关于我们自身的形而上学事实；它更像一种历史成就，一种我们看待自身的方式，而非我们自身的一种总是如此的'特征'"。[1] 每个行动者都必须把自己当作其所服从法则之创立者，在与他人交往的相互承认中，承担起自己作为某个社会角色中的责任，并就如何划分权利和义务归属与他人展开协商和行动，我既是自己的主人又是他人的奴隶，他人亦是如此。

作为一种规范性的、"精神"性的生物，我们用规范解释自己与世界的同时，也利用这些规范进行自我约束。当我在说我自己的时候，实际上是在说作为社会性存在的我们，我依照我们共同承认的规范认识自我、规划自我。规范蕴含着共同体历史所赋予的力量，它化为各种传统以明确的方式深深烙印在个体的生活中，个体虽被其规劝，但也借此对抗着自身存在的偶然性和不确定性。尽管我们时常意识到这些规范的脆弱性和不合理性，但只要能通过集体理性的兑现，我们仍然认为参照其生存下去是有益的，否则就必须更改那些失去合理性的规范，"因此，黑格尔认为，只有将对我们自己的情境性和偶然性的认识与对通过理性兑现我们的规范的必要性的承认混合起来，我们才能忍受'康德悖论'"[2]，以集体性对抗生存的偶然性，这实际上也是马克思的思路。

德国古典哲学从康德开始通过主体自我立法的方式，将认识、实践、道德等主体性能力归于人本身。人的自由在于按照自我立法的规则去行事，而这个规则的合法性又是通过人与他人在社会交往中的相互承认去实现，而之所以要制定规则，或者说自我立法的逻辑起点，由黑格尔给出了最后的答案——人类社会发展到一定历史阶段所取得的社会成就，但真正理解这个答案的人却是后来的马克思。在黑格尔那里，自我意识是主人与奴隶的辩证结合，人与他人的交往同样受到这种辩证张力的影响。与之不同，马克思对资本主义社会的考察表明，虽然这种张力导致的统治和压迫仍然存在，但是其对立本质却并非已经

[1]　[美] 特里·平卡德. 德国哲学 1760—1860：观念论的遗产 [M]. 侯振武，译. 北京：中国人民大学出版社，2019：294.

[2]　[美] 特里·平卡德. 德国哲学 1760—1860：观念论的遗产 [M]. 侯振武，译. 北京：中国人民大学出版社，2019：295.

成为历史的主人和奴隶，而是商品所有者之间的对立、资本家与工人的对立、不同性质资本家之间的对立，以这三种对立为基础的所交往模式，遵循着不同的交往规范，成为新的自我立法起点。

第二节　对交往范畴的追溯：从生产一般、资本一般到交往一般

尽管马克思一直在批判各种抽象，但他在 1857—1858《导言》中提出了关于生产一般的看法："生产一般是个抽象，但是只要它真正把共同点提出来，定下来，免得我们重复，它就是一个合理的抽象。"[1] 马克思提出生产一般，并非只为了提取出人类各个重要历史阶段中的生产共同点，因为有的共同点属于一切时代，有些属于几个特定的时代，而有些则出现在最发达与最不发达的时代对比中。[2] 在不同的归纳范围中产生不同的共同点，最后将这些共同点进行比较得出差别，在一般与差异的辩证比较中审视整个人类的生产史，是马克思提出生产一般的主要动机所在。

马克思用语言的发展举例说："构成语言发展的恰恰是有别于这个一般和共同点的差别。"[3] 生产一般作为不同对象群的共同点，作为马克思最初构造自身经济学体系所建构的概念，是马克思考察历史动态发展的一个基本参考系，他的重点是在各种不同对象群的共同点比较得出差异，建立一种能够比较同一范畴在不同历史阶段下的差异性研究。马克思当然也不局限生产一般，1857—1858《导言》后面还提到了研究各个生产部门的特殊的生产，以及研究社会主体在由各个生产部门构成的总体生产。生产一般、特殊的生产部门、生产的总

[1]　马克思恩格斯全集（第 46 卷上）[M]. 中共中央马克思恩格斯列宁斯大林著作编译局，编译. 北京：人民出版社，1979：22.

[2]　这种在不同对象群之间彼此交织的共同点比较，有些类似后来维特根斯坦所提出的家族相似理论。

[3]　马克思恩格斯全集（第 46 卷上）[M]. 中共中央马克思恩格斯列宁斯大林著作编译局，编译. 北京：人民出版社，1979：22.

体在这里成为马克思研究生产范畴的初步构想。

马克思后面提出的资本一般也遵循着同样的思路："资本一般，这是每一种资本作为资本所共有的规定，或者说是使任何一定量的价值成为资本的那种规定。"[1] 每一种资本都反映着资本一般各种特殊性的肯定或否定，抽象的资本一般本身是具备观念与现实特征的二重性存在，原因在于资本具有自己把自己当作异己之物与自己发生的关系的能力，典型的例子是作为利息形式存在的资本，所以马克思认为："一般的东西，一方面只是观念中的特征，同时也是一种同特殊事物和个别事物的形式并存的、特殊的现实形式。"[2]

那么如果要确立抽象的交往一般，也就必须从交往的共同性质出发，从最简单、最典型、最不发达的交往形式出发。总体看来，马克思一生都在尝试解释资本主义社会运转的基本规律，同时也在论述组成这种社会关系的交往论。

一、交往是与生产密切对应的范畴

在本文所选择的文本群中，最早出现的交往概念来自马克思摘录穆勒的《政治经济学原理》："为什么私有财产必然发展到货币呢？这是因为人作为喜爱交往的存在物必然发展到交换，因为交换——在存在着私有财产的前提下——必然发展到价值。"[3] 这是对交换而言的交往，人对交往活动的热衷源自其内在的社会属性，之后交往与生产力的结合更加密切。

比较正式的交往规定出现在《德意志意识形态》中："这种生产第一次是随着人口的增长而开始的。而生产本身又是以个人之间的交往为前提的。这种交往的形式又是由生产决定的。各民族之间的相互关系取决于每一个民族的生产力、分工和内部交往的发展程度。"[4] 这种交往的形式，既有战争这种人类

---

[1] 马克思恩格斯全集（第 46 卷上）[M]. 中共中央马克思恩格斯列宁斯大林著作编译局，编译. 北京：人民出版社，1979：444-445.

[2] 马克思恩格斯全集（第 46 卷上）[M]. 中共中央马克思恩格斯列宁斯大林著作编译局，编译. 北京：人民出版社，1979：445.

[3] 马克思恩格斯全集（第 42 卷）[M]. 中共中央马克思恩格斯列宁斯大林著作编译局，编译. 北京：人民出版社，1979：19-20.

[4] 马克思恩格斯全集（第 3 卷）[M]. 中共中央马克思恩格斯列宁斯大林著作编译局，编译. 北京：人民出版社，1960：24.

常见的交往形式[1]，又有私有财产这种作为人类社会发展特定阶段下的交往形式。[2] 除此之外，《德意志意识形态》作为集中论述交往的经典文本，马克思在批判傅里叶时，使用的术语是生产关系与交往关系[3]，而在批判自我享乐哲学的虚伪性时，马克思使用的是生产条件与交往条件。[4] 在这里，我们至少可以看到马克思有意识地将生产与交往的相关范畴一一对应，视作揭示社会运转规律的底层逻辑。

有意思的是马克思在这里说："生产力与交往形式的关系就是交往形式与个人的行动或活动的关系。"[5] 生产力在这里被马克思定义为一种个人的活动，是围绕需求产生的物质活动，它决定着其他脑力的、政治的、宗教活动。从人自身就是最初生产力的意义上，人的活动当然与生产力相关，那么人的交往活动是否也可以被算作生产力的一部分呢？这一点恐怕可以在相对剩余价值那里找到答案，交往组成的集体力本身就是一种生产力，这是马克思明确说过的，因此可以认为交往形式在某种程度也是生产力的组成部分。但这个问题需要辩证看待，个人的生产活动虽然可以因为产生社会接触提高效率，但也有个体因为混杂在群体之中变得懒惰，因此对交往是否作为生产力的问题应进行限定的、具体的说明。

然后我们还看到马克思有这样的结论："那些绝不依个人'意志'为转移的个人的物质生活，即他们的相互制约的生产方式和交往形式，是国家的现实基础，而且在一切还必须有分工和私有制的阶段上，都是完全不依个人的意志为转移的。"[6] 生产方式和交往形式在此成为组成了人们的物质生活，同时还成

[1] 马克思恩格斯全集(第3卷)[M].中共中央马克思恩格斯列宁斯大林著作编译局，编译.北京：人民出版社，1960：26.
[2] 马克思恩格斯全集(第3卷)[M].中共中央马克思恩格斯列宁斯大林著作编译局，编译.北京：人民出版社，1960：410.
[3] 马克思恩格斯全集(第3卷)[M].中共中央马克思恩格斯列宁斯大林著作编译局，编译.北京：人民出版社，1960：487.
[4] 马克思恩格斯全集(第3卷)[M].中共中央马克思恩格斯列宁斯大林著作编译局，编译.北京：人民出版社，1960：490.
[5] 马克思恩格斯全集(第3卷)[M].中共中央马克思恩格斯列宁斯大林著作编译局，编译.北京：人民出版社，1960：80.
[6] 马克思恩格斯全集(第3卷)[M].中共中央马克思恩格斯列宁斯大林著作编译局，编译.北京：人民出版社，1960：337.

为整个国家得以存在的现实基础，私有制下的资本主义社会通过分工以及不合理的分配，将人绑定在特定的生产方式与交往方式之下，使人们只能按照职业的、专业的同时也是片面的方式发展自身的社会关系。而共产主义社会应通过建立发达的物质生产与物质交往建立起普遍性的、全面的社会条件，在保证人人都能发挥自身主动性的基础上，自由地选择表现自身个性的社会活动。

到了《1857—1858 经济学手稿》，马克思在导言中论述生产的第四小节，明确将该节题目拟为："生产资料和生产关系。生产关系和交往关系。国家形式和意识形式同生产关系和交往关系的关系。法的关系。家庭关系。"[1] 马克思在这里明显将交往关系与生产关系放到同等重要的位置上，并接着说明："生产力和交往关系的关系在军队中也特别显著。"[2] 也就是说既有生产力和生产关系的对应，也有生产力与交往关系的对应，但二者的区别和联系由于手稿中断，并未看到进一步说明，我们还需要借助马克思的其他文本。

在谈到资本如何通过机器表现为集体性质的生产力时，马克思提道："关于机器体系所说的这些情况，同样适用于人类活动的结合和人类交往的发展。一方面，资本调动科学和自然界的一切力量，同样也调动社会结合和社会交往的力量，以便使财富的创造不取决于（相对地）耗费在这种创造上的劳动时间。"[3] 这里明确强调了社会交往在资本创造财富过程中的作用——社会结合。那么马克思如何定义交往关系呢？他是这样说的："如果一个人变穷了，另一个人变富了，那么这同他们的自由意志、他们的节省、勤劳、道德等有关，而绝不是由个人在流通中互相对立时发生的经济关系即交往关系本身造成的。"[4] 如此看来经济关系便是交往关系，但还不只如此。

在《1857—1858 经济学手稿》的其他地方，我们看到马克思将经济关系视

[1]　马克思恩格斯全集（第 12 卷）[M]. 中共中央马克思恩格斯列宁斯大林著作编译局，编译. 北京：人民出版社，1962：759.

[2]　马克思恩格斯全集（第 12 卷）[M]. 中共中央马克思恩格斯列宁斯大林著作编译局，编译. 北京：人民出版社，1962：760.

[3]　马克思恩格斯全集（第 46 卷下）[M]. 中共中央马克思恩格斯列宁斯大林著作编译局，编译. 北京：人民出版社，1980：218-219.

[4]　马克思恩格斯全集（第 46 卷下）[M]. 中共中央马克思恩格斯列宁斯大林著作编译局，编译. 北京：人民出版社，1980：476.

为交往关系与生产关系相结合的总体关系："这种前提本身是建立在交换价值这种支配着生产关系和交往关系的总和的经济关系本身的前提下的，因而它本身是资产阶级社会即发达的交换价值的社会的历史产物。"[1] 而对经济关系的定义，马克思如此解释："可是，资产阶级以前的历史以及它的每一阶段也有自己的经济和运动的经济基础这一事实，归根结底不过是这样一个同义反复，即人们的生活自古以来就建立在生产上面，建立在这种或那种社会生产上面，这种社会生产的关系，我们恰恰就称之为经济关系。"[2] 而对于交往关系的说法，我们只能找到一处马克思将货币视为交往关系的论述："因此，货币，像它存在的情形那样，作为属于资本以前生产阶段的交往关系，作为货币的货币，在它的直接形式下，不能说可以加速资本的流通，它只是这种流通的前提。"[3] 因此在马克思的文本中，交往关系、生产关系、经济关系这三者之间的联系要远远大于区别，都是围绕社会生产展开的范畴。

二、"生产力与生产关系"不等同于"生产力与交往关系"

以上对马克思文本的烦琐引用，无非只是为了说明马克思在使用交往相关的诸多的范畴时，从来不是孤立与抽象的说明，而往往与生产力、生产条件、生产关系、经济关系等诸多范畴联系起来。但也有马克思单独定义交往的文本，这便是马克思在 1846 年 12 月 28 日写给巴·瓦·安年柯夫的信，该信可视作 1847 年 7 月出版的《哲学的贫困》的简略导言。在信中马克思将社会规定为："社会——不管其形式如何——究竟是什么呢？是人们交互作用的产物。"[4] 上一代人交互作用的产物由下一代人所继承并进行改变，作为个体无法自由选择自己的生产力以及社会关系，因为这些具有历史性的因素在人出生以前就已经形成。解释整个社会形成的基本逻辑是：由一定的生产、交换、消费，决定着一定的

---

[1] 马克思恩格斯全集（第 46 卷下）[M]. 中共中央马克思恩格斯列宁斯大林著作编译局，编译. 北京：人民出版社，1980：464.

[2] 马克思恩格斯全集（第 46 卷上）[M]. 中共中央马克思恩格斯列宁斯大林著作编译局，编译. 北京：人民出版社，1979：487-488.

[3] 马克思恩格斯全集（第 46 卷下）[M]. 中共中央马克思恩格斯列宁斯大林著作编译局，编译. 北京：人民出版社，1980：182.

[4] 马克思恩格斯全集（第 27 卷）[M]. 中共中央马克思恩格斯列宁斯大林著作编译局，编译. 北京：人民出版社，1972：477.

社会制度、家庭形态、等级或阶级制度，这些构成了一定的市民社会，最后才有作为市民社会一般表现的政治国家。而在最基础的生产、交换、消费中，又以生产最为核心，这点我们通过马克思论述生产一般时便已经知晓，而在生产中又存在着生产力与生产关系、生产力与交往关系、生产关系与交往关系等相互影响的范畴群。最终，诸多生产中又以生产生活资料的物质生产最为重要。

社会作为人们交互活动产物，反映着人们当下的交往关系、交往形式、交往条件、交往手段，这些因素由生产力所决定，而生产力本身又是世代累积的结果，充斥着历史特殊性。为了获得一定程度的生产力，必须要求与之相适应的社会形式，而"为了不致丧失已经取得的成果，为了不致失掉文明的果实，人们在他们的交往（commerce）方式不再适合于既得的生产力时，就不得不改变他们继承下来的一切社会形式。—— 我在这里使用'commerce'一词是就它的最广泛的意义而言，就像在德文中使用'Verkehr'一词那样。例如，各种特权、行会和公会的制度、中世纪的全部规则，曾是唯一适合于既得的生产力和产生这些制度的先前存在的社会状况的社会关系"[1]。这里马克思将法语中的"commerce"与德语中的"Verkehr"对应，指出自己在论述交往一词时，主要指各种制度、规则、社会状况、社会关系，就以马克思此时的解释而言，交往一词确实像他所说的那样含义极广，但也并非含混不清，因为马克思紧随其后便以英国为例，当新兴的资产阶级在旧的行会制度下累积起足够的生产力与资本之后，便会立即发动革命将旧的生产方式以及适应的经济关系彻底摧毁，因此生产方式与经济关系在这里应当被视作交往形式的组成部分，交往关系的范围要大于生产关系和经济关系。

生产力是逻辑起点。马克思最初在《1857—1858 经济学手稿》导言中讨论生产一般时，即便认为生产与消费相互影响，仍然坚持要将生产放到消费前面。同样，《资本论》三卷的基本结构也遵循着生产、流通、利润（剩余价值的分配和转化）的顺序。一定的生产水平，决定着一定的交往形式，而生产内部的物质生产又决定着精神生产，同样物质交往也决定着精神交往，精神交往在独

[1] 马克思恩格斯全集（第 27 卷）[M]. 中共中央马克思恩格斯列宁斯大林著作编译局，编译. 北京：人民出版社，1972：478.

立之后反作用物质交往的前提在于——物质交往已经发展到一定程度，其分工允许部分的精神交往在表面上脱离物质交往而独立行动。

与生产力相对应的是生产关系与交往关系、生产方式与交往方式、生产条件与交往条件等范畴，生产力决定着生产关系、交往关系，后两者随着生产力的变化而变化，但会对生产力的发展起到促进或限制的作用。仅仅从生产关系与交往关系二者的关系来看，交往关系的范围要大于生产关系，交往是人建构社会关系的全部活动，其中以生产关系最基础、最重要。因此，唯有当马克思将交往关系与生产力联用时（如《德意志意识形态》），才能将交往关系视作生产关系的同义语，否则在马克思将二者分而述之的地方，应对二者的含义进行适当区别："而生产关系只是物质生产领域发生的人与人之间的经济关系，是经济领域内交往关系的体现，受交往关系的影响和制约，而其他领域发生的物质活动关系则不属于生产关系。"[1]

交往关系或者说交往形式不同于生产关系的典型之处在于，诸如战争一类的交往形式对生产力的反作用，远远超出了一般生产关系对生产力的影响。发达的生产力可能会被突然的战争所打断，导致生产力必须从零开始，但两次世界大战的经验又告诉我们，战争在毁灭人类社会已有物质财富和精神财富的同时，又是如何加速着科学技术产生质的飞跃。交往关系对人类社会生产力的影响，虽然也遵循着生产力与生产关系的一般规律，但出于自身的特殊性质，不能简单地将生产力与交往关系之间的规律等同于生产力与生产关系之间的规律。在解释人类社会某些重大历史变革的事件时，交往关系会比生产关系更加恰当。

上述关于马克思交往理论的论述，分别涉及了交往的定义（社会关系、制度）、交往形式的定义（战争、私有制、保险公司）、交往关系的定义（货币）、交往手段的定义（货币、交通工具）、交往形式与生产力的关系、交往关系和生产关系之间的区别、交往关系与生产关系以及经济关系的区别和联系、交往的作用（将生产力结合为社会力量、在商品交往中产生相对价值、价格与铸币都是交往术语）等。从最初马克思在《德意志意识形态》中的交往用法，可知交

[1] 王晓丹.生产关系论[D].华中师范大学，2018：32.

往与生产的关系最为密切，生产力与交往形式是马克思最初概括人类历史演进与社会发展的二元对应范畴。生产力是人自身认识世界、改造世界的实践可能性，包括与之相适应的工具、技术、方法、知识甚至交往关系和生产关系本身在某种程度也可视作生产力的一部分，而交往作为人们一旦生产就会产生的行为，一切在人们之间产生的社会性交互都可视为交往活动。

那么人与自然以及其他非人事物之间的互动呢？这需要进一步的规定。在一定的生产力水平下，自然是人化的自然、非人的事物被人所驯化规劝。简单来说，这类交互是否称之为交往，取决于人类在多大程度上将发生关系的对象视为主体，视为什么样的主体，以及这个主体承载了人多少对象化的力量，中介或表现着怎样的人性。以人与自然的关系为例，在人类生产物质生活资料的过程中，自然是待改造与征服的客体，我们既不会对利用自然资源感到不适，也不会因为对自然力量的恐惧而终止对自然的探索和利用。但自然也不仅是客体，自然界中诞生了人类，他们组成了社会并反过来将自然人化，此时人与自然的交互就变成一种交往、一种相处，人会对其产生敬畏和感恩，并愿意将自然事物的特质当成人自身德性修养的典范。但也需要留意，这种素朴的描述与宗教化中的神秘、资本之后的异化有质的区别，尤其是现代社会中的环保概念，在此不再赘述。

三、交往一般是社会关系的生产和再生产活动

马克思所认为的交往含义极其宽泛，一切规定、中介、维持人社会关系的制度、体系、规则都可视为交往形式的组成部分，一切与人社会关系相关的活动皆可视为交往活动。对交往一般的规定则直接取决于马克思对生产一般的论述，我们先来看马克思对生产一般的看法。

一切生产都是个人借助一定社会形式对自然的占有。生产直接是消费，消费同时也是生产，"在第一种生产中，生产者物化，在第二种生产中，生产者所创造的物人化"[1]，肤浅的经济学家以为只有将二者视为彼此的对立面才能确

[1] 马克思恩格斯全集（第46卷上）[M]. 中共中央马克思恩格斯列宁斯大林著作编译局，编译. 北京：人民出版社，1979：28.

立消费和生产的概念，马克思则认为二者的统一并不影响它们各自的独立性。消费的生产是生产者的物化，生产的消费是产品的人化，前者是劳动，后者是使用。每一方都与另一方相互依存，以对方为媒介，但又处在对方之外。"每一方都为对方提供对象，生产为消费提供外在的对象，消费为生产提供想象的对象"[1]，每一方由于自己的实现才能创造对方，这些关系让生产与消费得到统一。在实际的社会实践中，生产与消费其实是同一过程的两个要素，只不过生产作为起点而对整个过程起到支配作用，个人的消费成为对自身的再生产，因此个体作为生产的个体与再生产自身的个体，消费自然应该表现为生产的要素。

生产者的物化是劳动，生产者创造的物人化是使用，个体是生产的个体与再生产自身的个体。将这个结论放入交往中，尤其是资本主义社会下的异化劳动：主体的物化与物的主体化，可知这两种物化的含义的不同，生产一般中的物化只是将主体之中作为生产力的对象性以一定具体的产品表现出来，产品是生产者个性和生命力的表现物、创造物与确证物。而异化劳动下的主体物化则意味着生产者被这种生产关系刻意地贬低为物，产品是生产者生命力损耗之后，被他人无偿夺取的他人之物。生产一般中物的人化表明物为人用的原始属性，但异化劳动中的物的主体化，则说明人的对象性力量如何成为资本自身保值与增值的手段。

生产一般中的人的物化与物的人化，对比起异化劳动中的物的主体化与人的物化，展示出两种不同的交往模式：由生产一般导向的交往一般，社会关系的生产与再生产在人和他人（或者另一人化的对象）之间交互活动完成，他人承载着我的某一社会关系，亦是某一对象化力量的表现与确证，我的存在由他人所显现和丰富，他人亦是如此，我们在交往中互相承认、表现、支撑、完善。但由异化劳动导向的异化交往，即资本主义时代多数人的交往现实，在这种交往中我与他人以利己欲望为出发点，以对立之下的相互利用为常态，交往是支配与被支配、利用与反利用、算计与被算计的角斗，目的是私有财产，过程是漠不关心、自我独白的表演。

[1] 马克思恩格斯全集（第46卷上）[M].中共中央马克思恩格斯列宁斯大林著作编译局，编译.北京：人民出版社，1979：30.

交往一般是人社会关系的生产和再生产活动，以人的物化和物的人化两种形态交替进行，满足人在主体性建构中为我性与为他性的需要。在马克思重点研究的资本主义社会，人与人的交往关系与他们之间共同的生产关系一起，异化为物与之独立并对立。这是人们社会关系随生产力发展变得普遍而独立的必然过程，以此超越之前居于地域、血缘、封号或姓氏之上的狭隘社会关系，"这种联系借以同个人相对立而存在的异己性和独立性只是证明，人们还处于创造自己社会生活的条件中，而不是从这种条件出发去开始他们的社会生活。这是各个人在一定狭隘的生产关系内的自发的联系"[1]。这种为物所控制的社会关系同样也是历史的产物，属于个人全面发展进程中的一个阶段，人们在经历了一个漫长的、以交换价值为基础和目的的生产阶段之后，才有可能借助它所产生的丰富物质财富，将社会关系重新复归到人们自己手中。

总而言之，从人类历史发展的具体进程中看，个人同自身以及他人的普遍异化，是生产个人丰富个性、全面关系的必经阶段。这是一个辛酸严酷的现实，但仍有希望，因为"资本的限制就在于：这一切发展都是对立地进行的，生产力，一般财富等，知识等的创造，表现为从事劳动的个人本身的异化；他不是把他自己创造出来的东西当作他自己的财富的条件，而是当作他人财富和自己贫困的条件。但是这种对立的形式本身是暂时的，它产生出消灭它自身的现实条件"[2]，旧的交往关系已经暗含着超出自身的、新的交往关系与交往手段，生产力的飞速发展导致的普遍交往，会使一切阻碍人们进行普遍交往的对立和限制逐渐被意识、被反思、被批判，从而不再被视为天然合理的存在，个人的全面性将在历史进程中从理论变为现实。

[1] 马克思恩格斯全集（第46卷上）[M]. 中共中央马克思恩格斯列宁斯大林著作编译局，编译. 北京：人民出版社，1979：108.
[2] 马克思恩格斯全集（第46卷下）[M]. 中共中央马克思恩格斯列宁斯大林著作编译局，编译. 北京：人民出版社，1980：36.

第三节　从资本总循环运动考察交往主体的不同身份及交往模式

资本总循环运动包含了资本各个形式、各个环节的结合，这同样囊括了所有类型的交往活动。资本总循环运动中的交往主体，其身份主要是商品所有者、工人、资本家，在流通领域，同为商品所有者的交往双方，其交往活动被一般等价物所确立，导致交换只有量而非质的差别。只有到资本家与工人的交往中，我们才能洞察资本主义社会交往活动的本质——交换价值的保值与增值，由此我们确认了马克思交往理论对交往主体、交往模式的基本确认和划定。

一、资本总循环

在《1857—1858经济学手稿》中马克思将流通过程中的主体规定为："主体作为流通的主体首先是交换者，每个主体都处在这一规定中，即处在同一规定中，这恰好构成他们的社会规定。"[1]这里的社会规定明显指向人的社会关系，即在流通领域，人作为主体的社会关系主要来自作为交换者的身份，进一步说是各自作为相互对立的商品所有者进行交往。同理，在生产领域，这种交往模式又变成劳动力人格化的工人和劳动条件人格化的资本家之间的交往。

在《资本论》的第二卷，马克思将资本总的循环过程分为三个阶段：

第一阶段：资本家作为买者出现于商品市场和劳动市场，用他手中的货币购买生产所需生产资料和劳动力，二者此时的形式为商品，所处的阶段为流通。

---

[1]　马克思恩格斯全集（第46卷下）[M]．中共中央马克思恩格斯列宁斯大林著作编译局，编译．北京：人民出版社，1980：473．

第二阶段：资本家用购买的这两种商品进行生产消费，在生产过程结束之后，资本家得到一个交换价值大于之前购买生产资料和劳动力的商品，这个阶段处于生产。

第三阶段：资本家作为卖者重回市场，将已经生产出的商品转化为货币，这个阶段仍然属于流通。

以上三个阶段以资本的人格化身资本家为主视角，我们得以看到资本家是如何履行或者执行他身上的社会规定，这当然也决定着他如何进行交往活动。

相对应地，工人在这三个阶段从事的活动分别是：

第一阶段：工人将自身的劳动力作为商品，与同为交换者的资本家签订契约，在生产过程开始之前事先以一定的交换价值卖出自身的劳动力，工人此时作为卖者出现在流通阶段。

第二阶段；工人作为生产者听从资本家的指挥，将劳动力物化在生产资料之中，使其保值和增值。

第三阶段：工人在结束生产之后化身买者重回市场，用从资本家那里得到的工资进行消费，再次作为交换者从其他资本家那里购买生活资料，以维持自身肉体的基本再生产。

在第一阶段，资本循环的主要内容是货币资本转化为生产资本，其中生产资料属于真正的商品市场，而劳动力属于劳动市场。工人与资本家唯一的不同便是后者拥有购买生产资料的货币，在这个阶段的交换发生之前，工人的劳动力同实现它的生产资料相分离，而一旦交换结束，这个劳动力便和生产资料一起属于资本家生产资本的一部分，因此资本家与工人在交往过程中的对立从一开始便建立起来。工人作为卖者，资本家作为买者，二者看似自由与平等的交往其实是被货币抽象掩盖的结果，因为这里的买者一开始就是生产资料的所有者，而卖者仅仅是买者实现自身生产资料的条件。资本家一方已经凭借物的权力在交往伊始占据主导地位，而工人只有通过出卖劳动力，将其和生产资料相结合时，才能将劳动力变为现实存在。这个阶段的交往中的对立与不平等主要来自生产要素本身的分配，其中物的因素集中在资本家身上，而劳动力则分离为工人所有。

在第二阶段，由于货币资本转化为生产资本，资本脱离流通进入了生产消费，借由消费生产资料和劳动力实现保值和增值，成为具有更高使用价值的交换价值。生产资料和劳动力在这里被马克思区分为不变资本和可变资本，因为前者无论是否处于生产过程都为资本家所有，而后者只在生产过程中属于资本家。生产资料和劳动力的这种特殊区分是资本生产的独有表现，二者并非天生是资本，而是一定历史阶段的产物。

在第三阶段，已经增殖的生产资本化身商品资本，它现在的职能是必须在流通中被消费，从而转化成货币，以便开启新一轮的资本再生产。货币作为商品资本在该阶段的唯一目的，不仅执行着支付的职能，而且还作为增值过后的交换价值载体。交换价值本身没有质的区别，关键在于作为一般等价物的货币，在第一阶段执行货币职能，而在第三阶段执行商品职能。

在三个阶段构成的资本总循环运动中，第一、第三阶段属于流通领域，第二阶段属于生产领域，唯一的变化是起初预付的价值得到保存和增加，并且这个变化还将在第三阶段结束后重新进入第一阶段。总过程表现为生产过程和流通过程的统一，生产过程成为流通过程的媒介，反之亦是如此。三阶段的所有前提都表现上一阶段的结果，每个阶段都是出发点、经过点、复归点，其共同动机都是价值增值。三个阶段代表着三种资本形式循环与再生产，资本作为整体同时在空间上并列地处于三个不同的阶段中，在现实中不断连续且并列地进行着，连续性作为资本主义生产最为重要的特征之一，任何一个阶段上的停滞，都会阻碍该阶段内部以及整个总循环的运动。

资本是一种运动，一种经历三个不同阶段的循环，而这三个阶段又表现为三种不同的形式。资本的总循环运动在现实中具体化身为产业资本家的个人行动，他一方面作为生产资料和劳动力的买者，另外一方面作为商品的卖者、生产过程的指挥者与监督者执行职能。整个总循环运动的前提，又是以复杂细致的分工、多样性的商品生产、世界市场，以及最重要的——生产者与生产资料的分离为基础，在生产与再生产中，产业资本家同其他资本家一起将一切社会生产卷入资本的流通之中。

从资本本身的性质看，第二阶段当然处于最重要的核心位置，不过从整个资本总循环运动中看，维系整个运动的关键却是以交通、运输、信息传递、广告、信贷等相关行业为代表的枢纽，这些行业并非生产着新的物质产品，而是生产着资本整个的时空变动，它们的作用同样无法忽视。

二、商品所有者在流通领域内的交往

人类社会最初的交换只是不同共同体之间多余产品的交换，不会决定共同内部的总生产。如果个人可以直接生产自己的生活资料，就不必从事交换，以将个人劳动变为社会劳动。当个人生产变为社会生产，私人劳动内容就由社会联系——他人需要所决定，个人生产成为社会整体生产体系下的一个环节，所有的生产者都为满足他人需要进行生产。劳动者自身的个性、天赋、兴趣屈服于现有的分工体系，并且决定着他们之间的社会关系，而分工又是一定社会生产力与交往关系作用的结果。原本，劳动是人对象性的物化过程，现在人们却只能在已有的分工中选择合适的方式进行劳动。

"交换作为确立等价物的行为，按其性质来说，既不增加价值总额，也不增加被交换的商品的价值"[1]，交换之所以能确立等价物，是因为价值已经成为其前提，在此基础之上，交换行为只是保证潜在的价值得以作为价格表现出来，因此交换行为首先是一种形式，一种确立价值规范的实践活动。交换价值一开始只是多余使用价值的表现物，而非相反，这种关系到今天还残存着，但当商品世界通过等价物扩展自身的边界时，它便会主动生产自身的经济关系，"物的交换价值，无非是它充当交换手段的能力在量上的特殊表现。在货币上，交换手段本身成为物，或者说物的交换价值在物以外获得独立存在"[2]。

[1] 马克思恩格斯全集（第 46 卷下）[M]. 中共中央马克思恩格斯列宁斯大林著作编译局，编译. 北京：人民出版社，1980：137.
[2] 马克思恩格斯全集（第 46 卷上）[M]. 中共中央马克思恩格斯列宁斯大林著作编译局，编译. 北京：人民出版社，1979：148.

当我们依照资本主义生产关系的视角，将商品和劳动都看作交换价值，将商品所有者之间的交换看作纯粹交换价值之间的交换，那么进行交往行为的主体便也是纯粹的交换者。马克思对此有非常清楚的说明："只要考察的是形式规定——而且这种形式规定是经济规定，是个人借以互相发生交往关系的规定，是他们的社会职能或彼此之间的社会关系的指示器——那么，在这些个人之间就绝对没有任何差别。每一个主体都是交换者，也就是说，每一个主体和另一个主体发生的社会关系就是后者和前者发生的社会关系。"[1] 从单纯的商品交换行为出发，化身为交换者的交往主体之间没有任何本质区别，而这正是交换行为的本质——将一切特殊性抽象为普遍性。

正因如此，我们看到了三种仅在形式上不同的要素：交换主体、交换价值或等价物、交换行为本身。三个要素中最重要的便是身为等价物的交换价值，它决定着整个交换者在交换行为中的内容和规范，交换价值不但自身相等，而且还要被交换主体承认相等。马克思关于等价物的看法是："等价物是一个主体对另一个主体的物化；这就是说，它们本身价值相等，并且在交换行为中证明彼此价值相等和彼此无关。主体只有通过等价物才在交换中相互表现为价值相等的人，而且他们通过彼此借以为对方而存在的那种对象性的交替才证明自己是价值相等的人。因为他们只是彼此作为等价的主体而存在，所以他们是价值相等的人，同时是彼此漠不关心的人。"[2] 等价物是为他者而存在的对象性——单纯为他的使用价值，主体通过等价物交换实现相互平等的地位，并表现出相等的价值，主体其他的特性和差异都在交换中被等价物抹平。等价物证明了双方确实因为互相需要而进行交换，交换主体互为彼此需要的化身，除此以外，交换者不会关注对方身上任何个人性的特点。

交换作为设定并证明交换价值的行为，同样设定并证明着交换者的主体性地位。被交换商品的特殊使用价值以及交换者的特殊需要，全都处在交换的经济规定之外，而这非但没有影响交换主体之间平等性，反而成为将这种特殊性

[1] 马克思恩格斯全集（第 46 卷上）[M].中共中央马克思恩格斯列宁斯大林著作编译局，编译.北京：人民出版社，1979：192-193.
[2] 马克思恩格斯全集（第 46 卷下）[M].中共中央马克思恩格斯列宁斯大林著作编译局，编译.北京：人民出版社，1980：474.

塑造为等价交换的前提和基础。相同的需要和商品不会使交换者产生任何关系，只有需要和生产的差别，才会导致交换中的社会平等。交换行为确实证明着人们存在着相互需要、相互满足的社会关系，但是只为获得交换价值的交换又使他们在交换中对立，成为彼此漠不关心的交换者。

交换不仅确立交换者形式上的平等，还确立着他们在交换内容上的自由。"因此，如果说经济形式，交换，确立了主体之间的全面平等，那么内容，即促使人们去进行交换的个人材料和物质材料，则确立了自由"[1]，平等和自由既是交换行为得以产生的前提，又是这一行为最终结束时产生的结果。现代资本主义社会的自由与平等本质来自交换价值的发展，而原始社会的自由和平等则恰恰由于交换价值的发展而消失。原始社会或者封建社会的交换并未能够决定整个共同体的生活，交换只是生产之后的附带行为，还无法主导全部的生产关系和交往关系。古代世界不是以交换价值为生产的基础，相反是由于交换价值的发展而毁灭，它产生了具有完全相反的和主要是地方性内容的自由和平等，这也是马克思晚年考察原始社会的主要动机。"交换不是在同一共同体内部的个人之间开始的，而是在共同体的尽头——在它们的边界上，在不同共同体的接触点上开始的"[2]。以公社为代表的共同体是一切文明的起点，以私人交换为基础的生产制度，最初起源于原始共同体的解体过程之中。

在交换主体的意识中，"每个人在交易中只有对自己来说才是自我目的；每个人对他人来说只是手段；最后，每个人是手段同时又是目的，而且只有成为他人的手段才能达到自己的目的，并且只有达到自己的目的才能成为他人的手段"[3]。身为交换主体，他意识到必须为另一个交换者服务才能为自己服务，双方互相把对方当作手段相互利用。交换者只有作为自身的手段或自我目的，才能成为他人的手段，交换者的联系本身对交换主体双方来说无关紧要，整个

[1] 马克思恩格斯全集（第46卷上）[M]. 中共中央马克思恩格斯列宁斯大林著作编译局，编译. 北京：人民出版社，1979: 197.

[2] 马克思恩格斯全集（第46卷下）[M]. 中共中央马克思恩格斯列宁斯大林著作编译局，编译. 北京：人民出版社，1980: 412.

[3] 马克思恩格斯全集（第46卷下）[M]. 中共中央马克思恩格斯列宁斯大林著作编译局，编译. 北京：人民出版社，1980: 472-473.

交换行为产生的共同利益从来不是交换者行动的主要动因，交换者对他人利益以及双方共同利益的满足，无非取决于自身利益能够得到满足。满足自我利益是目的，他人对我来说只是手段，他人看我亦是如此，因此每个人在交换中同时是目的和手段，我只有成为他人的手段才能满足自己的目的，这是经济交换预设的规范。虽然交往主体有时候会单方面地将这种规范视为个人利益转换为共同利益的证明，但实际上个人利益仍然占据主导地位，我为了共同利益而进行自私自利的解释，这是私有制下的特有虚伪，共同利益只是全面性的自私利益，马克思的交往理论已经为我们揭示了这一点。

人们的物质需要的差异性是社会平等的基础，为此人们必须成为交换主体，将自己的特殊劳动转化为一般社会劳动，以满足各自所需。交换使人们处于相互的平等的社会关系之中，货币作为这种关系的现实表现，使商品所有者成为可以被计算的、被量化的、被交易的普遍交换者。一切个人差别都消失于商品交换中，而且这种消失是全面的消失。在商品流通中，每个人都在与他人的对立中交替地承担着他人的社会角色：作为买者和卖者，作为商品和货币。这种社会角色的换位，既确立着贫与富的不平等，又扬弃着人天然差异的不平等，以至于不平等只呈现为一种形式，使人产生这样的认识：社会成员的贫富差异与个体自身的智力、道德、机遇相关，而绝不是因为人们在流通中互相对立的交往关系。

马克思认为交换手段拥有的社会力量越小，交换手段同劳动产品以及其他交换者的直接联系便越紧密，个人越是从属于自身的共同体。在货币、商业尚未发展的原始社会，人与人之间的关系还未被物化，尚存一种朴素平等的亲密关系，马克思将其称为最初的社会形态。当人通过普遍的交换获得独立，以物的依赖替代对共同体的依赖，这种物化的社会关系作为人类社会形态第二阶段的特征，将在第三阶段个人全面发展、共同生产和占有财富的社会中消失。马克思提出真正的交换应该以共同占有和共同控制生产资料为基础，所有联合起来的个人进行自由的交换，从而区别于资产阶级社会这种个人表面自由实际相互排斥的、漠不关心的交换。

三、工人与资本家在生产领域内的交往

如果只是考察商品所有者之间的关系，那么我们只能看到资本家和工人在流通领域作为买者和卖者、货币和商品互相对立，双方通过角色换位不断进入流通又退出流通。可是，基于资本家和工人交换内容的特殊性，原本在流通领域出现的抽象与虚伪再次暴露出来，进一步揭示出人们在资本总循环中所面对的残酷交往现实。

资本家与工人在交换中所使用的等价物货币，行使着截然不同的职能。工人出卖自身劳动力换取货币，向其他资本家购买生活资料，货币在这里成为单纯的流通手段，同其他货币所有者一样在市场上扮演卖者或买者的角色。而资本家的货币却因资本家执行其职能实现了增值，他的货币不仅执行等价物的功能，以买者和卖者的形式与工人对立，更重要的还是直接以资本化的货币形式同活劳动力化身的工人进行对立，但资本主义社会的交往关系却将两种对立统一表现为卖者与买者的对立，从而掩盖货币在资本家与工人交往中所执行的不同功能。

因此绝不能将工人与资本家的交往简单地等同于前面那种从商品交换中发展出的交往。以商品交换发展出的交往，取决于生产的社会性——社会性分工，每个人都不直接生产必需的生活资料，而是通过将自身的产品变成他人所需的商品，借助货币来占有他人的产品。而工人与资本家交往所需的前提还不止如此，资本首先发展出了工厂内部分工，与社会分工相互制约，这不是自然发展的独立分工，而是为了生产交换价值的统一分工。其次，资本还在生产过程中有意地将生产各要素分离，使其独立化、人格化，因此货币才能在抽象物化劳动的同时，购买活的劳动能力。也就是在资本主义社会的生产关系与交往关系的支配下，过去的物化劳动非但可以购买未来的活劳动能力，还能以一个固定的价值去交换本身能创造价值的活劳动能力。工人与资本家在生产领域交往的最后结果，是资本家无偿占有了工人所生产的剩余价值，工人得到为资本家生产价值的一部分作为生活资料。

工人与资本家在生产领域内的交往关系表现为基本的四个要素：第一，工

人作为主观的劳动能力，既同实现它的劳动资料分离，又同保存它的生活资料分离，成为抽象与贫穷的劳动可能性。第二，资本家所提供的生产资料，不仅物化着工人的劳动能力，还为保存其剩余价值提供了条件。第三，工人与资本家的交往建立在货币流通的自由交换之上，资本家不是以直接占有而是以购买的方式取得工人的劳动力，并且只能在工作日期间使用它，而工人也不直接生产自身的生活资料，而是以创造他人劳动的方式交换所需。第四，资本家作为创造剩余价值这一过程中的主动执行者，必须将生产得到的部分成果转化为货币，以购买新的生产资料进行再生产，资本家必须一直处在流通之中。

这些生产领域内的交往要素使资本家与工人在流通领域内的交往也发生了变化。资本家在和工人的交换中一举三得：保存已有的物化劳动、使物化劳动增值、将产品卖给其他得到工资的工人手中。如果只是单纯地从工人的角度看，工人便是自己出卖劳动力给他人，并且又从他人那里购买生活资料从而成为新的被资本剥削的劳动力。工人得到的工资本质上是工人自己过去生产的东西，只是被资本家作为预付的货币所掩盖，因此看起来像是工人将来要交换的东西，按照等价交换的规律，虽然这是等量物化劳动的交换，但事实是一个被物化在物中，另一个却被物化在活的人中。

工人与资本家一切交往关系与奴隶和主人的交往关系存在本质差别。在奴隶制或农奴制这种有人身依附的生产关系中，奴隶直接被等同为牲畜、土地、工具一样的生产条件，区别在于奴隶只是相对复杂的、活的工作机器。相反，雇佣劳动下的自由工人，虽然占有自身的劳动能力，但也只能通过出卖它的方式而保存它。工人和奴隶的最大区别在于：尽管他仍是资本制造与支配的附庸，但本身却是自由和独立的交往主体，是创造交换价值的生产者和通过交换来获取交换价值的交换者。所有奴隶对主人而言都是奴隶，而工人只对购买自身劳动力的资本家而言才是工人，在其他资本家面前又化作消费者，这些资本家要通过工人来将生产的商品变为货币。一个资本家同其他资本家的工人的关系，根本不是资本家与工人交往的核心，这已经脱离生产和交往这对范畴所作用的范围。

在以奴隶制为基础的生产中，交换与流通的范围还相当狭窄，奴隶自己根本不是交换者，生产的全部价值都属于他的主人。相反，在以资本为基础的生产中，工人本身是独立的流通中心和交换者，他在生产之前首先是自由得一无所有的交换者，尽管他的劳动在创造使用价值，但他的目的是将其作为交换价值交换其他的交换价值。在工人从生产中把活劳动与资本交换之前，他事先已经以工资的形式同资本家确定了交换结果，马克思将资本家群体与工人群体在生产中的交往矛盾概括为：资本家为了榨取剩余价值，会尽可能以压低工资的形式降低自己工人的消费水平，但是除了自己的工人以外，其他的工人对他而言又是消费者和交换者。资本家面临着资本为自己提供的两难处境：一个资本家要限制消费的对象恰好是其他资本家要鼓励消费的对象，但这个矛盾只发生单个资本家与整个资产阶级群体的交往中，对于某些资本家来说，他与其他资本家的对立要远远大于与自己工人之间的对立。

虽然工人与资本家的交往不同于奴隶与主人的交往，但这不会终结人类交往中的对立与统治关系。"正如古代国家的自然基础是奴隶制一样，现代国家的自然基础是市民社会以及市民社会中的人，即仅仅通过私人利益和无意识的自然的必要性这一纽带同别人发生关系的独立的人，即自己营业的奴隶，自己以及别人的私欲的奴隶"[1]，只要整个社会统治性的生产关系还以交换价值、私有制为基础，那么奴隶制这种对立的、统治性交往关系就不会彻底消失，而是换一副面具在新的时代重新复活。

资本家与工人的交往变成了资本家对工人的统治，这是物对人的统治、死劳动对活劳动的统治、产品对生产者的统治。资本家之所以为资本家，"即资本的代表，人格化的资本，只是因为他同作为他人劳动的劳动发生关系，占有他人的劳动时间并确立这种时间。这也就意味着，资本家用不着劳动工人必须在剩余时间内也从事劳动，才有可能使他自身的再生产所必需的劳动时间物化，实现即客体化。所以，从另一方面来说，资本家的必要劳动时间也是自由时间，并不是维持直接生存的必要时间。既然所有自由时间都是供自由发展的时间，

---

[1] 马克思恩格斯全集(第2卷)[M]. 中共中央马克思恩格斯列宁斯大林著作编译局，编译. 北京：人民出版社，1957：145.

所以资本家是窃取了工人为社会创造的自由时间，即窃取了文明。"[1] 这种通过少数牺牲多数强制创造财富的历史过程，是创造社会生产力的必经之路，但也是人类社会的异化之路，资本家由于本身化为异化的中介而在其中享有自身感到满足，而工人作为被压迫的主体却深知这种异化的苦痛，从而觉醒和联合，从根本上将其摧毁，正因如此，工人的自我解放才显得如此重要，因为这深刻关系着人类自身从异化劳动中获得解放。

[1]　马克思恩格斯全集（第 46 卷上）[M].中共中央马克思恩格斯列宁斯大林著作编译局，编译.北京：人民出版社，1979：513.

第四节　马克思交往理论的基本内容

在确认了交往主体的基本身份和模式之后，便是对其进行相应的解释和规定。从人与自身、他人、社会、自然的种种交往出发，整个马克思经典文本群呈现了一个通过抽象、神秘、颠倒等方式掩盖诸多对立的资本主义社会，赤裸地揭示与批判这些方式，为人类解放提供良策，是马克思交往理论以及文学批评的主要任务。

一、马克思交往理论的总逻辑

马克思将人规定为各种社会关系的总和，这也意味着人作为主体由各种不同的为他性建构起来，但马克思也并未否认主体之中为我性的合法性，在《神圣家族》中马克思承认自我享乐的合理性。劳动作为人最主要的对象化过程，本来就是在自我实现的基础上满足他人所需，这证明了为我性与为他性在主体构成中的缺一不可，事实上当人形成完整自我意识的那一刻起，我就成为自我意识中的第一个对象，也是第一个他者。成熟的自我意识意味着允许他者的存在，承认他者在我身上施加的规范，并学会自我制定规范将其施于他人身上，使他人按照我的目的去行事，这种自我意识之中的主奴辩证法已经由黑格尔揭示，但马克思从资本主义社会的商品关系分析中，又为我们展示了另外一条看似相近，却存在着本质差异的道路。

有两条通向政治经济学的道路："在第一条道路上，完整的表象蒸发为抽象的规定；在第二条道路上，抽象的规定在思维行程中导致具体的再现。"[1]前

---

[1]　马克思恩格斯全集（第 46 卷上）[M]. 中共中央马克思恩格斯列宁斯大林著作编译局，

者是黑格尔的道路，后者是马克思初步尝试建立经济学的道路，二者的本质差别体现在思维对具体的把握上。黑格尔将现实理解为自我运动的意识的结果，范畴在思维中的运动生产着现实的行为，而世界是这种生产行为的结果。在马克思看来："具体之所以具体，因为它是许多规定的综合，因而是多样性的统一。"[1]具体确实可以作为思维的产物而存在，但绝不是自我产生的概念的产物，而是能将直观与表象结合为一体。

思维从简单范畴上升到复杂范畴的运动，只能从部分的现实历史进程中找到，在此之前，简单范畴必须能够一直独立存在，直到被新的复杂范畴吸附为从属，否则这种线性的思维运动便只是意识的自我幻想。单一范畴唯在既定的、具体的、生动的整体中，作为抽象的单方面关系存在，具体不是观念的而是被人思维着与理解着的对象，具体不应在思维中将外在世界占为己有，而是应在世界的依附中保持自身的独立性——前提是世界的复杂程度足以允许某些具体保持这种独立。

马克思认为简单范畴只能存在于复杂的社会形式之中，而具体范畴则可能在相对不发展的社会形式中有过充分的发展。以作为范畴的劳动为例，当我们试图以劳动一般讨论各种劳动的抽象关系时，首要前提是我们所处的社会已经构建了相对发达的劳动体系，具备去除劳动多种特殊性的条件，以实现对劳动的彻底抽象。"从科学的进程来考察，这些抽象规定恰恰是最早的和最贫乏的规定；它们部分地在历史上也是这样出现过的！比较发达的规定是较晚出现的规定"[2]，此外，在各种劳动种类所形成的整体中，不存在支配地位的劳动，个人可以在不同劳动之间自由转换，以此形成提炼劳动一般的现实条件。劳动一般的抽象之所以具有实际意义，是因为现代社会庞大复杂的劳动生产体系支撑着围绕劳动的各种抽象，甚至可以使人错误地将抽象当作现实，视为自身生命活动独立、自由的表现，在过度抽象中走向异化。

编译．北京：人民出版社，1979：38.

[1] 马克思恩格斯全集（第 46 卷上）[M]．中共中央马克思恩格斯列宁斯大林著作编译局，
编译．北京：人民出版社，1979：38.

[2] 马克思恩格斯全集（第 46 卷上）[M]．中共中央马克思恩格斯列宁斯大林著作编译局，
编译．北京：人民出版社，1979：200.

抽象的关系虽然适用于一切时代，但抽象的规定本身却是历史演变的产物。资产阶级社会作为人类历史目前最发达、复杂的生产组织形式，既残留着过去历史的废墟，也展示通往未来的路标。"人体解剖对于猴体解剖是一把钥匙。反过来说，低等动物身上表露的高等动物的征兆，只有在高等动物本身已被认识之后才能理解"[1]，资产阶级社会作为目前人类最后的历史形式，总是想当然地将之前的历史当作自己发展的动因，因此只能进行有限的自我批判。作为资本支配一切的社会形式，资产阶级社会忘记了自身诞生的历史原因和历史任务，它在大规模发展生产力，极大程度增加社会财富的同时，造就了极端贫困与极端富裕，并且还将由此产生的阶级对抗常态化，以稳固有产者对无产者的持续剥削。这些由马克思在后期的《1857—1858经济学手稿》《1861—1863经济学手稿》，以及《资本论》中进一步揭示出来。

资本家与工人在交往中形成对立的本质是物化劳动对劳动力的统治。过去的、已经死亡的物化劳动凭借现在正在存活的劳动力形成新的使用价值，这原本是劳动过程中的正常要素，但在以剩余价值为目的的生产中，劳动力只是物化劳动自我更新的手段与媒介，增值之后的物化劳动自然不属于劳动主体，而是被劳动条件的占有者用以开启新一轮的再生产。资本在不断扩大的再生产中实现积累，而劳动主体只能接受除自由一无所有的绝对贫困。在以增加交换价值为生产目的的资本主义社会，人的一切关系和能力皆可进行买卖，资本将人类历史之前发生的所有对立，都抽象为劳动条件的所有者同劳动能力的所有者之间的相互对立。

社会进步的一般逻辑是：以生产力的变革为基础，缩短社会必要劳动时间，用机器降低人在生产中的体力与脑力消耗，使人可以有剩余精力在多余的自由时间之中实现自我发展。但在以剩余价值为目的的社会生产中，生产力的变革成为资本扩大社会生产支配权的基础，对工人而言，社会必要劳动时间的缩短意味着生活资料的贬值，剩余精力意味着工作之后的麻木，多余的自由时间意味着失业，机器增加工人劳动强度的同时还将劳动本身变成毫无内容之物。资

---

[1] 马克思恩格斯全集（第46卷上）[M]. 中共中央马克思恩格斯列宁斯大林著作编译局，编译. 北京：人民出版社，1979：43.

本主义社会在短短几个世纪之间创造了数倍于之前世代的物质财富，而工人作为这个丰饶多彩物质世界的主要创造者，却切身经历着自身体力与脑力的分化和对立，狂热的劳动时间与麻木的自由时间之间的对立，甚至曾经的劳动主体地位现在都被自成一体的机器所替代，创造剩余价值的工人本身已成为资本主义社会下的剩余之物。

在资本家使用货币购买工人劳动力并支配其生产过程之前，资本家凭借暴力手段事先分离了工人和他的劳动所有权，这是资产阶级在原始积累过程中建立统治性生产关系的主要手段之一。通过地租、利润、利息积累起财富的资产阶级，以组织性的社会暴力改变旧有的生产关系和交往形式。资产阶级将暴力转化为一种经济力量，一种资本突破自我限制的手段，它直接衍生出一种贯穿整个人类历史中的交往形式——战争，人类社会无论以何种目的开始的战争，最终都绕不开财富的掠夺和重新分配。

在原始、赤裸的暴力中完成原始积累，再以"文明"的方式在生产过程中进行自我积累。原始积累确立生产过程之前的生产关系，再通过生产过程重新再生产，不断重申物化劳动对活劳动的支配权，资本越是积累，便越是能更多地积累。为了所有价值都交换为资本化的剩余价值，资本主义社会每天都上演着物的人格化与人的物化，资本家和工人都已经被其经济角色的承担功能所绑定，资本家和工人在生产过程中对立，资本家与资本家在竞争中对立，资本积累的最终结果是少数人占据着社会绝大部分的生产资料，实现对整个社会生产过程的支配，而资本作为私有制的本质又决定着明明作为社会生产力生产的财富必须从属于私人，因此资本积累的社会力量也只能是与社会相异化的力量。资本作为普遍社会力量与占有者私人权力之间的矛盾，会随着资本积累的发展更加突出，由此造就了少数极端富裕与多数极端贫穷鲜明对比的醒目现实。

作为资本价值源泉的异化劳动，制造着人与他人的对立，但同时资本也发展着社会生产力与人的普遍交往，这成为人全面发展自身的基础，而资本也将随着这一历史进程的完成走向终点。

整个马克思经典文本群的主要线索总结如下：

	对立/矛盾	抽象/制造神秘/颠倒	解放
博士论文	世界与意识关系变为自我意识的内部对立。神的绝对论对立意识世界与人的自由世界对立	自我意识在把世界哲学化的同时，也将自己的个别意识哲学化，从而将意识世界与自我意识全部抽象化、一般化，主观精神成为实体的谓语与规定	承认人作为物质定在的现实局限与偶然，从中生发出人的主观能动性与生存可能性，以多样性的自我意识言人的自由，迫使人从抽象的、决定论的、神的宗教世界，走向定在的物质世界
黑格尔法哲学批判	普遍性的政治国家与特殊性的市民社会、公民身份与市民身份的对立，官僚组织与市民组织的对立，相信国家的理想主义者与保卫私人利益的现实主义者的对立、私有财产与人民与国家的对立、国王与市民社会的对立、私有制和财产的对立	以哲学批判代替现实批判，市民社会成为国家的有限规定，理念凭借自我扬弃而建立政治制度、国家制度成为理念自我发展逻辑中的一个环节，并进而由国家去规定人自身，以财产的人格化解决财产的可变性	以现实需要构建起相互承认的社会联系，将个人实践变为代表某种类活动的特定实践，以现实实践代替特定哲学批判
论犹太人问题	政治共同体中的集体生活与市民社会中的私人生活，社会存在的类属性与私有者的个体性	以抽象的神学批判掩盖现实的物质利益问题	以人作为存在物为出发点，在经验性的个人劳动中整合现实社会公民与人之间的裂隙，将人的原有力量与社会力量、政治力量结合起来
1844年经济学哲学手稿	①人在异化劳动中与自然世界、人自身、他人的敌对 ②私有者在异化劳动力量的支配下对人以此相互利用 ③自我占有与服从他人之间的对立、相互需要的社会关系与相互排斥的社会关系之间的对立	劳动是财富的唯一源泉，人只能是劳动的工人或不劳动的罪犯，并化劳动将人在劳动中的对象性抽象并与之对立，劳动的对象性带来的是工人的贫穷、与资本家的对立。以否定性的怀疑，人的异化变为否定所带来的循环运动（主体外化与客体自身又回归自身），现实的对立被抽象为自我意识内领域内的各种对立。物的性质不是独立存在，而是被人自我意识所创造。以货币为交换媒介，信贷将人自身变为交换中介，平等交换与相互掩盖了为了为人本身的生产。平等交换将相处相睦相处变为相互支配与掠夺。生产中的相互关系又变为相互支配利用	扬弃私有制、复归合乎社会的人性。工人联合。人的生产应被人支配、占有、我与我的生产自我表现，成为彼此类属性的中介，他人成为财产。消灭私有财产，让物以物方式使人同人发生关系

续表

	对立／矛盾	抽象／制造神秘／颠倒	解放
神圣家族	批评家与群众的对立、有产者与无产者的对立、无限的自我意识与有限的历史、现实之间的对立	以自我意识为原则确立现实，将范畴作为主体，将现实的人作为客体，把本该是主体活动的谓语，自我思维设定并决定。通过批评认识自我的客体，群众来获得自身的荣誉，群众是思维活动中的抽象对象，群众成为少数人否定多数	人在社会中发挥自己的天性，而社会为此提供相应的环境与条件，群众是自身便是历史活动的主体，具备自我更新的能力
德意志意识形态	意识活动与实践之间的对立、个人利益与共同体之间的对立、私有制与公有制之间的对立、感性直观与现实之间的对立、农村与城市之间的对立。互为竞争者之间的对立。物的关系对个人的统治、个人性对共性的压抑，个人的私人关系对共同的阶级关系的屈从	单纯的感性直观只能看到社会的现状，而不理解其中的历史演变与非合理性。以意识为现实世界的矛盾，分配之间的矛盾。交换中的自由与平等掩盖了现实本身的生产、消费，分配上的不自由和不平等，一切等级的、血缘的、性别的对立全部抽象为无产者与有产者的对立	劳动的差别不应变成占有上的差别，人在普遍交往中成为具有世界性、历史性经验的个体，无产者通过个人与他人的联合占有社会财富，社会中的每个个体能够自由支配每一种生产工具和全部的交往形式
哲学的贫困	生产力与文明的进步在阶级对抗的基础之上，只有还以私有制，交换价值，分工为前提就必须进行生产，剩余劳动的产生就建立在少数人的贫困和多数人的对立之中	以工资平均化解决社会贫富差距，天真地以为生产者与消费者是自由的，在忽略阶级斗争的前提下，直接将价值等同于劳动时间，以社会生产力发展出的财富，片面将平等掩盖住的财富逻辑中的非辩证性	资本主义经济的发展将多数居民转化为工人，大工业聚集一处，二者使现代工人得以采取广泛的同盟形式，并在与资产阶级的斗争中发展为自为的阶级，最后，无产阶级的解放将建在资产阶级片面的自由与平等之上，发展出消灭一切阶级权的无产阶级联合体

续表

	对立／矛盾	抽象／制造神秘／颠倒	解放
价值形式	等价形式与相对价值形式的对立、使用价值与价值对立、具体劳动与抽象劳动对立、私人劳动与社会劳动对立	人的交往关系被作为物的商品交换关系所取代，实现着主体的物化与物的主体化。商品拜物教颠倒了人与物在世界中的位置。具体的使用价值成为抽象的交换价值的表现物，所有人类劳动都被抽象为一般社会劳动。	一
商品成为货币	特殊等价形式之间的相互排斥、商品私有者之间的对立	物对人们社会关系的中介运动被货币掩盖，无论何种交往都经历着货币的抽象和量化。交换手段货币颠倒为交换目的，商品成为暂时的货币，货币成为商品的交换，为了货币而进行的交换，掩盖了劳动与劳动的交换。人人都是相互对立的商品所有者。	一
货币成为资本	活的劳动能力与死的物化劳动对立、商品与货币对立（在这种对立中资本无休止的谋取利润的活动），是现在人与人在交往之中的所有权对立：劳动条件总结为：劳动者以赤裸裸地总结为：劳动条件同劳动能力的所有者之间的相互对立	资本以商品和货币形式在流通中变化。以死去的、过去的物化劳动交换可能的、正在创造价值的活劳动。劳动过程的二重性：保值与增值，但工人只得到固定的生活资料。活劳动在场弃物化劳动已经死亡的对象性之后，被更新的物化劳动所抛弃。活劳动仅是物化劳动更新使用价值的媒介与工具	一
绝对剩余价值	不劳动的自由时间以过度劳动为基础，一方的自由发展是以工人多数人的片面劳动支撑着少数人的自由发展。工作日目的的发展史是无产阶级与资产阶级的斗争史	越是孤立、片面的个人劳动，越是能生产更多全面的社会劳动。以加速劳动阶级的死亡为代价为延长其他非劳动阶级的寿命。	一

续表

	对立/矛盾	抽象/制造神秘/颠倒	解放
相对剩余价值	①在协作中，以购买单个劳动力的形式无偿占有工人劳动的集体力 ②在分工中，工人集体内部按照年龄、性别、教育程度、技能熟练度被资本区别，以形成工人与工人之间的竞争与对立、简单劳动与复杂劳动的对立、体力劳动与脑力劳动的对立 ③在机器大工业中，劳动主体由工人转变为自动化的机器体系，自然力和科学技术被资本变成将工人抛向街头开始互相排斥，劳动的强度和长度开始互相排斥，经济萧条劳动浓缩与生产过剩对立	以单个工人工资的形式无偿占有全部工人联合生产的集体劳动力。 人与生产工具的地位在手工业迈向大工业的转变中发生了颠倒，生产者从占有者沦为其附件，工具则以自动机与生产体系的形式独立于工人之外。 以劳动时间的浓缩压榨工人的体力与脑力，产生职业的痴呆。对工人而言，社会必要劳动时间的缩短意味着资料的贬值，剩余精力意味着失业，机器增加工人劳动强度的同时还将劳动本身变成毫无内容之物	—
资本的积累	在职工人与产业后备军的对立。各类资本家在竞争中的对立	以有组织的社会暴力加速封建生产关系向资本主义生产关系的过渡，小资本家在竞争中被大资本家所吸收和垄断	—

二、交往主体是交换价值的占有者和欲求者

在此前对西方哲学史的简略回溯中，我们将哲学史的发展视为哲学家作为具体个体跨越时空界限与其他人进行的精神交往。每个时代下的国家、民族、地域及文化特征，被生产力与生产关系、生产力与交往形式、生产关系与交往关系之间的相互作用统合在一个特定整体内部，以赋予生活在其中的哲学家们不同的气质和风格。正是这些差异，促使哲学家们用各自的视角理解延续在自己身上的哲学传统，试图实现新的哲学使命，打破"影响的焦虑"，在这思想殿堂中谋得一席之地。任何一个青史留名的哲学家，无论其哲学立场和目标是否相同，都用其鲜明的个性在这场不断延续下去的精神交往之路上为后人留下了路标，指向某处小径抑或康庄大道——马克思毫无疑问是少数后者之一。

在这个由人们交往组成的社会以及与之交往的自然世界中，交往中的哲学家们同样承担起了对其解释和反思的任务。苏格拉底把与人交谈当作探寻真理的重要方式，柏拉图进行着将口头对话书面化的哲学创作，亚里士多德将友谊视作幸福生活的组成部分，在古希腊哲人对交往和城邦生活天然表现的兴趣中，对话性逐渐让位于独白，兴趣也从外在自然世界转移至内在德性的修养上。到了笛卡尔那里，凭借彻底的怀疑，沉思的自我意识逐渐在人与上帝、自然的交往中占据了主导地位，而英国经验主义则通过突出人的情感、经验、习惯、信念等要素达到了同样的效果。随着生产力进步带来认识世界与改造世界的巨大成就，人类日益强大的理性和感性要求主动建立与自然和他人的全新交往关系，这一次将不用依靠自然或者上帝，而仅仅是人类自己，或者进一步说是理性本身。

康德的哥白尼革命迈出了关键性的第一步，表象与被表象对象之间的关系由自我立法的主体来规定，道德自律意味着生存自由，而天才正是那些能开辟新规则的独特个体。但康德只是开启而非彻底终结了人与自然、他人交往的终极命题，他留下了一个依赖先验自由的二律背反，在经费希特、谢林等人的进一步发展后，黑格尔用主人与奴隶的交往为自我立法的最终源头找到了一个非形而上学的解释，人们借助相互承认成为自律的自我立法者的最终原因，是人类社会发展到特定历史阶段的成果，但正如前文所述，黑格尔并未将这种历史

性贯彻到底，而是重新回到了绝对精神主宰的神秘与抽象中。

马克思从工人与资本家、私有财产占有者之间以及商品所有者之间的交往中延续了德国古典哲学的这一传统，并从一个全新的起点对现代社会进行批判。对马克思来说，从人类开始物质生产以来，便进入了组织社会关系的交往活动，当人类世界全方位地进入资本主义社会以后，"人是社会关系的总和"这一命题背后更多地暗示了一种身不由己的交往现象——人自身已经被物化的社会关系所控制。这一切来自人类集体协作发展生产力的时刻，从人类开始为他人、为社会而劳动的时刻，从人类最初通过交换将劳动产品变为商品的时刻，或者说人主动将自己化身为交换价值同他人进行交往的时刻。

在马克思的交往思想中，交往主体并非由理性或者感性主导，而是交换价值的占有者和欲求者。尤其进入资本主义社会之后，伴随着资本永不停歇的螺旋扩张运动，交往主体成为已有的、正在创造的、未来可能创造的交换价值。在生产之前，工人作为劳动能力的占有者，同资本家签订契约，将劳动能力固化为工资这种死去的交换价值。工人在进入生产之后，使用劳动力本身创造交换价值的特性，为资本家提供剩余价值。而为了保证资本能够顺利流通，资本家们会想尽一切手段，开发工人未来从事劳动的可能性，将人本身异化为信用，通过借贷提前预订工人在未来创造的交换价值，将每个人都变成参与资本增值过程的投机者。

在其他哲学家从形而上学发展出种种二元对立时，马克思面对的是一个更加简单的事实：人作为感性的、肉体的生命存在，首要活动便是物质生产，但个体作为有限性的历史存在，面对着需要的多样性与生产的单一性矛盾，学会了与他人交换各自劳动产品这一交往形式，由此建立了马克思关于社会发展基本的架构——生产力与生产关系、生产力与交往形式，并在资本主义社会取得最复杂同时也最典型的表现形式。资本主义社会是一套建立在交换价值基础上的交往形式体系，资本的运动同时也是人自身的生产与交往活动。

生产力发展、生产与消费的多样性要求细致的分工，以生产的分离与片面化，满足消费的多样与丰富。交往主体是交换价值的生产者、占有者、兑现者。社会关系由为他性的交换价值组成，我为他人生产交换价值，继而占有他人为我生产的交换价值，从而将其变成为我性的使用价值。通过生产单一性的交换价值而得到多样性的使用价值，将私人个性表达为社会个性，一切交往都为了交换。把在资本主义社会进行生产和交往的人规定为占有的、正在生产的以及未来可能生产的交换价值，是马克思交往理论留给文学批评的宝贵启示之一。这提醒我们不仅要把视角放到物质生产和精神生产上，还要注意到与此关系紧密的物质交往和精神交往，是生产和交往的互动关系共同组成了人的整体生活图景。

三、交往规范：以可交换性将人异化为物

作为围绕增值的交换价值进行实践的资本家与工人，同时默许了资本为自己所设置的交往规范。资本利用了自我发展与社会发展的同一性，巧妙地将人天然的为他性改造成了被资本支配的为他性，确证人本质力量的劳动反而变成支配人的异化劳动。人们在社会交往中确立的依赖变成由私有财产占有者之间形成的相互支配关系，人的个性不是由劳动去实践和发展，而是被分工变得片面和单调。通过满足他人需要成就自我，借助他人视角认识自我，社会交往是我们利用各种中介组织和丰富社会关系的手段，可现在却必须遵循资本所设定的物质关系和意识形态。

一个商品的最初价值展现在与另一个商品的比较中。在前面第一章的论述中我们已经知道商品 B 以自身具体的使用价值表现着商品 A 抽象的交换价值，如果我们仅仅把价值视作一种恒定尺度，那么实际上被我们通常称作价值的就是交换价值。为何自身具有使用价值的商品 A，一定要通过另外一件与之不同的商品 B 来体现自身的价值？如果我们明确了价值概念本身仅仅限于交换价值，那么使用价值中的“价值”根本就不是价值，而只是物对人的有用性。使用价值作为价值的观点之所以能够成立，是因为它成为着交换价值的基础，我们在此意义上才说使用价值具有价值。其实按照严格的说法来看，商品并不是使用价值和交换价值的结合，而是使用物品和价值（交换价值）的结合。

因此当我们说某物具有价值时，实际上并不完全指物的有用性，"价值"一词本身更侧重物的可交换性。这虽与我们的常识相悖，却能解释为何马克思一定要认为物与物的关系是人和人关系的表征，因为价值概念本身就是人作为社会性存在的最好诠释。人对自我价值的确证，实际上为了证明我与他人的可交换性，这在资本主义社会极其重要，我作为主体的"有用性"，即对象化的物化劳动，虽然是自我价值的基础，但更重要的是能够与他人的物化劳动进行交换，进一步说，得到他人物化劳动承认的物化劳动才具有价值。我的物化劳动至多能体现自身的主观能动性，必须同他人的物化劳动进行交换以后，才能确保其价值本身的合法性。尤其在整个以交换价值为生产目的的商品社会中，身为我对象化的物化劳动只能为他人而存在，我的种种物质和精神需要也只能通过他人得到满足，如此看来，满足自我占有欲的其实是他人生产的商品，而前提又是我必须在交换中满足他人需要。

商品的使用价值包含着人对特殊的、具体的物化劳动的个别承认，而交换价值则是人们对一般社会劳动的共同承认，私人的个别承认只有放到社会性的共同承认中才有效。商品 B 的使用价值抽象为商品 A 的交换价值的过程，实际上是两个商品在交往之后彼此社会化的过程。商品价值一般化及抽象化的本质，是单个商品在整个商品世界中的社会化。

私人承认通过交换价值变为社会承认。在简单价值形式中，商品互为彼此的等价物从而用自身具体的有用性表现着对方抽象的价值性。交换得以进行的前提是，承认对方商品作为私人劳动的合法性以及交换过程中的自由与平等，否则二者便无法建立起对身为社会劳动的共同承认，"价值建立在这样的基础之上，即人们互相把他们的劳动看作是相同的、一般的劳动，在这个形式上就是社会的劳动。如同所有的人的思维一样，这是一种抽象，而只有在人们思维着，并且对可感觉的细节和偶然性具有这种抽象能力的情况下，才可能有人与人之间的社会关系"。[1]

---

[1]　马克思恩格斯全集（第 47 卷）[M]. 中共中央马克思恩格斯列宁斯大林著作编译局，编译. 北京：人民出版社，1974：255.

在人类社会对商品价值的彻底抽象之中，终于有某个商品被商品世界排挤出来，以便其他商品以此表现自己的价值。这个被排挤出的商品立即成为一般等价物，它被其他商品排除在外的同时表现着它们的价值关系，而以交换价值为基础的交往也被彻底确立下来。现在我们必须在交往中去验证自我价值，以某种方式为彼此劳动，确证彼此作为社会一般劳动的等价性的同时确证自身的主体性，但是由于商品拜物教的作用，这种交往充斥着私有者之间的尔虞我诈，名为自由与平等的交换事实上变成了怂恿、诱惑、欺骗，而为了求得一丝道德上的心安，我们放心地将身为人组织起来的社会关系，交由物去表现和管理。货币作为商品价值的最终完成式，也拉开了人类社会走向主体的物化与物的主体化这一异化形式的序幕。

人与物的关系，只是使用与被使用的关系，而人与商品的关系，则是与其他商品进行交换从而满足他人需要的关系。在商品交换的社会中，人们的经济角色只是人们经济关系的人格化，直白地说，我们彼此只是作为交换价值发生着关系。对方产品对我的有用性仅仅是我们发生关系时一个微不足道的前提，更重要的前提是我们承认对方对其产品的占有权，所以我们更是作为私有的交换价值发生关系，这成为商品生产者在交往时必须遵守的契约，他们以此为基础在商品交换的整个过程中对立。这种对立来自商品本身的二重性，我占有的使用价值是对他人而言的交换价值，他人于我亦是如此。每个他人的商品都是我的商品的特殊等价物，反过来，我的商品也是其他一切人商品的特殊等价物。为他的有用性抽象为等价物，在此发展为货币，本质是交换价值的抽象化与普遍化。

人生产的产品一直是可被使用的物品，而这种物品成为商品却需要一定历史时期下的社会关系作为支撑，同理，以交换价值为生产目的的资本主义社会，它的交往形式也具有历史的阶段性与特殊性。在最初的物物交换中，表达人与人社会关系的交往形式还可以用具体的劳动产品作为中介，一旦进入以货币这种交换价值象征物为目的的交往中，人们丰富的社会关系立刻被抽象化、一般化，货币自身的独立性与占有权力，掩盖了人们相互依赖的生存现实。人对他人的依赖，现在变成人对货币的依赖，而通过货币反而摆脱了原有的相互依赖，人们忘记了靠货币所取得独立性和支配权，实际上发生在一个广泛交换的商品社会之中。

商品从相同中确立质，从质的不同中确立量，由此才产生商品的质量，人们的社会交往亦是如此，在与拥有不同个性和能力的人的交往之中确立自身个性和能力的独特性意义，在与之类似个性和能力的人的交往之中确立其水平和地位。作为社会个体的生存价值，既来自与他人的对立的独特，又来自与他人相符的从众。货币自身独特的属性来自作为价值的化身，但如同商品质量被货币数量所表现的那样，人们往往对其抽象本质不予理睬，反而对其数量青睐有加。从货币诞生以来，人就无法避免被货币量化的命运。

货币是"无个性的"财产，我私人拥有的货币，同时也是我可使用的社会一般权力。货币将社会权力作为一件特殊的象征符号和实际物品交到私人手中，而私人就以私人的身份来运用这种权力。我在交往中使用货币代表的社会权力支配他人，从而实现我的私人动机，他人亦是如此，作为交往主体的我们可能不理解价值，但却可以清楚地感受到货币数量与支配权力大小的关系。人们不懂形而上学的抽象，但却理解货币的抽象，因为支撑这种抽象的是我们作为商品占有者在现实交往中组织起来的社会关系，而非自我意识的臆想。

人们承认货币作为交往的规范，围绕货币组合成共同体，但这个共同本身建立在抽象与对立的基础上，"我们知道，货币的性质就在于，货币只是通过使直接的物物交换的矛盾以及交换价值的矛盾普遍化，来解决这些矛盾"[1]。人与人的社会联系，在商品交换中通过货币表现为独立的、外在的东西，人通过货币所建立的社会关系本质上对他而言都是偶然的。货币在保证人生存独立性的同时，也放大了其中的偶然性和不确定性，人唯一可以确实把握的东西似乎只有货币，不知不觉间，人们在交往中的货币逻辑成为他们的生存逻辑，而交往的逻辑也体现在这种货币化的社会关系之中。

---

[1]　马克思恩格斯全集（第 46 卷上）[M]. 中共中央马克思恩格斯列宁斯大林著作编译局，编译. 北京: 人民出版社，1979: 149.

四、信用揭示了资本主义社会交往活动的最高异化

信用一方面尽可能在流通中消除流通时间，另一方面，它又不甘心仅仅作为生产时间的限制，企图通过现实种种维持流通的制度和工具，赋予自身如同生产时间一样的价值，在流通中也要化身为资本，即生息资本，"在生息资本上，资本关系取得了最表面、最富有拜物教性质的形式"[1]。现在货币不再通过劳动来增值，而是凭借信用这种生产关系进行纯粹的自我增值，利润不再表现为生产过程下的一种社会关系产物，而是纯粹作为物的产物。在生息资本身上，没有任何生产和流通过程的影子，物（货币、商品、价值）本身已经是资本，资本生产过程中出现的对立和颠倒，自行消失在了这一没有中介的资本形式中。也正因如此，资本主义的生产关系在这里完成了最高程度的颠倒和物化，同时也将资本最神秘化的自我增值这种形式以最简单直接的方式表现出来。

生息资本在前资本主义时代便已产生，通过借贷破坏着一切生产者仍然拥有生产资料的生产关系。高利贷作为生息资本的典型形式之一，会通过使工人背负沉重的债务而无法进行再生产，因此资本主义社会建立信用制度以消除高利贷对生产的这种负面作用，但这绝不是摧毁高利贷这种现象，而是通过立法使其以"文明"的样貌出现在现代社会，这一点在发达的资本主义国家表现得更加明显。生息资本和商业资本一样，是寄生性的资本，它们不会改变已有的生产关系，而是直接对其剥削。

生息资本对资本主义生产的作用还表现在：通过借贷，一个暂时没有货币但已精通资本主义生产关系的人可以不经原始积累而直接成为资本家。在发达的资本主义国家，只要个体能为资本增值的过程服务，便会被立即吸纳进资本主义社会的体制内，资产阶级通过借贷可以不断吸收其他阶级的新生力量，从而稳固自身统治。因此，在现代资本主义社会，以信用为基础的生息资本随着资本主义生产关系的发展反而得到长远的进步，英美金融业的发展便是有力的确证。

---

[1] 马克思恩格斯全集（第 25 卷上）[M]. 中共中央马克思恩格斯列宁斯大林著作编译局，编译. 北京：人民出版社，1974：440.

资本对信用的利用直接导致了股份公司的成立。在这里，大量分散的私人资本组成了社会资本，资本所有者化身为单纯的货币资本家，将实际执行资本生产职能的任务交由其他人，由此实现了资本所有权以及生产职能的分离。这种分离，致使生产资料的所有权和剩余劳动的所有权也分离了，这也是资本主义生产极度发展的结果。股份公司将私人资本转化为社会资本，暗示着私有财产向公有财产的过渡，但这在资本主义生产关系内仅仅成为一个自行生产但无法彻底扬弃的自我矛盾。

股份公司在将资本集中管理的过程中势必走向垄断，进而要求政府与银行进行密切绑定并同时产生了大量依附股份维生的寄生虫，这是资本主义社会产生的新的金融贵族。资本通过股份制度不断吞噬着私人企业，加速私人企业以及新兴行业成为社会资本的进程。资本越是通过股份制度成为社会财产，那些以此为生进行投机者获得的财富便越多，并且这些人拿来冒险的是社会财产。

这里出现了一种新的剥削形式，已经不再局限于资本家与工人的对立，劳动条件对劳动力的统治，而是大资本家对中小资本家的剥夺，有目的性地将多数人的生产资料集中到少数人手上，将在生产领域内资本家与工人的对立扩大到资本家之间。"信用制度固有的二重性质是：一方面，把资本主义生产的动力——用剥削别人劳动的办法来发财致富——发展成为最纯粹最巨大的赌博欺诈制度，并且使剥削社会财富的少数人的人数越来越减少；另一方面，又是转到一种新生产方式的过渡形式"[1]，货币资本家将其他人节省下来的财富变成自身资本增值的媒介，同时向需要再生产的产业资本家提供借贷，将这些人从工人那里榨取的部分剩余价值归自己所有，就此而言，货币资本家不仅剥削一般民众，而且剥削产业资本家。

每个人在这里扮演的经济角色，将不再局限于流通中的商品所有者以及生产中的生产当事人，而是化身为马克思所说的"信用骑士"，将自己的未来兑现为现在手中的货币。在正常营业时期，信用由于贷款周期性的回流得到维护，

[1]　马克思恩格斯全集（第25卷上）[M]. 中共中央马克思恩格斯列宁斯大林著作编译局，编译. 北京：人民出版社，1974：499.

生产与流通的扩大完全来自经营者自身的实际需要，人们借贷的主要动机是为了将货币资本变为生产或商业资本。相反，在资本过度扩张以及过度投机的时期，为了应对不断扩大的流通只能滥用信用这种基础手段，人们借贷只是为了还贷，直到某个节点人们既无力进行还贷也无法完成支付，之前潜伏的危机便突然性地爆发。

私人财富通过交换成为社会财富，这一过程以货币作为媒介。当这种媒介从货币转化为信用的时候，信用会自然而然地在流通中排挤货币的位置，凸显自身的重要性。一旦危机产生，信用动摇，人们又会恐慌地马上要求信用转化为货币，银行挤兑是常常伴随经济危机出现的现象，这在马克思看来："（1）在资本主义体系中，为直接的使用价值，为生产者本人的需要而进行的生产，已经完全废止，因此，财富只是作为社会过程而存在，这个社会过程表现为生产和流通的错综交织；（2）随着信用制度的发展，资本主义生产不断地企图突破这个金属的限制，突破财富及其运动的这个物质的同时又是幻想的限制，但又不断地碰到这个限制。"[1] 让财富瞬间变为货币的要求本就十分荒谬，但这正是资本主义生产关系下必然发生的现象。

信用制度以私人垄断的社会生产资料为基础，将所有可能增值的资本，集中在银行等金融机构的手中，资本不再是被动地等待工人的生产，而是积极发挥能动性建立新的产业和流通形式。货币资本不再是资本总循环中的出发点和复归点，而是作为信用提前预支，生产过程仅仅是为了将其兑现所不得不经历的环节。因而对所有资本家而言，都幻想着不经生产便可以直接完成增值，将货币资本变为自己生产自己的货币，这同样促进着信用制度在资本主义国家的发展。随着信用制度在资本主义国家的发展，银行与国家结盟，获得了支配商业与工业的权力。

现代银行所发展的信贷行业看似将异己的物质力量回归于人，但实际上这种扬弃只是一种假象，信贷业在表面信任人道德、生命价值的前提下，隐藏着

---

[1] 马克思恩格斯全集（第 25 卷上）[M]. 中共中央马克思恩格斯列宁斯大林著作编译局，编译. 北京：人民出版社，1974：650.

对人的极端异化。信贷是国民经济学对人道德所下的经济学判断，而它断定富人总是比穷人更有道德，银行在实际的放贷中，富人总是比穷人容易得到贷款，穷人作为更加需要金钱的一方，往往只能领到少量或者高额利息的贷款，这是私有制下信贷行业的现实。马克思将信贷的本质定义为一个人对另外一个人的承认，但这种承认将人的一切视作货币，"在信贷中，人本身替换了金属或纸币，成为交换的媒介，但这里人不是作为人，而是作为某种资本或利息的存在。这样，交换的媒介物的确从它的物质形式返回和复归到人，不过这只是因为人把自己移到自身之外并成了某种外在的物质形式"。[1] 如果说货币是从物物交换中诞生的异化，那么信贷就是从人与人交往中诞生的异化，后者不仅将人变成物，而且视其为物物交换的媒介。

[1] 马克思恩格斯全集（第44卷）[M]. 中共中央马克思恩格斯列宁斯大林著作编译局，编译. 北京：人民出版社，2009：22-23.

第三章　马克思交往理论对文学批评的启示

将马克思交往理论引入文学批评，既要尊重文学交往活动自身的特质，又要以马克思对资本主义社会交往活动的基本判断作为前提。文学交往是一个多义性的观念，传统的文学交往只涉及现实文学活动主体之间的互动，如不同作者之间、作者与读者之间就文学作品展开的情感和思想交流，与之对应的便是哈贝马斯的交往行为理论。在接受美学之后，文学交往又囊括了读者与文本之间的互动，这种不对称的、想象性的交往，更加表明了文学交往的特殊性。相比一般的社会交往，文学交往的主体在现实与文学虚构之间的边界不断流转，不仅表现现实，同时也虚构真实。

第一节　文学批评的主要任务：揭露并批判资本主义社会交往的虚伪和不自由

以马克思交往理论统摄的文学批评，首要任务便是继承马克思以往的批判品格，将重点放到资本主义社会交往活动的批判和介入中。资本本身就要求人们不断地进行交往活动，将之异化的同时也发展着自身的矛盾，因此揭露并批判资本主义社会交往的虚伪和不自由，就为反思当代社会交往活动提供了钥匙，但首先我们要对马克思视角下的资本进行清楚的定位，为文学批评提供指导。

一、关于资本的不同规定及历史使命和局限

马克思在《1861—1863 经济学手稿》中对资本做了如下规定：

"因此，我们有下述定义：（1）资本是货币；如果考察的是资本所表现的最初的形式，资本就是商品；（2）如果把资本同活劳动相对立来加以考察，同时把价值看作是资本的实体，［资本就是］同直接的即现在的劳动相对立的积累的（过去的）劳动；（3）如果考察劳动过程即物质生产过程，［资本就是］劳动资料、劳动材料，总之，是用来制造新产品的产品；如果与劳动能力相交换的资本组成部分按它的交换价值来加以考察，［资本就是］生活资料。" [1]

由此观之，资本在不同的语境中成为着：交换价值、货币和商品、物化劳动、劳动资料与劳动材料、生活资料，但从总体上看，资本首先是人类社会在历史发展中出现的一种特定的社会形式与社会关系，二者由该阶段社会生产关系和

---

[1]　马克思恩格斯全集（第 47 卷）[M]．中共中央马克思恩格斯列宁斯大林著作编译局，编译．北京：人民出版社，1979：171．

生产过程所决定，并且它的本质是对抗性的。

其次，资本是私有者们联合起来的社会生产力。工人表现为协作与分工形式的联合力量，在资本主义社会成为资本的生产力与社会力量，"一切社会生产能力都是资本的生产力，因此，资本本身表现为一切社会生产能力的主体"。[1]资本通过集中生产资料将工人们聚集到一起工作，工人们的联合不是自发而是资本刻意为之的结果。对于单个工人而言，这种联合是偶然的，工人自然会把这种产生自异化劳动中的联合视为异己之物，将其他工人视为对立的存在。在工场手工业生产的时代，工人数量多于固定资本，而在机器生产为主的大工业时代，固定资本的数量则远超工人的数量，与之相应，工人的劳动力变得更加单一，更加依赖资本。但无论资本主义的生产关系如何发展，仍然保持了许多生产者和消费者同单个资本家进行交换的特征，资本不是作为单个交换者，而是作为社会力量的化身同分散的生产者和消费者进行集中交换和集体交换。通过与资本交换，人们的生产与消费被集中到一起，交往变得密集起来，但人与人之间的独立性仍然存在，或者说作为更加深层的一面同资本的联合功能相对立，这既是资本主义社会赖以维持的条件，又是其根深蒂固的矛盾之一。

另外，资本还是异化劳动。作为生产出来的财富，物化劳动应当构成人自我发展的躯体，但对于构成资本的雇佣劳动而言，不是物化劳动构成活劳动的躯体，而是作为劳动资料的物化劳动在独立活劳动的同时将其支配，"关键不在于物化，而在于异化，外化，外在化，在于巨大的物的权力不归工人所有，而归人格化的生产条件即资本所有，这种物的权力把社会劳动本身当作自身的一个要素而置于同自己相对立的地位"[2]。资本凭借为他性不断进入交换，从而避免沦为使用价值的命运，而这一为他性的基础正是工人自身劳动的异己性，反过来，资本又在再生产过程中不断保证着该异己性的持续存在。

作为交换价值与作为单纯的他在，本身就是资本特性的一体两面，虚假交

[1] 马克思恩格斯全集（第46卷下）[M]．中共中央马克思恩格斯列宁斯大林著作编译局，编译．北京：人民出版社，1980：83．

[2] 马克思恩格斯全集（第46卷下）[M]．中共中央马克思恩格斯列宁斯大林著作编译局，编译．北京：人民出版社，1980：360．

换掩盖着资本作为劳动与劳动者自身对立的事实。作为他在，资本在生产中作为正在被物化的劳动力与劳动者对立，在生产以外的流通过程中，进行着以私有制为前提的虚假交换。资本作为自我发生关系的财富，唯有凭借消费活劳动能力的贫穷才能获得新的活力，这一切源自活劳动能力与一定物化劳动的交换，劳动能力在客体化之后统治着曾经拥有它的主体。工人没有通过劳动将其本身的现实性变成自为的存在，而是被资本改变为同自身对立的为他存在。工人劳动成为现实的过程，反而是其丧失现实性的过程，因为劳动变成了自己的非存在——资本。

最终，资本主义社会发展为人类社会迄今最为抽象的社会形式，将人一切丰富的社会关系与社会活动统一为资本自身的增值运动。我们明确地知道资本代表着一种社会关系、生产关系、交往形式，人们在这样的社会只能以资本运动的逻辑去生存和自我定义。资本不能被简单地视作自我保值与增值的价值，在此之前它有资产阶级靠原始积累和社会革命所建立起来的统治地位，在此之后又依靠着自身的螺旋运动实现着积累和扩张。"所以，资本是社会劳动的存在，是劳动既作为主体又作为客体的结合，但这一存在是同劳动的现实要素相对立的独立存在，因而它本身作为特殊的存在而与这些要素并存"[1]，要进一步追溯资本的含义，需要将其放到人类历史发展的阶段去看资本主义社会的特殊历史使命与历史局限。

马克思将剩余劳动的创造归结为资本的伟大历史使命，它也应该在完成之后退出历史的舞台。资本对剩余劳动无止境地追逐客观上导致生产力的进步，以至于社会只需用较少的劳动时间，便可维持资本所创造出的普遍财富，并且有能力科学地再生产出新的财富，"从而，人不再从事那种可以让物来代替人从事的劳动。——一旦到了那样的时候，资本的历史使命就完成了"[2]。资本自身的增值欲，使劳动不断突破自身的界限，创造丰富人个性所需的更多物质和精神财富，为表现个性的自由劳动奠定基础，从这个角度而言，资本主义社会

[1] 马克思恩格斯全集（第 46 卷上）[M]. 中共中央马克思恩格斯列宁斯大林著作编译局，编译. 北京：人民出版社，1979：470.
[2] 马克思恩格斯全集（第 46 卷上）[M]. 中共中央马克思恩格斯列宁斯大林著作编译局，编译. 北京：人民出版社，1979：287.

是人类历史发展进程中至关重要的阶段之一。

资本主义社会是一个不断试图通过创新实现快速发展的社会，一个不断追求扩张与连续性流通的社会。生产力只有作为资本的生产力才能成为劳动的生产力，伴随着资本不断突破自我的欲求，这种生产力必然将创新作为发展动力之一，它不仅创造新技术、新的生产部门，还要为此赋予新的价值体系和意识形态，为游离在外的资本寻找归处。以资本为基础的社会生产，一方面创造出一个生产剩余劳动的普遍分工体系，"另外一方面也创造出一个普遍利用自然属性和人的属性的价值体系，创造出一个普遍有用性的体系，甚至科学也同人的一切物质的和精神的属性一样，表现为这个普遍有用性体系的体现者，而且再也没有什么东西在这个社会生产和交换的范围之外表现为自在的更高的东西，表现为自为的合理的东西"[1]。

从资本生产过程的角度看，资本主义社会绝对不是人类社会发展的最终阶段，"社会劳动生产力的发展是资本的历史任务和权利。正因为如此，资本无意之中为一个更高的生产方式创造物质条件"[2]。资本主义生产本身，只是与一定物质生产时代相适应的生产方式。资本越是追求绝对剩余价值，伴随相对剩余价值所发展的生产方式就会不断进步，从而缩短社会必要劳动时间，降低资本所获得的平均剩余价值。资本家之间的竞争以及利润率的逐渐降低证明：资本主义生产对创造的剩余时间没有兴趣，只在乎生产中所能获取的工人剩余劳动量，为此必然追求生产力的发展，这种生产力又一定会为资本增值的运动服务，而非人自身的发展。因此，缩短物质生产的劳动时间，只是资本生产剩余价值的附加结果，资本自身的运动仍然以资本家与工人、劳动能力与劳动条件、物化劳动与活劳动的对立为核心。

从资本积累的逻辑看也会得出相应的结论。资本的积累分为两方面：一方面，在生产过程中生产出下一次再生产的物质条件和生产关系，另一方面，减

---

[1] 马克思恩格斯全集（第 46 卷上）[M]. 中共中央马克思恩格斯列宁斯大林著作编译局，编译. 北京：人民出版社，1979：393.

[2] 马克思恩格斯全集（第 48 卷）[M]. 中共中央马克思恩格斯列宁斯大林著作编译局，编译. 北京：人民出版社，1985：304.

少资本占有者的数量,增加个别资本家占有的资本数量,在竞争中重新分配资本,以完成多数资本向少数人的积聚。资本在发展中会表现为社会财富、社会生产力的形式,不过因为占有者的私人性质,资本的社会力量会成为独立的、异化的、任性的社会力量。少数私人拥有庞大的社会力量本身就意味着对立,多数过度劳动的工人失去生产条件和生活资料,而少数不劳动的资本家却占有着大量消费不完的生产条件和生活资料,巨大的贫富差距一直是私有制社会的特有现象,这一点随着资本主义社会的庞大生产力变得更加触目惊心。但同时,这也预示着消灭这种关系的途径,那就是将私人借由社会生产获得生产资料以及生活资料这种形式改造成为普遍的、公有的社会生产条件和占有形式。

资本主义生产创造了属于自己的社会发展阶段。这个阶段的伟大在于:与前资本社会相比,人类地方性的重复发展、神秘的自然崇拜、守旧的生活传统都成为资本发展的阻碍,在资本增加分工、扩大交往和交换范围的冲击下被改变。自然无非是人的生产对象,人自身不断驯化的躯体。闭关自守与满足现状都是资本主义社会的敌人,资本将这一切破坏,使其革命化从而常态化。一切阻碍生产力发展、分工和消费扩大的因素都被资本视为对自身的限制,但马克思又提醒我们:"绝不能因为资本把每一个这样的界限都当作限制,因而在观念上超越它,所以就得出结论说,资本已在实际上克服了它,并且,因为每一个这样的限制都是同资本的使命相矛盾的,所以资本主义生产是在矛盾中运动的,这些矛盾不断地被克服,但又不断地产生出来。"[1] 因为资本追求社会化即普遍性的动机,资本这种不断生产界限又克服界限的运动也会逐渐普遍化,直到一定阶段之后,人们会认识到资本本身就是社会发展的界限,并开始自觉地利用资本本身来消灭资本。

资本主义社会在追求剩余价值的过程中,以发达的生产力和完善的生产关系及交往形式,将人一切自然的差别抹平和抽象,将其过度的私人化视为其合理的社会化,建立了暂时的、虚伪的自由与平等。因为资本主义社会生产的物质与精神财富,全部建立在之前所述的种种对立之中,无论是资本家还是工人、

---

[1] 马克思恩格斯全集(第 46 卷上)[M]. 中共中央马克思恩格斯列宁斯大林著作编译局,编译. 北京:人民出版社,1979:393.

有产还是无产、剥削或被剥削、劳动或是娱乐——都成为资本自我扩展螺旋运动中的一环，一方劳动的对象性异化为物与自身对立，另一方成为扩大这一过程执行者、监督者、捍卫者。在这些对立被马克思有意识地揭示出来以前，资本主义社会将这些对立视为天然合法的永久存在，其历史使命与局限也被遮盖，从而失去批判现实的根本立场。

二、资本的界限与矛盾正是资本自身

资本整体周转运动分为两部分：一部分在生产过程中生产，另一部分作为产品进行流通，两部分彼此交织，当资本在流通后重新启动再生产过程，整个资本周转才完成，资本是自身周转的起点和终点。资本在生产过程中便已经遭遇到阻碍自身发展的特殊界限。绝对剩余价值描述着资本在自我扩张运动中最初遇到的界限——时间。具体而言，这个时间指的是人在一天之内进行生产的极限，因为全部的剩余价值都来自工人的劳动力，劳动力使用时间越长，资本家能获得的剩余价值自然越多。

一如马克思所说，资本在自我扩张的螺旋运动中不知有何界限，或者说一直试图突破界限。资本所遇到的界限，是资本依附于人这个有限性存在本身的界限，矛盾在于：一方面，人应该为了资本不断打破已有的界限，跟随资本不断向外旋转；另一方面，如果资本过于心切，资本突破界限的运动本身也会摧毁人，那么依附于人的资本也将不复存在，毕竟资本的价值既要由人来生产，又要由人来兑现。在了解这一点后，资本化身为任何形而上学概念都无法企及的辩证存在，更可怕的是，它还利用人在劳动中的实践力量来现实地解决这一矛盾。

工人阶级与资产阶级围绕工作日长度展开的阶级斗争史，生动地展现着资本如何解决它的这一根本矛盾。但马克思对资本的辩证凝视还不止于此，他看到剩余价值所提供的剩余时间是人类社会创造新的物质财富和精神文明的基础，但资本主义社会在此基础表现为少数的不劳动阶级与多数劳动阶级的对立、少数人的自由时间与多数人的过度劳动时间之间的对立，资本主义社会在加速人类创造财富能力的同时加深着阶级对立。资本从未发明剩余劳动，而是偷取和榨取它。通过延长工作日来增加绝对剩余价值，逼迫着人不断在劳动中超出道德和身体的界限，使工人在还未死亡之前便迅速衰老。换而言之，资本家以缩短工人的正常寿命作为代价增加绝对剩余价值，死亡面前众人皆等，而资本却可以通过加速劳动阶级的死亡来延长其他非劳动阶级的寿命。

绝对剩余价值是资本家作为阶级整体剥削工人的绝对界限，而相对剩余价值则是资本家作为单一个体剥削工人的相对界限。劳动者工作时间的长度是有限的，但一定时间内所创造的剩余价值量却是具体的、特殊的。在无法进一步增加绝对剩余价值之后，或者说在资本主义生产关系作为统治性的生产关系，不得不展现其伪善的文明面貌之后，单个资本家试图通过提高劳动强度的方法来增加一定时间长度内获取的剩余价值——相对剩余价值。资本主义生产关系为此发展出了诸多提高生产效率的方式，但正是这些方式导致了整个社会生产平均利润率的下降，反而减少了剩余价值。

流通时间是生产时间的限制。流通过程的连续性至关重要，这直接决定着资本的增值，但在资本整个现实的流通过程中，各个环节又在时间和空间上处于漠不关心的状态，为了消除这种非连续状态中的偶然性，资本发明了信用这一手段。信用作为发达的生产关系，只有在以资本作为基础的流通中才会历史地出现，它充其量是资本保证流通连续性的工具，但成为将人异化的手段之一。资本必须处于流通之中才能生存，可流通时间过久又会影响着资本自我增值的速度。流通时间实际上在消耗劳动剩余时间的同时，增加着劳动生产的必要时间，"因此，资本一方面要力求摧毁交往即交换的一切地方限制，夺得整个地球作为它的市场，另一方面，它又力求用时间消灭空间，就是说，把一个商品从一个地方转移到另一个地方所花费的时间缩减到最低限度"[1]。人们在资本社会的交往是以资本流通为内容的交换，其目的是成为资本的所有者。

流通表现为资本经历的一系列形态变化，资本流通本身不增加价值，而是

---

[1] 马克思恩格斯全集（第46卷下）[M]. 中共中央马克思恩格斯列宁斯大林著作编译局，编译. 北京：人民出版社，1980：33.

对价值的扣除。"资本创造的剩余价值，现在已表现为不单单决定于资本在生产过程中所占有的剩余劳动，而决定于生产过程中的系数，即决定于表示生产过程在一定时间内重复次数的数字"[1]，生产过程的重复取决于流通时间，流通时间越短，同一资本能够重复生产的次数越多，从这个层面来说，流通时间本身就是生产的要素，是生产和再生产的界限。流通时间既然表现为资本本身的界限，那么资本按照其本性自然要在发展中不断将其突破。正如货币通过一般化物物交换的限制，使买与卖完全分离来扬弃物物交换一样，资本试图借助信用将流通一般化，以摆脱流通时间对资本的限制，结果便是在缩短流通时间的同时，资本主义社会出现了生产过剩与生产不足两个时期，以及周期性的经济危机。

资本消除流通时间对自身增值限制的同时，等于扬弃资本本身。马克思考察流通时间的目的在于：流通时间打断了资本对他人劳动时间的占有过程，是对他人劳动时间的否定与扬弃，而资本的生产时间正是资本所占有的他人劳动时间，除此之外，资本没有任何增加价值的时间。流通时间作为资本家与其他资本在交换中损失的时间，并不是资本家自己的劳动时间。资本家总是占有多余的、不需劳动的时间，因为工人为他创造出了剩余劳动，本质上是资本家借助虚假交换的形式将工人的劳动时间转移到了自身。工人必须在剩余时间内从事劳动，以获得其身体再生产所必需的物化的劳动时间，资本家则相反，他不必通过劳动获得维持其直接生存的必要时间，所有时间都表现为非劳动的自由时间，资本家窃取工人为社会创造的自由时间，因而也窃取了整个人类社会的文明。

资本现在增值的方式恰恰是之后不断贬值的方式，这是资本主义生产方式的固有特点。资本主义自身的生产限制，即它的相对性，证明它只是一种有限的、与某个人类发展历史阶段相适应的生产方式。"资本主义生产的真正限制是资本自身，这就是说：资本及其自行增殖，表现为生产的起点和终点，表现为生产的动机和目的；生产只是为资本而生产，而不是相反：生产资料只是不断扩

---

[1] 马克思恩格斯全集（第 46 卷下）[M]. 中共中央马克思恩格斯列宁斯大林著作编译局，编译. 北京：人民出版社，1980：131.

大生产者社会的生活过程的手段"[1]，这些限制让资本在生产过程中处处存在着矛盾，表现为人与人在交往中的种种对立，在尽一切可能缩短必要劳动时间的同时，又将其作为财富的唯一尺度和来源，将人们对彼此的社会依赖转换为与之异化的物的依赖。

由于资本无限增值的本性，它总是试图超越生产与流通过程中的任何界限，但最根本的界限却是以交换价值为基础的界限。使用价值的生产必须以交换价值为主导，货币在简单流通中只不过是转瞬即逝的交换媒介，但现在成为生产本身的目的。不是人的需要去决定生产，而是资本获取剩余价值的比例，而资本为此进行的提高生产力的运动，又反而使利润率的下降成为必然的规律。越是生产，越容易过剩，越是增值，越容易造成交换价值的贬值，以至于资本试图在更高的生产力阶段上重新打破这种恶性循环，但结果往往造成更大的经济崩溃。因此，在资本不断企图以增加剩余劳动时间和减少流通时间的方式实现自我增值的过程中，逐渐发展为社会生产和消费的界限和限制，从而也是人们交往的界限和限制。

马克思将资本自身的界限概括为：

"（1）必要劳动是活劳动能力的交换价值的界限；（2）剩余价值是剩余劳动和生产力发展的界限；（3）货币是生产的界限；（4）使用价值的生产受交换价值的限制。"[2]

与此同时，资本又促使生产超出这些界限，资本越发展，越是成为人们生产与交往的界限，人们过度地借贷、投机、交易，只为资本创造出更多的交往机会以消费多余的剩余劳动。资本迫使人类将自然界的利用发挥到极致，同时生产出具有尽可能丰富属性和联系的人——一个具有多样性的消费主体，它要求人大量生产和大量消费，流通的螺旋越是庞大和迅速，资本的生命越是旺盛。但马克思在手稿中提醒我们："资本按照自己的本性来说，会为劳动和价值的

[1]　马克思恩格斯全集（第25卷上）[M]．中共中央马克思恩格斯列宁斯大林著作编译局，编译．北京：人民出版社，1974：278-279．
[2]　马克思恩格斯全集（第46卷上）[M]．中共中央马克思恩格斯列宁斯大林著作编译局，编译．北京：人民出版社，1979：400．

创造确立界限，这种界限是和资本无限度地扩大劳动和价值创造的趋势相矛盾的。因为资本一方面确立它所特有的界限，另一方面又驱使生产超出任何界限，所以资本是一个活生生的矛盾"[1]。

总之，资本的界限与矛盾正是资本自身。资本价值现在增殖的过程同时就是未来价值丧失的过程，资本在无止境无限度提高生产力的同时，又通过各种方式让作为主要生产力的人不断片面化。而资本主义生产的伟大之处恰恰在于它没有自我限制的意识，始终保持自我突破的欲望与危机感，如若不然便会退出流通，成为对资本而言已是死亡形式的使用价值。作为交换价值的资本必须始终在周转中保持抽象，并将人类社会的一切事物纳入这种运动的轨道。

三、交往行为中介着资本主导下的种种矛盾

资本主义社会在消除自身界限的同时，也在生产这些界限，因为资本无限自我突破的趋势会遭遇人天然生存的有限性，在无法突破这种有限性的地方，资本甚至会将人视为发展的桎梏，从而逐渐使人们意识到资本的存在就是最大限制，必须利用资本以消灭资本。资本追求抽象与普遍性的命运尽头是自我消灭。与人们在交往中所表现的现实有限性相对应的，是资本无限突破建立永恒性的运动，资本是在二元对立之中的自我突破界限之物，它在对立与矛盾之中不知自己的历史边界。

资本自身的这种运动及其性质，同样影响着人们的交往行为，使交往中体现的自由和平等充斥着虚伪性和自私性。交往行为中介着资本主导下的种种矛盾，交往既缓和它们，又突出它们，既表现它们又终结它们，而揭露并批判私有制社会交往的虚伪性和自私性成为马克思主义文学批评的任务之一。

在博士论文完成后到创作《黑格尔法哲学批判》期间，马克思主要研究的是市民社会与政治国家的对立，着重批判的是这种对立下特权的自由、法律固有的不平等、片面的理性，具体的对象便是黑格尔的法哲学著作以及青年黑格尔派。当马克思从校园进入社会，对种种现实问题的反思使他逐渐意识到私有

[1] 马克思恩格斯全集（第46卷上）[M]. 中共中央马克思恩格斯列宁斯大林著作编译局，编译. 北京: 人民出版社，1979: 408.

制社会的困境，"一个人无论把他置于怎样的界限内，他总是作为一个整体而存在，而财产总是只存在于一定的界限内，这种界限不但可以确定，而且已经确定，不但可以测定，而且已经测定。"[1] 私有制下的市民社会，财产的界限便已经是人全部的界限，限制了人作为主体的生存多样性，因此处处透露着虚伪，用平等掩盖阶级，用自由掩盖特权，用片面的理性制造抽象和神秘的绝对精神和自我意识。

以资本主义生产为主导的私有制社会，政治国家势必要向市民社会服务。原本作为普遍性集体的国家为了适应这种世俗的私人利益，必须变得抽象才能缓解这种对立，因此马克思才会在《黑格尔法哲学批判》中说国家抽象是近代社会的特点。[2] 事实上，"人永远是这一切社会组织的本质，但是这些组织也表现为人的现实普遍性，因而也就是一切人所共有的"[3]，为了脱离抽象，国家应该作为人社会性的表现，其制度与法律应成为人实现自由的保障，简而言之，就是建立起具有普遍性的自由、平等、理性。但市民社会中的政治国家却用货币代替封建时代的血统与封号建立起新的等级制，并以此抽象掉人一切的天然属性，所有的国家的、地域的、民族的、性别的、宗教的、文化上的种种差异，都被归结到"价值"一词上，而对"价值"秘密的彻底揭示，直到《资本论》第一卷才完成。

人与人之间的交往，是作为某种社会规定性的人的相互交往。在发达的货币关系与交换制度中，诸如等级、血缘、教育等人的社会差别被打破，人们在彼此冷漠的意义上进行自由交换。封建时代贵族对奴隶的不平等，到资本主义时代转化为人对物依赖的相对平等，因此看起来人比从前享有了更多的自由，但社会仍然存在着少数人对多数人的统治，只是这个统治工具从等级、封号、血统变为了资本，因此人类自我解放的进程还未走向终点。人们从对物的依赖

---

[1] 马克思恩格斯全集(第1卷)[M].中共中央马克思恩格斯列宁斯大林著作编译局,编译.北京：人民出版社，1956：141.

[2] 马克思恩格斯全集(第1卷)[M].中共中央马克思恩格斯列宁斯大林著作编译局,编译.北京：人民出版社，1956：284.

[3] 马克思恩格斯全集(第1卷)[M].中共中央马克思恩格斯列宁斯大林著作编译局,编译.北京：人民出版社，1956；293.

关系中发展出彼此相对独立的关系，其本质是由发达生产力造就的生产关系的独立化。"个人现在受抽象统治，而他们以前是相互依赖的"[1]，现代社会中的人们比以往更容易生活在抽象中，不仅是因为社会具备允许个体独自进行抽象的生存条件，还因为人们在生产中时时刻刻进行着将自己与他人抽象为物的异化劳动。

交换价值作为个人发生交往的主要规范，将交往主体设定为交换主体，作为纯粹的交换者，交往主体彼此处于平等的地位，而为了使交换得以进行，他们必须证明且维持这种平等关系。在以交换为主要内容的交往行为中存在着三种要素：交换者、交换对象、作为等价物与媒介的交换价值，交换对象通过交换行为客体化为交换价值，而交换价值使交换对象的平等受到交换者的彼此承认，并且交换者在交换行为努力地证明着这种平等，否则交换行为就会中断。交换价值作为整个交往行为中的等价物，承载着交换者彼此的对象化，"主体只有通过等价物才在交换行为中彼此作为价值相等的人，而且他们只是通过彼此借以为对方而存在的那种对象性的交换，才证明自己是价值相等的人"[2]，通过作为等价物的交换价值，交往主体在交换行为中确证了彼此相对对方的等值，除此之外，双方不关注对方作为人的一切个性和差异。因此，这种交往行为的最终结果，是凭借交换价值构建的等值关系，在实现产品交换的同时承认彼此的平等地位，交往主体不关注对方除了价值平等以外的一切属性。

无论是交换对象的自然差异，抑或交换者的特殊需要，都丝毫不会影响交往主体在交换过程中建立相对彼此来说的平等关系，或者说交往的目的正是要通过交换价值将一切出现在此过程中的特殊因素抽象掉，我必须接受同时承认他人对我的抽象，他人亦是如此，讽刺的是，产生这种交换的最初动力恰恰是要被抽象的产品天然差异和个人特殊需要，但我与他人归根结底借助这种抽象建立了社会联系。

[1] 马克思恩格斯全集（第 46 卷上）[M]. 中共中央马克思恩格斯列宁斯大林著作编译局，编译. 北京：人民出版社，1979：111.
[2] 马克思恩格斯全集（第 46 卷上）[M]. 中共中央马克思恩格斯列宁斯大林著作编译局，编译. 北京：人民出版社，1979：194.

在个人与个人所发生的交往中，除了平等的交换，还有自由的交换，即自愿出让财产。交换行为的前提是双方承认对方是交换对象的所有者，是和自己一样将意志物化于产品中的占有者，交换双方如此积极地想要证明交换对象的等值关系，其目的就是使自己与对方在交换行为中能自愿向对方出让财产。为了为自己服务，每个人都心甘情愿地为他人服务，由此产生了交换的自由与自由的交往。

马克思如此描述这种以平等、自由交换为核心的交往：

"（1）每个人只有作为另一个人的手段才能达到自己的目的；（2）每个人只有作为自我目的（自为的存在）才能成为另一个人的手段（为他的存在）；（3）每个人是手段同时也是目的，而且只有成为手段才能达到自己的目的，只有把自己当作自我目的才能成为手段，也就是说，这个人只有为自己而存在才能把自己变成为那个人而存在，而那个人只有为自己而存在才把自己变成为这个人而存在……"[1]

商品作为人在劳动中生产的对象化之物，它们之间的关系是人们社会关系的实践化表征。一件单独的商品只是人类某种特殊劳动的物化结果，孤立的商品同物品无异。而当两件不同的商品被放到一起进行比较时，我们会自然开始比较这两件商品价值量的大小，这时作为商品价值形式中最简单的相对价值形式便会表现出来。马克思提醒我们，价值比较的前提是我们已经默认了两件商品作为价值化身的同质性，这里已经暗示了人们对价值规范的共同承认。

我只有成为自己的目的才能成为他人的手段，他人的目的也是我的手段，我们对彼此交往中必然发生的联系漠不关心，仅仅在意最终能否从他人那里取得财产。交往主体表现在交往行为中的共同利益，尽管得到双方的承认，但并非产生交往的原初动力，它不过是二者实现自私利益一般化的副产品，最初屈服于交往主体实现排他性个人利益的动机之下。"如果说经济形式，交换，确立了主体之间的全面平等，那么内容，即促使人们去进行交换的个人材料和物

[1] 马克思恩格斯全集（第46卷上）[M]. 中共中央马克思恩格斯列宁斯大林著作编译局，编译. 北京：人民出版社，1979：196.

质材料，则确立了自由"[1]，以交换价值为基础的交换，使交往主体以平等交换的形式自由交换彼此的财产，平等和自由也成为这种交往的理想表现，而它们恰恰是古代平等与自由的反面，因为古代社会的劳动是强制劳动而非雇佣劳动，占有者无法通过交换为自己谋利，这种共同体也必然随着交换价值的发展而覆灭。

在原始社会，人与自然的关系与人们的社会联系处于天然统一的阶段，交往尚处在一种朴素的平等之中。随着私有制的出现，原始共同体被逐渐扩大的交换所瓦解，由此发展出的奴隶社会与封建社会，虽然还是以人身关系为基础，但已经建立了少数人对多数人的统治关系。到了现代资本主义社会，凭借交换价值抽象的一般社会联系，人的关系表现为生产关系和交换关系的纯粹产物，交往中的自由和平等被建立起来，但只表现为两方面：自我占有和相互利用。以自我占有和相互利用的自由平等，掩盖分工、分配、竞争及阶级对抗下的不平等和不自由，只承认人们相互需要的社会关系，却不从人类基本物质生产的历史演进中批判现存社会制度的非合理性，因此始终屈从于社会本身的分工以及某种唯一的生产工具，仍然无法解决人与人、人与共同体在交往中的根本对立。

资本社会的平等交换与自由交换，从一开始就包含着对个人的强制。个人在这样的社会中只能作为生产交换价值的主体存在，当他依赖交换价值与他人平等、自由地交换财富时，他不仅将自身意志物化在交换对象中，还要为了一己私利自愿成为他人支配的对象。正如马克思所言："交换价值，或者更确切地说货币制度，事实上是平等和自由的制度，而在这个制度更详尽的发展中对平等和自由起干扰作用的，是这个制度所固有的干扰，这正好是平等和自由的实现，这种平等和自由证明本身就是不平等和不自由。"[2] 总之，以交换价值为前提的平等与自由反而在交换中生产着阶级矛盾与奴役，我可以自由地欲望任何事物，但在实现欲望的过程中必须甘心于成为他人的手段，我怂恿着他人满足欲望，唯有如此，我才能安心支配他人。交往也是人本质力量的对象化，交

[1] 马克思恩格斯全集（第46卷上）[M]. 中共中央马克思恩格斯列宁斯大林著作编译局，编译. 北京：人民出版社，1979：197.

[2] 马克思恩格斯全集（第46卷上）[M]. 中共中央马克思恩格斯列宁斯大林著作编译局，编译. 北京：人民出版社，1979：201.

往既实现它，也异化它。

第二节　文学交往是文学生产与文学接受的统一过程

温恕曾在《文学生产：从布莱希特到伊格尔顿》中将有关文学生产的研究分为三类：一是研究书籍的流通和生产、大众群体消费机制的文学社会学研究，二是以英国学者雷蒙·威廉斯为代表的文化研究，旨在发掘和解释文化领域的阶级斗争，三是以佩里·安德森定义的西方马克思主义为主体，包括布莱希特、本雅明、阿尔都塞、马舍雷、伊格尔顿等众多学者进行的文学批评及相关理论实践。三类文学生产论的对象、方法、目的都不尽相同，但温恕揭示了文学生产在西方马克思主义文学批评中的主要发展脉络，这为本文研究提供了宝贵经验。

一、文学生产是一种以物质生产为基础的意识形态实践

同马克思一样，布莱希特将科学视为人类改造自然的主要力量，科学以工艺技术进步为基础。布莱希特认为任何一种观念都需要物质载体，符号本身就具备着物质性，这表现在文学作为生产所需的种种工具和技术上，资产阶级将技术用于维护统治和加强剥削，而布莱希特通过突出蒙太奇、间离、灯光等戏剧技术在演出中的作用，表现了一种具有认识与实践功能的文学生产。作者由单个艺术家转变为社会生产者集体中的一份子，以艺术创作为主要内容的文学生产现在成为批判与建构现实世界的革命力量。此外，在强调文学生产物质属性的同时，布莱希特并未忽略文学生产本身的特性，突出了文学生产的娱乐以及教化功能，戏剧应当服务人民，帮助他们认识现实甚至改变现实。

布莱希特这种将文学生产视为社会生产和革命实践组成部分的"生产美学"，

深深影响了本雅明。作为身处纳粹统治时期的德国人，本雅明将技术的否定作用理解为统治阶级的有意滥用，必须有效地释放先进技术本身的革命潜能，鼓励无产阶级利用机械复制的技术去抵抗法西斯主义的政治审美化。先进的文学技术意味着先进的文学生产力，生产者借此与统治阶级形成对抗，因为文学技术不单属于文学，而是同物质生产一起，被纳入了社会体系之中。同布莱希特一样，本雅明将文学作品视为精神产品与物质产品的统一体，文学生产中的先进技术和集体生产既能引导民众实现自我解放，又能消除资本主义社会分工造就的艺术局限。如马克思对共产主义社会的设想一样，本雅明描绘了一个消除分工之后人人皆是艺术家的社会。借由机械复制技术带来的集体创作和普遍传播，本雅明进一步阐释了文学生产的功能，通过加深观众和读者在接受过程中的参与意识，将其也变成文学生产者中一份子。

布莱希特和本雅明的文学生产思想共同揭示了工艺技术在文学活动中的作用，由于避开了上层建筑与经济基础的关系命题，存在着忽视文学本身审美特性的风险，解决这个问题正是阿尔都塞和马舍雷的使命。阿尔都塞将文学视作一种将意识形态材料进行加工的生产实践，文学批评通过"症候式阅读"发掘文学作品展现的意识形态断裂和空缺。阿尔都塞之所以能将文学视作一种意识形态，是因为他将意识形态定义为人与世界之间建立的一种想象性关系，统治阶级不仅通过暴力机器维护再生产机制，还凭借意识形态国家机器不断说服工人认同当下的统治秩序，为维持工人自身的再生产，资本家同时制造着供其维生的物质材料和意识形态材料。既然意识形态与物质生产的实践一样，一同关涉着社会主体的塑造，二者自然对社会结构的组成发挥着相当的作用。从不同的角度看，阿尔都塞的意识形态同时具备真实和虚构的属性，这取决于意识形态如何充当人与世界的中间媒介。在《保卫马克思》将社会理解为一个多元决定的结构之后，阿尔都塞得以利用文学作为意识形态的属性，赋予文学生产更多的独立性和实践力量。

生产一直包括人的劳动力、生产资料以及生产对象三个要素，文学生产自然也不例外，只是它的生产资料是意识形态，与生产对象之间存在质的差别。

马舍雷认为文学生产对意识形态的加工，已经从本质上区别于作为原料的意识形态，因为文学生产通过语言本身的虚构性展示了意识形态的空白和边界，揭示这种空白和边界则是文学批评的任务，这一点明显受阿尔都塞的影响。对于持文学生产立场的马舍雷来说，语言本身是虚构的、意识形态的，作品的统一性只是假象，其内部充斥着大量断裂和空白，并总是带着某种政治立场。当这种立场并非作者对现实的刻意反映，因为文学生产对意识形态的加工早已让其区别于后者，这是文学生产的独特性，并且也区别于那种为艺术而艺术的自律性。一旦开启了文学生产，意识形态立刻被虚构赋予了一种具体形态，意识形态将在与历史的对比中暴露出遮掩真实世界的无能，从而揭示出自身的边界和限制。

阿尔都塞与马舍雷关于文学生产是意识形态再加工的看法，为伊格尔顿所继承，但他也看到前者隐藏的风险——把文学生产拉向意识形态一端导致的抽象化与形式主义，为此伊格尔顿试图展现出更加历史化与政治化的文学生产思想。伊格尔顿将文学作品理解为包含了人工制品、意识产物、商业产品三者结合的产物，作家是艺术家、生产者、工人，读者则是批评者与消费者。以一种综合性的辩证态度，伊格尔顿将侧重工艺的本雅明和侧重意识形态加工的马舍雷结合起来，提出了文学生产方式的观点，把文学生产视为一种以物质生产为基础的意识形态实践。相比马舍雷对文本虚构效果的强调，伊格尔顿则直接将历史本身视为文本，虽然历史由意识形态建构起来，但伊格尔顿认为这并不妨碍其本身对人产生的真实影响，因为他认为简·奥斯汀的小说要比任何记录当时历史的学术著作更有启发性。

通过将历史文本化或者说意识形态化，伊格尔顿得以将作为意识形态的文本与同样性质的历史放到同一层面。文学生产以一般意识形态为材料，其加工后的产品会对原来的意识形态产生反向的构建功能。文学文本现在既是意识形态的产品，又是意识形态的制造者，只不过依据着文学文本自身独特的审美规则。伊格尔顿不再像阿尔都塞与马舍雷那样，非要在与现实历史的对比中展示意识形态的边界，而是直接把意识形态当作矛盾重重的斗争产物，这也让作为意识形态的文学作品内部永远充斥着不稳定的意义缝隙，有鉴于此，文学批评必然发展为一种具有现实介入和干预功能的政治实践，通过"解释的暴力"促进主体在政治领域内的解放，而这是文学作品本身无法实现的功能。

可以看到，西方马克思主义文学批评对文学生产的考察，在基于物质基础与上层建筑的经典框架内，从不同角度强调了文学生产作为观念或意识形态的独立性、特殊性。文学生产的内容大致分为这样几方面：（1）以马克思对物质生产的论述为起点，将创作者视为生产者，将接受者视为消费者，文学活动被视为社会生产体系中的组成部分，突显现代科技对文学生产的影响，强调文学生产的物质性，目的是鼓励无产阶级利用先进技术代表的生产力对统治阶级的文化宣传进行反抗。（2）从精神生产的角度出发，将文学生产视为意识形态的再加工，用"症候式阅读"为文学批评谋得一席之地，将文学批评发展为具有鲜明价值立场的政治实践，从意识形态的角度对现实社会进行一定程度的干预和批判。（3）在保留文学语言自身审美形式的前提下，突出其物质属性、意识形态功能和价值立场，将文学的虚构功能与意识形态对人和世界关系的建构作用联系起来，但这也成为文学生产将历史和现实文本化、抽象化的导火索。此外，文学生产的主要对象是人民大众而非精英，文学创作也并非单一个体的孤独冥思，而是社会集体分工的结果。

二、文学交往活动打破了文学生产与文学接受的边界

通常意义上的文学交往研究往往以参与文学活动的现实个体作为对象。最典型的文学交往研究便是以单一作者（某个文学团体）为中心，搜寻他们与其他作家或团体人际往来的资料，以彼此之间的相互评价和论辩，展示其创作思想的演变以及当时时代的人文风貌。一旦交往的作家涉及不同国家、地域、语言、文化等因素，这种文学交往的研究立即带上了比较文学的属性，其中也包括直接将交往主体从个人上升到国家或民族这样的共同体形式。此外，这种文学交往也涉及作者、普通读者、批评家三者之间的各种互动形式。

随着接受美学这种侧重读者和阅读过程的文学理论出现，文学交往的范围延伸至读者与作品的对话过程。阅读行为变成了一种主体间性的交流行为，交

往模式包括了读者与作品、作者与潜在读者之间的交流行为。伽达默尔的哲学诠释学将这种交流行为进一步深化为一种问与答式的辩证对话，读者与文本的视野融合同时促成着二者的存在显现。巴赫金的文学对话思想稍有不同，他从自我意识结构的对话性、表述的应答性和语调的社会评价、怪诞人体的宇宙交往图景等三个层面展示了主体意识结构、语言以及民间文学形象与主题中的对话性，并在陀思妥耶夫斯基与拉伯雷的作品中进行了具体的批评实践。哈贝马斯希望以交往理性拯救陷入主体哲学与意识哲学的工具理性，他将文学交往视作一种主体沟通外在世界与内心世界的戏剧行为，以言语论辩产生的有效共识同样可以用来制定文学生产的规范。借助马克思生产与消费的讨论，产品只有在消费中才能成为产品。

在文学交往研究的发展中，交往主体从现实个体承担的作者和读者，演变为人化对象的作品本身，进一步延伸出隐含作者、隐形读者等诸多居于文本内部结构产生的虚构角色。同样，文学生产的关注重点曾经有一个从工艺技术到意识形态的转变。文学生产的物质性体现在组成其物质媒介的材料及技术，这个物质媒介包括纸张、舞台、电影荧幕、电子屏幕、语言符号等，这些媒介同样也服务于文学交往。文学生产主要关注语言符号通过虚构展现的创造及审美功能，而语言符号正是人类进行交往活动的主要媒介，文学生产的媒介自然也是文学交往的媒介。相反，并非所有文学交往的活动都是具备生产功能，以西方马克思主义视角下的文学生产为例，文学生产的主体更多还是作者和具备专业素养的批判家，以启蒙姿态引导大众为价值导向。

简而言之，无论是物质性的还是精神性的文学生产，都涉及了相应的物质或精神交往，反过来却并非如此，这要看这种文学交往的活动是否具有生产性。按照西方马克思主义对文学生产的定义：文学生产是将一定原材料（纸张、观念、意识形态）通过特定技术和手段（模仿、拼贴、蒙太奇、各种文学修辞手法）进行加工之后的产品（作品、电影、戏剧演出），并且产品和原材料之间存在着质的差别。文学创作毫无疑问属于此类，而接受美学定义下的读者接受，如姚斯所说的社会整体期待视野整合以及情感认同，读者对文本召唤结构的响应，也都形成了一种观念生产过程，此外姚斯对审美教育效果的强调，使他离马克思式的文学生产又近了一步，尽管这种效果以认同而非反思为主，但也大致将文学接受变成了一种文学生产活动。问题还是，这种文学接受是否能够同文学创作那样产品与原材料之间产生质的区别，伊瑟尔或许会说，通过现象学美学带来的文学本体论转变，文学作品的存在必须由读者的阅读行为进行补完，这为文学接受转变成文学生产提供了依据。但我们也不能只听信接受美学的一面之词，毕竟其读者同样充满假设的理想性，姚斯的读者过于积极，而伊瑟尔的读者又太有品位，巴赫金专注于人物自我意识的众声喧哗也无法为此提供参考。

实际上，因为文学交往本身突出的语言属性，真正有价值的反而是与马克思交往理论貌合神离的哈贝马斯。以某一作家生平的交往活动为例，在这种典型和传统的文学交往形式中，研究者通常会堆砌史料证明：究竟是哪些交往经历导致该作者的创作思想或风格发生了关键改变。仅仅通过文学交往的后续结果判断其生产性自然是片面的，关键在于交往过程本身是否产生了足够重要的对话，以至于对该作家随后的创作生涯产生影响，哈贝马斯这种本身侧重言语商谈的交往行为理论能为此提供不少经验。哈贝马斯提醒我们，交往行为的关键在于沟通，参与者双方必须在设想的平等地位下进行对话，为此彼此的特定立场进行辩护，在一场关于相互承认的斗争中就某些具体问题达成具体共识，仅从言语达成的观念共识出发，那么作者同作者（或文学团体之间）、读者与文本之间、批评家同作者或大众读者之间文学交往形式的生产性问题就能得到一个暂时的答案。

之所以是暂时性的答案，是因为观念对行为产生影响的有限性，这是马克思理论的基本立场之一，意识发挥能动性的空间由物质生产提供并设定界限，而哈贝马斯却试图通过交往理性跨越这一界限。如果我们承认西方马克思主义在文学生产方面提供的有益参考，那么文学交往也应服务于社会生产体系下的物质生产与精神生产，文学生产作为物质生产与意识形态加工的统一实践，也会导致文学交往表现出同样的特性。因此，从广义的层面出发，尽管所有的文学生产行为都属于文学交往，但后者能否成为前者的标准却要依据不同的具体对话情境中作出不同判断。

文学交往作为文学生产与文学接受的统一运动，正如资本的总循环运动一样，在这个过程中，文学生产、作品、文学接受三者既是起点又是终点，在不同空间维度同时进行着。文学生产是暂时性的，而文学接受中的意义生产却是无止境的，这让文学交往始终保持着未完成性。同一部作品的意义会随着时代、文化、地域的不同产生特定的差异，不同读者对同一作品的认识也存在区别，即使同一读者对一部作品的理解也会随着生活经验的增长发生改变。丰富的文学接受经验是作者写作的前提之一，"尽管作家在创作冲动时可能会忘记读者，但这绝不说明收件人已被排除在创作活动之外。写作的交往性质并不取决于作家的选择，文学生产具有建立交往关系的结构"[1]，而读者之中又分为创作者、普通读者、研究者和批评家，这些角色由文学交往所塑造，同时也会因为功能的不同发生转移。

正是由于文学交往活动，文学生产与文学接受的边界才逐渐被打破。进一步说，是文学活动中既有的分工体系被打破，以普遍交往消灭分工一直是马克思交往理论的主旨之一，这点放到文学领域同样适用。正如本雅明曾设想的那样，人人都可以成为文学活动中的生产者和接受者，只有这样，文学生产才能与文学接受在文学交往中保持密切联系。过去的作品会在今日读者的阅读中重新复活，而今日无法理解或尚未进入大众视野的作品也会被将来的文学接受赋予应有的地位，从这个角度来说，文学交往的困难不是来自缺乏判断或欣赏能力，而是需要足够的时间去沉淀人们那些参与文学交往的努力。

---

[1] 方维规."文学作为社会幻想的试验场"——另一个德国的"接受理论"[J].外国文学评论，2011（04）：137-152.

第三节　文学交往是组成和表现社会关系的重要实践

　　人是社会关系的总和，这同时也在说社会是个人交往组成的关系总和。人天生便是人，至于是什么样的人，却只能放到社会中去界定。对马克思来说，人出生时期的天然差别，远远小于在被社会规定后所产生的差别。人是自然的、感性的、肉体的、生命的、现实性的对象性存在物，他同样只能以这样的方式表达自我。人通过中介（他人、他物、自然与社会）认识自己，并在与这些中介或者说他者的交往中确证自我。人自诞生以来便处于社会与自然之中，既面临着对象又成为着对象，意识面临的困难不仅是异化的对象，还有对象性本身，作为对象性存在物意味着人对自身的任何关系，都要通过与他人、他物的关系来实现。

一、人们的社会关系在私有制交往中被物化、一般化

　　马克思将人表现其对象性的活动总结为劳动。劳动主体首先是自然的个人，他最初进行劳动的原始条件（如土地）先于他而存在。人的劳动既表现为主体对客体的占有，又展现着客体的形成，但这客体随后马上成为主体存在的前提，因此客体又成为主体。就如同人的躯体那样，虽然人维持着躯体的再生产，但这躯体却并非由他所创造，而是先于他存在的前提。人所拥有的最基本的肉体，是并非来自自身所创造的自然前提，在这里，人最初对待自然就等同于对待自己的躯体一样，自然和躯体一样在劳动过程中进行着主体与客体的转化。

　　自然是劳动者存在的前提，同时又是其自身躯体的一部分，这是从人认识自然、改造自然的实践出发得出的结论。人作为生产者不是单一的个体，而是

作为共同体（家庭、部落、国家）中的成员存在着，他和其他成员一样不仅将自然看作自身的无机躯体，而且视作自身生产与再生产的前提和条件。在原始社会的共同体中，财产为共同体所有，个人只占有共同体为其提供的一小部分，财产冲突不会来自内部而是来自不同共同体之间的战争，正如交换最初的发生动机一样，原始社会最主要的两种交往形式便是交换与战争。

最初财产如何表现人的社会关系，马克思如此说明："所以，财产最初无非意味着这样一种关系：人把他的生产的自然条件看作是属于他的、看作是自己的、看作是与他自身的存在一起产生的前提；把它们看作是他本身的自然前提，这种前提可以说仅仅是他身体的延伸。其实，人不是同自己的生产条件发生关系，而是人双重地存在着：主观上作为他自身而存在着，客观上又存在于自己生存的这些自然无机条件之中。"[1] 另外，人又作为共同体中的成员而存在，自然作为劳动原料、劳动工具、劳动成果的同时，兼具了公共财产与个人财产的性质，个人作为劳动主体的条件，已经包含着作为共同体成员这样一个前提。因此，以人与自然在劳动过程中的交往作为出发点，财产意味着人从属于共同体，以共同体为媒介将自然看作自身存在的前提，以及躯体的组成部分。

共同体与自然界的原始统一，既是原始社会人与自然交往的特征，又是该社会特殊的生产关系以及人与人之间交往关系的特征。劳动常常表现为家庭劳动、公社劳动这样的集体形式，人在交往中促成的共同体本身就是人类社会发展出的一种伟大生产力形式。相反，"人的孤立化，只是历史过程的结果。最初人表现为种属群、部落体、群居动物——虽然绝不是政治意义上的政治动物。交换本身就是造成这种孤立化的一种主要手段。它使群的存在成为不必要，并使之解体"[2]，生产力发展使交换成为必要并且开始主宰生产，交换导致原始共同体的解体，这种解体又促使生产力发展从而诞生新的交往形式——私有制社会。

---

[1] 马克思恩格斯全集（第46卷上）[M]. 中共中央马克思恩格斯列宁斯大林著作编译局，编译. 北京：人民出版社，1979：491.

[2] 马克思恩格斯全集（第46卷上）[M]. 中共中央马克思恩格斯列宁斯大林著作编译局，编译. 北京：人民出版社，1979：496.

在私有制社会，交往者的主体性由私人占有的财产赋予，交往双方不过是私有财产的人格化身。私有财产作为占有者的对象化，反映着人的为他性，但这是物化的、异化的为他性，只有通过与其他私有财产发生等价关系才产生价值。人类发展出货币摆脱对他人依赖，但同时又被私有财产强制要求与他人进行交往。我必须成为将他人视为工具性的利己主义者，作为利己的私有者，我们产品剩余的交换，也是我的异化与他人异化的相互代替，正是出于利己的欲望，我们承认彼此异化的合法性。劳动不是把它本身的现实性变成自为的存在，而是把它变成单纯为他的存在，因而也是变成单纯的他在，即同自身相对立的他物的存在。

我的劳动将我的现实变为对立的为他存在，我们又在交往中用货币交换这种存在，一般等价物将交往中的具体对立变为抽象的一般对立。凭借以货币为代表的交换价值，毫不相干的个人之间也能建立起全面的相互依赖，组成社会关系，"这种社会关系，生产关系，实际上是这个过程的比其物质结果更为重要的结果"[1]。我们在这里重新回到了商品所有者之间的交往处境上，每个人只能作为孤立的、个体化的交换价值才能发生社会关系。个人拥有的货币代表着他支配他人以及社会财富的权力，交往行为建立的社会性，正如异化劳动一样成为对人来说独立异己的物。在私有制下的普遍交换中，人的社会关系通过交换价值转化为物的社会关系——货币，它将人们结合成新的共同体，并摧毁了那些以人身依附为纽带建立起来的传统共同体。

货币虽然代表着人们通过交换组成的社会关系，但这种关系是抽象化之后的物化关系，对人个性的发展表现为通过货币随意支配他人以及社会财富的权力。尽管从生产一般的角度出发，任何生产应视作个人的物化过程，但货币或是交换价值对人的物化，不以人的自然天性为基础，而是将一种外在于人的社会关系中的物化强加在人身上。当马克思说人是社会关系的总和时，不仅是在强调人作为存在的社会性，更是暗示了人会被社会关系支配的悲哀命运。

---

[1] 马克思恩格斯全集（第 46 卷上）[M]. 中共中央马克思恩格斯列宁斯大林著作编译局，编译 . 北京：人民出版社，1979: 455.

货币是人们物化的社会关系，在以货币为目的的交往中，人们信赖货币这种物，而非人们自己。货币之所以拥有这种力量，是因为个人使其社会关系作为物同自身异化，而这一切从生产过程便开始了。在一切价值都以货币衡量的社会中，人自身的社会性通过货币物化、一般化，从而与之独立，这是由于整个社会的生产关系和交往关系都在将个人纳入物的控制之下。结果便是一方面人们在生产和消费的普遍联系之中建立起全面依赖的社会联系，另一方面又在交换中上演对立与漠不关心的交往戏剧。当人们试图通过信息业、交通行业的发展来消除这种异化，使每个人都可以随时便利地获取到其他人的供求情况，但这些消除物对人控制的努力，往往会反过来加剧人的异化处境。

马克思所设想的自由人联合体，便是未被物所统治的社会关系形态。"物质生产的社会关系以及建立在这种生产的基础上的其他一切生活领域，都是以人身依附为特征的。而正因为社会建立在人身依附的基础上，所以一切社会关系就表现为人与人之间的关系"[1]，在这个自由人联合体中，人们按照事先制订的生产计划，共同使用公共的生产资料进行劳动，个人的劳动力积极组成社会劳动力的一部分，人们共同生产、共同分配和消费。人们在劳动中的社会关系，以及同所生产物品之间的关系将简单直接地表现为个人全部的社会关系。这个自由人联合体只有在物质生产发展到一定程度，生产关系和交往关系成为人们自由结合、自觉控制的产物之后才能实现。在此之前，诸如资本主义生产下的工人与资本家、工人与自身劳动的关系，就明显属于生产关系支配人的阶段，并且随着机器大工业的发展，劳动条件在统治劳动的同时还将其变为多余的东西，工人劳动中的社会联系被资本所吸收成为同工人相对立的异化力量。

面对私有制的现实，哲学上的自我选择只能成为被占有欲驱使的自私自利之物。我为了占有他人产品进行生产和交换，为了这个目的我们在交往中必须满足他人需要，顺从他人对我的要求，自我占有变为了服从他人，但根本目的是自我占有，为我性与为他性的矛盾被彻底暴露出来，从而将人们互相需要的社会关系，变为互相排斥的敌对关系。交往的所有目的都围绕着获取他人产品

---

[1] 马克思恩格斯全集（第49卷）[M]. 中共中央马克思恩格斯列宁斯大林著作编译局，编译. 北京：人民出版社，1982：192-193.

剩余而展开，同时又要阻止他人过多地获得我的产品剩余，期间唯一不变的是我们共同对物的承认，物的崇拜对应着人的贫乏。

与人交往只是我获得他人产品剩余的手段和形式，私有制下的异化交往将构成主体的占有之我与为他人之我强行分裂，如同黑格尔主奴辩证法的推演，马克思这里是工人与资本家在扮演这样的角色，人在资本主义社会只能从二者中择其一，但这个选择本身已经通向人的异化之路。在资本主义社会的现实中，人要么是资本家，要么是工人，但在自我意识的构建与投机者的生存选择中，人既是资本家也是工人。占有欲与资本是我们在交往中彼此默认的规范和准则，我们在交往中唯一可以沟通的语言，是关于彼此占有物的渴求，除了物的价值，我们不知还有其他可以表达自我尊严的东西。

二、文学交往以一种虚构的、审美的、戏剧化的方式丰富了参与者的社会关系

资本主义社会下的文学交往，依然包括文学生产、文学传播（流通）、文学接受（消费）三方面，其中又以文学生产和文学接受为主要内容。单独看来，文学生产包括物质性的印刷、出版与精神性的意义创造和理解，文学流通包括作品实体以及内容的销售与推广，文学接受则包括作品的阅读与批评。从文学交往的实际情况出发，一般主要包括两种类型：一种是读者在阅读过程中与文本的交流；另一种则是在阅读过程之外，特定作品的读者（包括作者、普通读者、批评家、出版商）就某部作品内容本身及相关问题进行的互动行为。除非有特定强调，文学交往所组成的社会关系仍是以文学文本为核心，以作品为中介进行的不同对象化活动。

凭借文学交往，文学生产者与文学接受者得以确认自身的主体性，并在阅读与批评行为中重塑各自社会关系的边界。作者是其作品的第一个读者，他看似在创作中享有绝对的权威，但仍然受到具体时代背景和社会现实的限制，尤其当创作变成文学生产，作品必须承受市场反响与官方审查的考验时，作者会成为戴着镣铐跳舞的舞者。不断地在自我表达与假想读者目光的审视中作出选

择，是一个作家在创作中必须面对的困境，即使有的作家宣称只为自己写作，甚至不打算公开发表自己的作品，但只要他开始创作，并且将这一过程持续地进行下去，那么私人的表达欲望就必须寻求他者目光的承认，而作者本人正是这第一读者。

读者是作品存在形态的最终完成者以及意义的理解者与创造者，这点已经通过接受美学等相关理论进行了证明，甚至在施莱尔马赫提出的诠释学中，理解者的目的就是要比作者更好地理解其作品。从交往活动生成社会关系的层面看，无论文学生产还是文学接受，作者与读者都面临着一种意义生成的挑战，都在试图表现文本虚构的世界，但二者存在着本质区别。当德里达等解构主义的学者试图模糊文学批评与文学创作的边界时，这个问题显得尤其重要，哈贝马斯认为这会导致文学批评的专家化，实际上，这样做等于取消了文学作品在文学交往中的中介作用，"由于作品本文在生产者与接受者之间的中介地位被否定，文学交流即刻便不存在了，反之，承认生产与接受两者的不同，也不是说两者之间毫无沟通的可能"[1]。作者在创作中面对一个设想的文本，而读者阅读的则是一个已完成的文本，不能以两者表现的意义生成性将两种行为混为一体，即使这确实是文学交往本身独有的魅力之一。因此，我们需要辩证地看待文学生产同文学接受对交往主体社会关系的影响，文学交往既打破了作者与读者的身份边界，但也重新将其确认和塑造。

虽然文学交往同其他社会交往一样塑造着人的社会关系，但鉴于文学文本这种中介的特殊性，文学交往有自己表现社会关系的专属领域。以传统纸质文本的文学接受为例，这种交往呈现了一种间接性和非对称性。间接性表现在读者进行交往的对象（隐含作者、作品的世界与人物）并非直接呈现在眼前，更有可能早已跨越了相当范围的时间、空间、语言等存在维度的限制，只能靠读者自身的想象与理解重新将作品的一切呈现出来。非对称性是伊瑟尔提到的观点，他认为与人与人之间的交流相比，文学交流主要读者对文本召唤结构的响应，尽管这种响应受到本文和读者自身能力等多方面限制，但读者还是尽可以凭自

---

[1] 凌晨光.论文学交流[J].山东社会科学，1992（03）：47-52.

己的偏好对作品的虚构进行还原，看上去仿佛是读者借作品一物进行的自说自话和自问自答。

不过随着数字时代信息技术的发展，文学生产方式的发展也逐渐改变着文学交往的特质，以电子媒介为基础的文学交往呈现出更强的交互性。在以网络文学为媒介进行的文学交往活动中，以语言为载体的文学交流得以打破印刷技术制造的物理时空限制，将其带到了一个类似口头文学时期的交往场域之中。由于文学生产、流通、接受机制的显著变化，网络文学下的文学交往进一步突显了交往性，"交往性是指随着网络这种交流媒介的兴起，文学的生产、传播与阅读都在交往中进行，作家与读者之间、读者与读者之间形成了文学交往共同体，作品的内容与形式都受到交往的深刻影响"[1]。纸质文学中文学交往在网络文学中变成了即时性的活动，读者可以直接与作者对话，文学交往的群体属性增强，甚至读者群体的反馈会影响作家的实际创作，阅读活动本身变成了一种社交活动。

除去技术与媒介的影响，文学交往活动最主要的特点还是反映在语言上，主要分为三方面：文学语言的审美性、创造性、语境的多样性。文学语言的特殊性问题，在俄国形式主义与新批评、结构主义等注重作品的文学理论那里都有所反映，正因为文学语言的审美或者诗性特征，文学交往暂时超脱于功利重复的日常交往，使交往主体以一种"陌生化"的方式重新审视自我与世界以及他人的关系。其次，由于文学交往最大程度化地利用了语言的虚构性，日常交往的世界对文学交往所处的时空仅仅具有参考的作用，经典文学作品的价值之一便是构建了一个独特的世界，如《红楼梦》中的大观园、《西游记》中的花果山等。最后，与日常交往一样，文学交往的语境同时受到外在社会环境与内在个人情感的双重影响，但是，日常交往致力于去除语境多样性造成的误解，文学交往则将其视为作品意义多样性的主要来源，比起达成共识，文学交往更青睐那些造成差异引发争论的"误解"。

---

[1] 黎阳全. 从网络性到交往性——论中国网络文学的起源 [J]. 当代作家评论，2022（04）：4-12.

从交往规范的角度看，文学交往是对日常交往规范的戏剧化重塑，在反思和批判现实交往规则的基础上重新建立新的规则，这同样也是文学批评的主要任务之一。人们在日常交往中会默认对方按照社会规则去行动，发挥以言行事的功能，但文学交往凭借虚构世界的权能，呈现出更加大胆、私密、禁忌、叛逆的交往规则。当读者被邀请进入文本，他自己也成为造物主，从事务性日常交往解脱获得的自由，使其不断释放着内心深处隐藏的欲望和情绪。读者与作品的交往比日常交往更加亲密和自由，因为整个过程都由读者自己构建起来，读者既是创造者也是见证者，因为故事的人物命运早已被决定，而在阅读结束之后留在个体心中的图景又各有差异，读者最终会在窥探这个精神世界的过程中重新认识自己。每一次阅读带去的审美经验都具有唯一不可重复的性质，并且只要读者愿意再次承担起自己的责任，与作品的对话便一直处于未完成的状态。

文学交往的社会功能同样具有独特的作用。文学交往首先是一种娱乐和兴趣，"寓教于乐"原本就是中国古代对文学社会性的主要描述，尤其是当文学作品成为商品进入市场之后，这种属性表现得越发明显。按照姚斯的看法，文学交流的社会性来自阅读形成的审美经验，这是一种充满感染力的、难以被驯化的经验形式，会在阅读中借助想象打破了现实与虚构世界的界限，同时还能将这种影响推延到读者的现实生活中。因此即使读者知道作品是虚构的，并清楚地认识到它与现实的界限在根本上不可打破，也不会阻碍他借助作品的审美经验提供一种深化自我认知的可能，这便涉及了文学交往的第二种社会功能——认识。此外，文学交往带来的规劝作用同样十分重要，这不仅是简单地表现"文以载道"，还要求文学交往的参与者不断就这种"道"本身进行讨论和反思，以符合某个历史阶段的时代潮流，比起国家意识形态机器的直白宣传，文学交往与意识形态的关联更加隐蔽，这也是为什么阿尔都塞提出"症候式阅读"的主要动机，文学作品表现出的政治立场与态度远远比看上去的复杂，比起日常交往，文学交往显得更加暧昧且富有意味。

文学交往主体的特殊性表现在，作品作为主体的资格是读者单方面赋予的，而非天然存在。这首先涉及读者阅读态度的改变，即现象学美学一直强调的审美态度，这可以说是接受美学读者的首要特质。读者的审美态度越充分，他越是能将作品当作自己的对话伙伴，阅读过程成为交流的可能性也越大。接受美学作为文学交流的主体间性，首先需要读者审美态度的参与，这是接受美学对读者阅读要求的第一步。作为个体的读者，他的接受受到其他读者或者整个群体的影响，比如，文学评论家的对大众读者接受的干预。读者群体的接受也面对内部个体读者以及其他读者群体接受的影响，比如以年龄划分的少儿读物与青少年读物。

总的来说，凭借文学生产以及语言本身的特性，文学交往以一种虚构的、审美的、戏剧化的方式丰富了参与者的社会关系。在物质生产以及生产关系尚未到共产主义水平之前，文学交往让人们从资本制造的对立中解脱出来，让马克思在《1844 年经济学哲学手稿》中提到的符合社会的人性得到暂时性的复归。文学批评的含义也在文学交往中得到更新，它现在成为沟通文学生产与文学接受之间的桥梁，并借此突显了自己的作用和地位。仅仅依靠普通读者、作者、作品完成的文学交往永远是不充分的，必须要有一定文学素养与专业知识的批评家参与其中，有意识地组织整个交往的过程，最典型的例子便是诸如金圣叹评《水浒传》、张竹坡评《金瓶梅》时创作的评点本，这类夹杂着作者创作与批评者的文学文本，为后世读者的阅读提供了一定的理解方向和基本立场，当然批评者的权威永远建立在对作品的卓越理解之上，这同样需要交往过程中的相互承认，但他们是对文学交往行为提出关键问题并作出宝贵结论的读者角色。

第四节　世界性的文学交往由各民族人民集体的普遍交往组成

　　人们交往的最初动力来自何处？是人们为满足和表达本性所产生的各种需要。人们满足需要的方式，如繁衍、交换、分工等，会自然地使他们产生交往，将彼此联系起来。发生交往的个人永远处在一定的生产力阶段中，而交往本身又决定着生产和需要，个人相互之间看似私人的关系，实际上每天都在依据过去的交往形式重新创立。一个人的发展取决于和他进行交往的其他一切人的发展，彼此交往的个人在之前的世代便产生着联系，他们现在的交往又影响着下一代人的交往关系。人们采取何种形式进行交往，不但受到过去世代交往形式的影响，同时也受到同一时代不同地区、国家、民族，文化的影响，并且不同历史阶段的交往形式还存在着逻辑上的继承关系。而当下人们在交往中所面临的现实便是个人关系向纯粹的物的关系转变，个人对个性和偶然性、理性与感性、私人与集体的种种区分，这些现象正如马克思一直强调的，是一个特定的历史过程。

一、马克思论述普遍交往的基本逻辑

　　生产以交往形式为前提，而交往形式又由生产所决定。在《德意志意识形态》中，马克思用生产力、分工、交往这样的论述顺序，有其内在的逻辑：正是分工导致物质生产与精神生产、劳动与享受、生产与消费由不同的人担任，才造成生产力、社会现实、意识三者之间被隔离以致发生矛盾。那么只有消灭分工，才能把人们联系到一起的交往活动发展成为促进生产力的必要环节，否则以分工为前提的交往就无法表现人的社会性，反而加深着人与人之间、人与共同体之间的利益对立，共同体也只能成为虚伪的、抽象的共同体。

生产力的延续和发展，取决于该生产力所在地域交往发展的现实情况。当交往仅限于毗邻地区时，每一种技术发明在每一个地区都必须重新开始，在历史发展的最初阶段，每个地区每天都在单独地进行着重新发明。战争作为人类重要的交往形式，甚至会导致一个地区的发明完全失传，"只有在交往具有世界性质，并以大工业为基础的时候，只有在一切民族都卷入竞争的时候，保存住已创造出来的生产力才有了保障"[1]。否则，在人类社会某个阶段上发展出的生产力和交往手段，就并非创造而是破坏的力量，且往往导致一个由多数无产劳动者组成的阶级为此承担后果。

在大工业和竞争中，个人一切生存的局限性与片面性都表现为两种最简单的形式——私有制和劳动，二者缺一都会导致交往结束。人的体力和脑力作为生产力，在资本主义社会只能是分散的、彼此对立的力量，必须由交往建立起来的社会联系所缓解。资本主义社会下的生产力是一种采取社会形式的物化力量，只能被私人所占有，为此个体必须首先成为相互对立的私有者，生产力只在此时才能成为个人的力量。这是生产力在资本时代的特有现象，原始社会因为尚不发达的生产力，人们的交往既不频繁又很狭隘，不会在交往中出现这种被迫的对立与漠不关心。另一方面由于生产力与社会中的多数人分散且对立，这些个人自然失去了现实的生活内容转而成为抽象的个体，但也正因如此，他们才有可能作为个人发生联系。人们唯一同生产力和自身保持联系的手段——劳动，已经失去了任何主观能动性，物质生活原本应该成为人表现自主生命活动的基础，现在却是其整个的生存过程和目的，劳动者被迫用摧残自身生命的劳动来维持生命。

资本主义生产发展出的大工业使工人具备了形成阶级的条件，人类解放的关键是工人的自我解放。拜大工业所赐，工人们自发交往结合成了最初的同盟，

---

[1] 马克思恩格斯全集(第 3 卷)[M]. 中共中央马克思恩格斯列宁斯大林著作编译局,编译. 北京: 人民出版社, 1960: 61-62.

这形成了工人阶级诞生的先决条件，正如资产阶级在同封建贵族的斗争中团结起来那样，工人们的联合同盟也将在与资本家们的阶级斗争中形成真正自为的阶级。推翻统治阶级革命的时间，比起一个团体在不断交往中组织成阶级的时间要短得多，人作为社会中最重要的生产力，一旦团结起来形成革命阶级，将从根本上动摇整个社会的交往形式和生产关系。在《哲学的贫困》中，不仅有同盟成员组成阶级的交往，还有阶级与阶级在斗争中的交往，这种交往中的联合与对抗被马克思视为生产力的关键运动形式。而工人阶级的自我解放，同时意味着人类社会从漫长的阶级斗争史中解放出来，到时生产力依靠对抗发展的规律也会失效，他人不再是我在交往中需要防范与利用的对象，一个新的无阶级联合体将建立起来。

精神交往最初直接来自物质交往，直到随着生产力、分工的发展取得自身的独立性，但这种独立性仍然以物质交往为基础。人们通过物质生产与物质交往改变自身现实的同时，也改变着自身的意识与思维。分工造就的社会角色固化，不仅限制着人们的意识与观念，而且还限制着生产方式与交往形式，"生活的生产方式以及与之相联系的交往形式是在这些束缚和界限的范围内运动着的。"[1]要想解决私有制社会因为分工产生的种种对立，必须建立以生产力普遍发展为基础的普遍交往，否则消灭分工所消除的贫富对立只能引来普遍贫穷。

在资本主义社会，每个人以物的形式占有社会权力。"这种联系是各个人的产物。它是历史的产物。它属于个人发展的一定阶段。这种联系借以同个人相对立而存在的异己性和独立性只是证明，人们还处于创造自己社会生活条件的过程中，而不是从这种条件出发去开始他们的社会生活。这是各个人在一定的狭隘的生产关系内的自发的联系"[2]，要想将物的社会权力重新还归人自身，就必须进一步发展和丰富人的社会关系，这又要求以一定物质生产为基础的普遍交往。"而在现代世界中，人的关系则表现为生产关系和交换关系的纯粹产

---

[1] 马克思恩格斯全集(第3卷)[M].中共中央马克思恩格斯列宁斯大林著作编译局，编译.北京：人民出版社，1960：36.

[2] 马克思恩格斯全集(第46卷上)[M].中共中央马克思恩格斯列宁斯大林著作编译局，编译.北京：人民出版社，1979：108.

物"[1]，人类在公社、封建国家的局部交往中，由于受到血缘、种姓、种族的规定限制，只能进行着不发达的交换。在马克思构建的共产主义社会中，以资产阶级社会所发展的抽象与全面物化为基础，人类将再次回归到人与人的相互依赖中，借助生产资料的共同使用和社会财富的共同享受，发展出类似于原始社会但本质上高于它的自由人的联合。人类从不发达的交换到发达的交换，最终走向个体与个体的自由交换与交往。资产阶级社会的历史任务在于，人借助这个社会中已然全面化的物的象征，完成交往的一般化，以异化为物的形式摆脱之前被等级、血缘、种族等天然属性桎梏的局限，从而实现共产主义社会中只为人本身服务的普遍交往。

一切历史冲突和阶级矛盾都源自生产力和交往形式之间的矛盾。每个社会个体自身的力量与关系，由于分工异化为物与之对立，这一困境只能通过消灭分工，使个人重新掌握这些物化的力量与关系。在这个过程中，交往的作用是：个体不仅仅靠自己，而是靠交往组成的集体来走出困境。此前因为分工导致分散的人们被迫在交往中组成联合，联合本身反倒成为对个人来说的异己之物，因此只有在主动联合的集体中，个体才可能拥有个人自由以及全面发展的手段。由此对交往形成的集体提出了特殊要求，它必须以发达的生产力为基础，将人们从前受偶然性支配的，并且与其对立的实现自我发展的条件归还到人们自己的手中。

为了发展生产力必须消灭分工导致的片面交往，这又要求一种以无产阶级同盟为主体的普遍交往形式。马克思在《德意志意识形态》中提出了无产阶级革命的两个目标：一是无产者通过个人与他人的联合占有整个社会财富，二是社会中的每个个体能够自由支配每一种生产工具和全部的交往形式。无产阶级革命将彻底打破旧有生产方式与交往形式的关系，将人的劳动展现为他的自主活动与物质生产、精神生产的统一，将过去的被迫劳动和被迫交往变为人向全面可能性发展的积极劳动和主动交往。只有在无产阶级联合中的个人，才能在社会整体财富的占有中消灭私有制，个人在私有制下的孤立活动将在这样的交

---

[1] 马克思恩格斯全集（第 46 卷上）[M]. 中共中央马克思恩格斯列宁斯大林著作编译局，编译. 北京：人民出版社，1979：111.

往联合中成为完全偶然的现象。

为了保证肉体的存在，更为了进行自主活动，个人必须占有全部的现存生产力，这是无产阶级革命建立共产主义社会的目的。只有在共产主义社会，人的劳动才能转化为自主活动，过去的被迫交往转化为所有个人作为真正参加的交往。在无产阶级的占有制下，生产力通过普遍交往发展起来，每个个体都不会仅仅支配某一特定形式的生产工具与财产。无产阶级固有的本性使其联合形式必然带有普遍性，并且一定要通过革命实现无产阶级的占有制，根本性地摧毁旧的生产方式和交往方式，消除此前人类历史上一直存在的对立和抽象。

以普遍交往联合起来的个人占有全部的生产力，从而消灭私有制。在资本主义社会，这个阶级便是无产阶级，而变革社会的力量，自然也从中产生。资产阶级的交往形式与社会生产力之间的矛盾越大，资产阶级内部的分裂以及资产阶级与无产阶级之间的分裂便越大，与资产阶级交往形式相适应的种种观念和意识便逐渐露出虚伪与抽象的特征，这些特征只能被无产阶级在实践中揭示出来，成为其自我解放之路上的路标。

以往一切的社会革命始终没有触及私有制的根本性质，只是按照另外的方式进行分配，而共产主义革命要通过普遍交往建立的联合消灭私有制、分工以及以此为基础的异化劳动，从此之后也不再有政权、阶级，因为无产阶级的自我解放也是整个社会的全体解放。共产主义运动将自觉把现存对立、分散的物质条件变成为个人创造自由发展环境的集体条件，彻底消灭个人的独立化、个性对偶然性的屈从、个人的私人关系对共同的阶级关系的屈从等现实困境。正如马克思所说，这需要种种前提：只有在普遍的、全面的生产力和交往中，分工和私有制在个人所形成的联合中才会表现为阻碍，它们还阻碍着人将劳动变为自主活动，发展着社会中的阶级对立、将生产力和交往形式变成破坏社会发展的力量，只有到了这种境地，私有制和分工才不得不被消灭。只有随着生产力的这种普遍发展，才能建立普遍的交往，一切民族中的无产阶级才逐渐联合起来成为世界性的同盟，狭隘地域带来的种种限制被打破，交往成为一种发展而非破坏的力量。

以普遍交往形成的联合占有和集体支配消灭分工和私有制。过去一切革命的局限在于：个人的自主活动受到生产工具与交往有限性的束缚，因此始终屈从于社会本身的分工以及某种唯一的生产工具。而"在无产者的占有制下，许多生产工具必定归属于每一个个人，而财产则归属全体个人。现代的普遍交往，除了归属于全体个人，不可能归属于各个人"[1]，占有只有通过联合才能实现，而这种联合只有在无产阶级的联合中才具有真正的普遍性质。中世纪的农奴逃入城市是为了自由劳动，而无产阶级的工人要通过普遍交往的联合消灭劳动，通过交往形成的集体联合消灭个人占有，以交往消灭分工。

分工和私有制在人类历史发展中扮演了必要的角色，两者在马克思看来只是历史的阶段而非最终结果。为了发展生产力，人的社会角色被固化，社会不是来自人们的自愿联合，而是起源于有产者对无产者的强制统治。为了消灭分工同时也是摧毁私有制社会，马克思提出了建立以生产力发展作为条件的普遍交往："普遍交往，一方面，可以产生一切民族中同时都存在着'没有财产的'群众这一现象（普遍竞争），使每一民族都依赖于其他民族的变革；最后，地域性的个人成为世界历史性的、经验上普遍的个人所代替。"[2] 在生产力普遍发展和世界交往普遍化的前提下，共产主义运动借助普遍交往实现不同民族的无产者们的联合，由此成为现实的而非理想的运动，将人们生产、交换以及发生交往的关系重新回归人自己的支配之中。

交往让个人历史变为世界历史的一部分，日益扩大的交往同时也消灭了各民族内部曾经狭隘的分工。市民社会，作为迄今为止受生产力制约并且又反过来制约生产力发展的交往形式，在它追逐着世界市场的力量发展世界交往的同时，也在走向自身命运的终点。马克思在《德意志意识形态》中借助世界交往和普遍交往，进一步拓展了"人的解放"这一主题，以全球化大生产的世界市场作为理论背景，单个个体才有可能利用全球化的全面生产，摆脱自身的民族局限和地域局限。人类历史如果不通过交往成为世界历史，那么个体就无法实

[1] [德]马克思，恩格斯．德意志意识形态（节选本）[M]．中共中央马克思恩格斯列宁斯大林著作编译局，编译．北京：人民出版社，2018：76．

[2] [德]马克思，恩格斯．德意志意识形态（节选本）[M]．中共中央马克思恩格斯列宁斯大林著作编译局，编译．北京：人民出版社，2018：31．

现彻底解放。当代发达民族国家通过币缘政治对发展中国家进行资源掠夺和金融控制，普遍交往在今天看来不仅是马克思为共产主义运动现实化所提供的思路，也是解决在世界交往中强国对弱国剥削的答案。

二、世界文学是民族文学交往中的一般等价物

马克思与恩格斯在《共产党宣言》中描述了一种世界性的文学："过去那种地方的和民族的自给自足和闭关自守的状态，被各民族各方面的互相往来和各方面的互相依赖所代替了。物质的生产是如此，精神的生产也是如此。各民族的精神产品成了公共的财产。民族的片面性和局限性日益成为不可能，于是由许多种民族的和地方的文学形成了一种世界的文学。"[1] 物质生产与精神生产全球化带来的互相交往与相互依赖，将地方性的、民族性的文学变为世界范围内的文学，尽管中文版的编者将这里的"文学"标注为科学、艺术、哲学等方面的著作[2]，但仍然指向了一种世界性的公共精神财产，同时跟资本主义生产与再生产过程中开拓的世界市场密切相关。

真正从文学领域出发的世界文学概念，区别于马恩的"世界的文学"，从一开始就是一种欧洲中心主义的文学设想。歌德提出世界文学的初衷，是从自身德国文学的发展实际出发，寄希望翻译、引进外国文学，进一步激发本土文学的创作潜力。这个初衷虽然无可厚非，但歌德所设想的那种世界性的文学交往，主要集中在欧洲地区，他在19世纪初对中国文学展现的兴趣，限于当时翻译以及中国国情的现实，并非一种平等对话、多元并包的交往状态。实际上，这也是迄今为止中国文学参与世界文学的交往现实，"因为其中没有马克思所说的世界各民族'互相往来'与'互相依赖'，只有'伟大的传统'的'本我'镜像，可以说，这只是一种象征级别的自我中心的'世界文学'"[3]，在以世界文学为标准的交往中，中国文学一直处在一种被动的参与状态，始终经受着西方文学

[1] [德]马克思，恩格斯.共产党宣言[M].中共中央马克思恩格斯列宁斯大林著作编译局，编译.北京：人民出版社，2014：31.

[2] [德]马克思，恩格斯.马克思恩格斯选集（第1卷）[M].中共中央马克思恩格斯列宁斯大林著作编译局，编译.北京：人民出版社，1995：276.

[3] 方汉文.马克思"世界的文学"：中国化的新概念翻译与注解——马克思"世界的文学"理论札记之三[J].中国文学研究，2021（03）：10-16.

的他者凝视。

随着经济全球化与信息技术的发展，文学交往也在像其他社会交往形式那样，变得更加密切和便利，世界文学的概念进一步更新。大卫·丹穆若什在《什么是世界文学》中将世界文学定义为："1. 世界文学是民族文学间的椭圆形折射。2. 世界文学是从翻译中获益的文学。3. 世界文学不是指一套经典文本，而是指一种阅读模式——一种以超然的态度进入与我们自身时空不同的世界的形式。"[1]丹穆若什认为世界文学的多样性来自两个不同世界的发生沟通时的双重经验，以民族性视角描绘世界性主题，在世界性的文学交往中打破各民族文学的狭隘边界。比起这种突出多元与沟通的世界文学概念，法国批评家帕斯卡尔·卡萨诺瓦则将世界文学视为一个以文学资本为标准，具有中心区域与边缘地带的等级空间，同现实的政治版图有所差异，世界文学空间有其独特的划分依据，中心区域通过文学"制造"以及文学"祝圣"等机制向边缘地带施加影响，而边缘地区会为了进入中心地带采取迎合或反抗的姿态，世界文学是一场争夺文学话语权的斗争。美国文学理论家弗朗哥·莫莱蒂同样注意到了世界文学交往中的不平等，"世界文学不是对象，而是问题，需要有一种新的批评方法"[2]。莫莱蒂提出了一种"远距离阅读"的批评方法，最大化发挥各个民族文学批评家在文学交往中的中介作用，从而代替直接翻译与汇总文学作品的做法。

国内学者王宁将世界文学定义为："世界文学是西方各国优秀文学的经典之汇总；世界文学是我们的文学研究、评价和批评所依据的全球性和跨文化视角和比较的视野；世界文学是通过不同语言的文学的生产、流通、翻译以及批评性选择的一种文学历史演化。"[3]王宁同样认为目前世界文学中的欧洲中心主义，已经对中国文学进入世界交往造成了阻碍，他提出用经典性和可读性的结合来避免这种意识形态偏见，打破地域性的文学"歧视"。乔国强的观点与王

---

[1] ［美］大卫·丹穆若什. 什么是世界文学？ [M]. 查明建，等译. 北京：北京大学出版社，2014：309.

[2] ［美］弗兰科·莫莱蒂. 对世界文学的猜想 [J]. 诗怡，译. 中国比较文学，2010（02）：9-20.

[3] 王宁. "世界文学"与翻译 [M] // 张健主编. 全球化时代的世界文学与中国："当代世界文学与中国"国际学术研讨会论文集. 北京：中国社会科学出版社，2010：115.

宁类似，他以 2010 年《诺顿文论选》对中国文论（尤其是古代文论）的排斥，以及莫言的《丰乳肥臀》在被翻译为英文时出现了大幅改写与删减为例，揭示了西方英语制定世界文学标准的模糊性和暧昧性，他选择将世界文学概念描述为："鉴于'世界文学'概念的复杂性，是否可以暂时把这一概念做如下划分：狭义的'世界文学'就是指称欧洲诸国之间（或符合欧洲诸国文学理念、表达方法和价值取向）的文学联合体；广义的'世界文学'可以设定为世界各国的文学，也就是一种包容世界各民族文学的共同体。"[1]

早期歌德提出的世界文学，以及马恩提出的"世界的文学"，仅是一种对文学未来发展的美好理想，现在的世界文学内涵在被不断丰富以后，已经变为了文学研究中的一种立场、视野、态度、标准、问题甚至批评方法。即使如此，世界文学离成为现实也还有遥远的距离，因为这个范畴本身一直存在一个悖论：如果世界文学正如其所言表达着各民族文学的特性与共性，那么让这些文学表达自己便可，又何须一种世界文学概念？世界文学存在的必要，不源自其定义的困难，恰恰由于文学理想与现实存在的极大差距，而这正是当下中国文学发展中的主要诉求之一。在过去，我们讨论世界文学是为了模仿和学习，以期进入西方的主流文学视野，随着中国军事与经济实力的提高，以自身立场参与世界文学交往的欲求越来越强，但我们与西方文学的精神交往仍然处于不平等之中，甚至还遭到刻意的忽视与污名。因此，如何改变中国文学与文论在世界文学交往中的边缘地位，向世界其他地区介绍和传播自己的精神财富，已经成为当下中国文学发展必须思考并解决的问题。

从文学交往的角度出发，各民族文学的生产、翻译、接受组成了世界文学。交往主体附加了民族、国家、地域等共同体属性，或者就是这些共同体本身，有强烈的身份认同意识。仅凭马克思对"世界的文学"的描述，即各民族文学会在依赖性逐渐增强的世界交往中成为公共性的精神财产，无法为中国文学进入世界交往提供更多方向，必须进一步从马克思自己的交往思想出发，反思交往主体的身份，扩大中国文学生产与接受的范围，甚至改变既有的文学流通媒

---

[1] 乔国强 . "世界文学"中的中国文学问题 [J]. 中国文学研究，2022（03）：189-197.

介和方式。

文学交往之所以能突破民族和语言的界限，除了马克思所描述的世界市场，还有其自身的特性，其中文学经典的形成和传播扮演着关键的角色。文学经典是普遍性与独特性结合的典范，发挥着打破旧边界生成新边界的作用，它们在特定的文化以及语言背景下描述着诸如死亡、战争、爱情、自我存在等一系列永恒性的文学母题。此外，文学经典自身丰富的意义内涵，不仅包括对人类社会各类生活细节及常态的展示，而且会吸引接受者在文学交往中不断地对其阐释和讨论，扩大文学经典的传播范围。

民族文学作为参与世界文学建构的基本单位，其自身文化的独特属性正是其进入世界文学空间中的入场券。民族文学越是自我表现，越是在文学交往中为其他民族提供借鉴和反思的价值，但是，各民族对独特性的追求，须从私有制下的自私占有和随意支配中摆脱出来。进一步说，民族文学的独特价值，不由民族自己所确定，而是在与其他民族的交往由他者目光确定并承认，当某个民族文学进行"去其糟粕，取其精华"的内部发展抉择时，外来民族文学对自身的需求往往影响其未来的发展。从马克思交往理论出发，单一民族文学作为有限共同体的局限，需要通过学习其他民族的优点成为更加完整的存在。各民族文学自身的独特价值，既来自特定地域与历史发展的具体因素，也来自对其他民族文学的模仿和借鉴，民族文学进行的世界交往，在确立自身特殊性的同时，需要进一步将其普遍化，在整个过程中坚持一种对话与学习的意识，以独特的外位性视角参与世界文学规范的塑造，并反身确立自身的独特位置。

进一步说，马克思交往理论下的世界文学交往，与其说在讨论一种逐渐贴近时代潮流的文学理想，不如说是在建构一种新的文学价值系统，世界文学这一范畴恰恰在这一场域充当着一般等价物的角色。正如货币确认着围绕商品交换进行的价值规范，世界文学也在全球化、信息化的文学交往中执行此类功能。一直以来，发行与流通这一特殊商品的权力一直以英语世界的欧美文学为中心，它们享有着依靠文化霸权所建立的"文学定价权"，任何非英语语种的、非欧美地区的文学要想进入世界文学空间，都必须依赖这种世界文学货币进行交换，包括中心与边缘、边缘与边缘的文学交往。如马克思所言，关键不在于交换价值的多少，而是交换价值本身，这已经包含着对西方"文学定价权"的默认。中国文学原本的特性，以及与其相符的为他性的发展取向，经这种世界文学转译之后，被西方目光整个地攫夺和占有，文学交往应有的对话与学习不复存在，仅仅是一种为满足一方窥探欲与控制欲的异化交往。为此，借助马克思交往思想的相关论述，消灭这种异化交往的答案，需来自各国人民群众组成的差异共同体所进行的普遍交往之中。

马克思认为人民群众是理论转化为实践的关键力量。哲学只是现实的观念补充，它必须消灭自己才能成为现实，对现实的批判不能只停留在自身抽象的观念内部，"批判的武器当然不能代替武器的批判，物质力量只能用物质力量来摧毁，但理论一经掌握群众，也会变成物质力量"。[1]当理论需求现实时，它必须将希望寄托在人民群众身上。马克思哲学的物质武器是无产阶级，无产阶级要求否定私有财产，而非像资产阶级那样独自享受历史进程所赋予的特殊权利。同理，世界文学应当从人本身是人的最高本质出发，消灭一切人类交往中的奴役形式，让那些能表现各民族人民群众的文学进入世界交往中，反对单一文学价值以及标准的介入和干涉。

将积极参与生产实践的人民群众视为交往主体，本身就是中国文学进入世界文学空间的特色维度之一。"在中国马克思主义文学批评体系中，人民是中国形态的出发点和归宿，是最能体现中国形态理论特色的一个核心概念，可视为中国形态对世界文学批评的贡献"[2]，人民作为过去中国革命的主导力量，理应成为今天文学生产的导引和文学接受的主要对象，并在世界文学的交往中发挥着求同存异、兼容并包的重要功能。世界性的文学交往不能局限于欧美国家这样的单一英语地区，更不能只接受来自精英文学圈的观点，世界文学理应突破地域、文化、语种、政治等边界，让世界范围内的所有读者能够平等地享受到人类目前创造的所有精神财富，中国文学在走向世界的同时，也会以自己独

---

[1] 马克思恩格斯全集(第1卷)[M].中共中央马克思恩格斯列宁斯大林著作编译局,编译.北京：人民出版社,1956：460.
[2] 胡亚敏.马克思主义文学批评中国形态的当代建构[M].北京：人民出版社,2020：11.

特的方式培养出世界性的文学生产者和接受者。

文学交往民族性与世界性的有机结合，需要历史性的、辩证性的视角和立场。在中国文学文论走向世界，与其他民族进行交往的过程中，应该将"越是民族的就越是世界的"与"越是世界的就越是民族的"放到同等重要的位置，以开放包容的民族性与差异多元的世界性，作为世界文学交往进行平等对话的基本原则。如今，我们正希冀一个由中国文学文论自己言说自己、并能向世界展示自己的时机与时刻。

第四章 马克思交往理论与文学批评的对话

将马克思的交往思想引入文学批评之后，有必要对现有的文学交往及对话思想进行总结或反思。以"马克思""交往（交流、对话）""文学批评"为关键词，有三种代表性的理论与之相关，分别是：接受美学与哲学诠释学、巴赫金的文学对话思想、哈贝马斯的行为交往理论。三者在某些立场上与马克思相似，如接受美学中的姚斯试图通过文学接受史恢复文学的历史性，巴赫金将语言视作人们交往活动的产物，哈贝马斯希望以交往理性重塑历史唯物主义等。不过，相比起立场的相似，我们更关注三者各自的独特性和差异性，这为马克思交往理论在文学领域内的进一步发展提供了宝贵的理论参照。

第一节　接受美学的文学交流与哲学诠释学的问答式对话

接受美学的两位创始人——姚斯与伊瑟尔，都以发掘读者在文学活动中的主体性为基本立场，揭示读者与作品的双向互动。在姚斯发表《文学史作为向文学理论的挑战》的演讲之后，伊瑟尔也在康斯坦茨大学发表了名为《本文的召唤结构》演讲，从这篇演讲开始，接受美学理论的两个基本维度被确定下来：对读者阅读进行历史美学考察的宏观接受——姚斯，对读者与作品的关系进行具体分析的微观接受——伊瑟尔。

一、姚斯的期待视野及审美经验

姚斯对文学交流的解释分为前、后两个阶段。在前期，姚斯计划以期待视野作为核心，打破既往文学理论对文学史的看法，新建以读者公共期待视野为重点的文学接受史。姚斯的目的在于：将文学的历史性从实证主义与精神史的窠臼中拯救出来，引到读者的先在经验（包括读者个人的审美经验与生活经验）上去。这些经验构成读者期待视野的基础，使读者在阅读作品之前便已经对作品产生了特定的判断和认识，随着阅读过程的进行，读者会依据作品的具体内容动态生成新的期待视野。按姚斯的看法，一种稳定的、持续自我更新的文学接受史是存在的，并且就藏在对读者期待视野的分析中。

期待视野对文学接受社会效果的关注，使姚斯能够借助读者这一文学活动中的重要角色，从新的维度反思文学批评中的社会性和历史性问题。姚斯坚持认为文学的历史性，不是建立在事后对所谓文学事实的编组之上，而是居于读者的先在经验，这种先在经验既是过去来自作品本身的审美经验，也包括读者本人的生活经验，二者共同塑造了读者在阅读之前的期待视野。读者的个人期待视野又会受到整个时代的公共期待视野的影响，而后者成为姚斯前期理论的研究重点，期待视野最终所要展现的是某一特定时期内的群体接受视野。

但是，姚斯这一看似马克思式的做法，却恰恰受到以瑙曼等持马克思主义文论立场学者的反对，他们指责姚斯读者的"设想的出发点是理想主义的，它之所以是理想主义的是因为姚斯'不是通过具体读者和读者阶层的社会实践和经验，而是从内在文学方面'去理解'接受'的缘故"。[1]姚斯受到这种批评的直接原因来自当时形式主义与新批评的影响，在姚斯对期待视野的阐释中，更多表现出诗学、文学史、语言等文学要素，对读者群体自身的社会学描绘却略显单薄，这让姚斯早期从文学接受的历史与社会层面揭示读者主体性的做法受到诸多质疑，而构建一个稳定的公共期待视野的尝试，又受到接受美学自身宣扬读者阅读差异性原则的排斥。

但姚斯并未离开接受美学宣扬读者主体性的道路，他在后期重新考察了审美经验的发展史，提出了一种以认同自居作用为主要功能的审美经验。读者在阅读过程中产生的这种审美经验，以一种非功利、非日常的方式将对作品的感受、理解、判断融为一体，产生了一种享受他物时的自我享受。凭借读者认同主人公时所产生的愉悦，读者现在能够积极主动地参与到与文学作品的交流过程中，甚至在阅读结束之后，当现实与虚构的边界再次建立起来，读者仍然可以通过获得的审美经验在现实中认识自我，以达到姚斯追求的文学教育效果。这种教育效果并非强制或教条，而是获得了读者本人的承认，正如姚斯所说："礼仪是强制性的，圆舞则是自由选择的。"[2]

姚斯试图用这种认同式的审美经验去批判阿多诺的否定性美学。姚斯认为："否定性美学，在认为那种把审美导向道德的全部认同自居作用时否定性的地方，丧失了这种交流功能，因为它认为认同自居作用时单纯适应性的、使制度永存

---

[1] 刘小枫. 接受美学译文集 [M]. 北京：生活·读书·新知三联书店，1989：127.
[2] [德]H.R. 姚斯. 审美经验与文学解释学 [M]. 顾建光，等译. 上海：上海译文出版社，1997：40.

的社会的肯定性。"[1] 姚斯批评阿多诺的核心在于否定性美学忽视了文学交流的沟通性作用，审美经验的认同自居作用绝不仅仅只是一种对经验肯定性的突出。不过，读者在这种审美经验下产生的强烈情感，一方面会导致读者盲目跟随作品所表达的内容而被作品所"控制"，另一方面甚至会使读者脱离作品，使其过于关注自我理解甚至忽略作品的本义。通过审美经验描述读者在文学教育中的自我实现，姚斯这种美好但无疑是理想化的愿望，难免将文学交流置于一种学院化式的乌托邦下。

二、伊瑟尔的审美响应理论

1972 年，伊瑟尔首次提出了关于读者的研究：《隐含的读者：从班扬到贝克特长篇小说的交流结构》，以作家作品的具体分析为例，初次构筑了读者理论。不过对于伊瑟尔来说，最重要的著作还是 1976 年发表的《阅读活动》（中译本为《审美过程研究——阅读活动：审美响应理论》），伊瑟尔提出了自己的审美响应理论，在承继英伽登意向性客体的基础上，将文学本体视作一个由作品艺术极与读者审美极相互作用的结果。

审美响应理论所聚焦的，是无数个组成阅读过程的"现在"瞬间。伊瑟尔用"阅读现象学"的方式描述读者接受，本文天生存在着诸多意义空白和不定点，读者在整体性的被动综合中，用游移视点建立起阅读的连贯性，填补了本文的缺失。在伊瑟尔看来，本文的功能是虚构现实，这种虚构是对现实的再次组织创造，和现实类似但又不完全一样，最重要的是，本文在虚构中展现了某些源于现实又不同于现实的东西，恰恰是文学虚构的价值所在。本文的召唤结构是一个强调读者想象力和反思能力的隐形结构。比起姚斯的读者主体性，伊瑟尔用本文的否定作用对其进行了一定程度的限制，从这个角度来说，伊瑟尔的阅读理论要优于姚斯。本文召唤读者用想象力和反思实现自己，读者不能把本文的否定看作一种束缚，而是一个进一步理解本文的契机，在这个层面上，阅读才能成为双向的文学交流。

---

[1] ［德］H.R. 姚斯. 审美经验与文学解释学 [M]. 顾建光，等译. 上海：上海译文出版社，1997：201.

伊瑟尔构筑了一个现象学式的读者模型——隐含读者，这并非一个具体的阅读主体，而是由作品本文结构预设的读者角色，包含了所有读者接受的可能性。隐含读者是对本文召唤结构的响应，比起姚斯对读者阅读时情感认同作用的强调，伊瑟尔则将想象力与反思能力结合起来，要求读者接受本文对自身主体性的否定，从而更加谨慎地参与到文学交流中。

隐含读者包含两种角色，一个来自本文内部，一个来自读者自己。这两个角色的沟通，即伊瑟尔追求的文学交流，通过读者的想象和反思完成。隐含读者的优势在于：将读者主体性牢牢锁定在本文和读者的交流之中，并承认作品对读者接受的合理限制。因此回避了姚斯无法系统概括读者个性差异的困难，一定程度解决了接受美学在读者定义上过于理想化的问题。凭借意向性理论，现象学美学能够将文学作品有力地区分为阅读前的物质材料与阅读中的意向性对象，而只有接受读者意识的文学作品才能从印刷品成为文学交流的对象，这为接受美学引导文学本体论的转变提供了关键线索。但美国学者霍拉勃指出："他所采取的一个非历史的、现象学的出发点……伊瑟尔想从历史角度论述文学及文学标准，但现象学使他寸步难行……他和康德、胡塞尔一样，无法把范畴本身当作历史思考的产物……伊瑟尔既然排除了历史的读者，读者也就成了抽象完成的产物。"[1] 尽管相比姚斯，伊瑟尔有意识地限制了读者在文学交流中的作用，但正如其他采用现象学描述文学接受的学者一样[2]，在现象学还原的影响下，作品、读者都被悬置。这种悬置并非完全排除了读者个体的历史和现实，但又不可避免地将读者上升到一个相当抽象的层面。

接受美学鲜明且深刻地阐释了阅读过程中的读者主体性，这暗合着西方现代社会对人主体性的发掘，但也恰恰构成了接受美学发展的边界和限制。姚斯读者的主体性由文学接受史下的期待视野和认同性的审美经验组成，这种模糊不定的、理想的大众读者，在被姚斯重新正名的"愉悦"中，始终未得到准确的描述和约束。伊瑟尔读者的主体性则主要依靠隐含读者表现为两方面：一是

[1] [德]H.R.姚斯，[美]R.C.霍拉勃.接受美学与接受理论[M].周宁，金元浦，译.沈阳：辽宁人民出版社，1987：384-385.
[2] 诸如英伽登、杜夫海纳、普莱等人。

本文召唤结构的需要，即本文的空白和否定性，二是读者想象力在阅读中发挥的作用。这个看似抽象的、非历史的隐含读者，在伊瑟尔的具体批评实践中却透露着伊瑟尔自己的文化品位和审美趣味，与姚斯的大众读者形成了对比。此外，读者并不总是以批评家预想的方式"正确"地回应来自本文的意义召唤，这点同样适用于姚斯，理论读者与现实读者的差异一直是接受美学必须面临的困境。

不过更大的挑战还是接受美学引入读者之后带来的阐释问题，即如何辩证性地解决作品意义相对性与确定性之间的冲突，这关系着读者在文学交流中的价值。一个解决此问题的基本思路是：以现象学为接受美学提供的作品本体论认识为基础，将作品视为一个结合了读者、作者、作品角色等诸多人物意识的意向性客体。在作品一端，形式主义、结构主义、新批评等的文本分析可以寻求产生意义的具体生发点，确保一定理解方向的同时限制读者主体性的发挥空间；在读者一端，伊瑟尔的否定性和姚斯审美经验下的情感认同影响着读者阅读过程中期待视野的变化。最终，由接受美学哲学源流之一的哲学诠释学来组织读者与作品可能形成的文学交流过程，将读者的阅读变为由作品问题视野引导的辩证问答，在此，伽达默尔的哲学诠释学对文学交流情境的描绘起到了关键作用。

三、哲学诠释学的问答对话

伽达默尔曾在《美的现实》中表达过现代艺术与过去艺术传统偏离的观点，这种偏离是从内容到形式的全面对抗和决裂，它表现为现代艺术形式的支离破碎的形式和难以理解的内容。现代艺术不再像古希腊、中世纪甚至是浪漫主义时期那样，具有自明的形式和可以直接感受的内容。人们不再是那个追随艺术作品的被动接受者，他开始学着自己理解甚至创造艺术作品的意义。这是现代社会主体性宣扬的结果，也是接受美学诞生的摇篮。当作品意义理解的多样性和读者主体性紧密相连的时候，读者才具备和作者、作品同等被讨论的资格，但接受美学需从源头上反思读者何以具有这样的资格。

伽达默尔认为，艺术作品以游戏的方式存在。这个游戏不是指游戏的态度，游戏的创造活动或者它的情绪状态，而是艺术作品本身的存在方式。这是一个自我表现的过程，在这个过程中，游戏者通过参与游戏获得更好的自我表现，同时被游戏的观赏者所理解。因此游戏是游戏者和观赏者共同组成的整体，它包含着自我表现和对这种自我表现的理解，观赏者对游戏的理解也是游戏的一部分。将观赏者纳入游戏，这是伽达默尔艺术作品本体论的主要特点，文学作品也是如此，进入阅读之前它是自我封闭的，阅读使作品向读者展现自身。艺术作品是需要被观赏者接受才能完成的游戏，伽达默尔进一步指出："自我表现作为游戏的真正本质——因此也是艺术作品的真正本质，所进行的游戏就是通过表现与观赏者对话。"[1]在游戏的对话中，伽达默尔描述了观赏者的本质——自我忘却性，表现为观赏者忘我地投入某个所注视的东西，对作品的好奇使他产生了一种持久的欲求，他会为了获得自己存在的连续性不断支持游戏过程的延续。

哲学诠释学尝试赋予理解者一种独特的历史意识——效果历史意识，效果历史是这样一种东西，它将真正的历史对象视为"自己和他者的统一体，或者一种关系，在这种关系中同样包含着历史的实在和历史理解的实在"。[2]历史意识会刻意制造一种诠释者与传统和作品的紧张关系，它知道"他物的他性"，但同时又努力在这种区别的前提之下，寻求诠释者与他物的历史一致性。历史意识的诠释者深知自己处在传统和历史之中，但为了理解其他事物，他又不得不将自己与其区分开来。由历史意识控制的视野融合，诠释者的视野不会简单地被其他视野替换或异化，而是始终处于视野的不断更新之中。

与姚斯不同，具有效果历史的审美经验总是表现为一种否定的经验，这种否定是在肯定中的否定，因而具有辩证性质，它使经验本身对外在开放，即诠释者所处的传统。诠释学经验承认人类自身的有限性，通过否定性经验更新自我。诠释学经验将自身放入传统之中去经验传统，同时又对传统所提的真理性要求保持开放。而在马克思揭示的历史发展规律中，这种开放性如哈贝马斯所说具

[1] ［德］汉斯－格奥尔格·伽达默尔.真理与方法［M］.洪汉鼎，译.上海：上海译文出版社，1999：150.
[2] ［德］汉斯－格奥尔格·伽达默尔.真理与方法［M］.洪汉鼎，译，上海：上海译文出版社，1999：48.

有一种问题的结构。关键是，人之所以提问不仅是因为对问题的未知，更重要的是他知道所提的问题具有某种意义，这种意义同时限定了回答的界限，这个界限是一个靠着本文意义方向得以规定的问题视野，在这个视野之外所提出的问题都是虚假的问题。

伽达默尔认为理解者与理解对象之间的关系存在三种模式。在第一种模式中，理解者将理解对象作为达成某个理解目的的工具，这种主客体的理解模式，使理解者使用科学方法体现理解的客观性，以认识那些最典型的、最合乎规则的东西。在第二种理解模式中，理解对象被视作与理解者地位相当的另外一个主体，但主体之间的关系却不是直接的，而是反思性的，即"一个人要求从自身出发去认识另一个人的要求，甚至要求比另一个人对自身的理解还要更好地去理解这另一个人。这样，这个'你'就丧失了他对我们提要求的直接性，他被理解了，但是这意味着，他是从另外一个人的观点出发被预期和在反思上被截取了"。[1] 我们通过反思他人的观点理解他人，在这种反思中取得了对他人理解的权威，这种理解关系的结果最终会表现为主体的一方对另一方的统治。

而第三种理解模式，正是伽达默尔在效果历史意识下提出的，"即愿意聆听而非操纵，愿意被其他人修正，它是历史地运作的意识，即效果历史意识的基础"[2]。理解的双方既保留自己的前见也尊重对方的前见，以此展开反复提问的交流，在阅读中变为读者依据作品的问题视野对作品进行自问自答。作品和读者的关系将不仅仅停留在由主体与客体或是主体与主体的层次，而是主体与问题建立起来的对话关系。这绝不是将作品视为问题的替代物，而是接受效果历史意识为自身带来的开放性，读者聆听作品向他所说的，并且对那些还没有说的展开询问。

以上三种关系，尤其前两者所揭示的，正是西方哲学主体性思想的发展状况，简而言之，即由主体性迈向主体间性，这个转向始于胡塞尔，第三种关系则是伽达默尔对此所作的进一步阐释。主体间性与接受美学的关系表现在两方面：一、

---

[1] 严平. 伽达默尔集 [M]. 邓安庆，等译. 上海：上海远东出版社，2003：462.
[2] ［美］理查德·E. 帕尔默. 诠释学 [M]. 潘德荣，译. 北京：商务印书馆，2014：252.

文学交流的真正所指是读者将作品当作另一主体而非客体来看待，将二者之间的主客体关系变为主体间性的。二、读者作为群体一员的特殊性决定了，文学接受必须考虑读者个人、群体间的主体性关系，这也揭示了读者主体性的另一个辩证的层面：以其他读者或者读者群体确证读者自己的主体性。那么文学交流的实质也可以进一步理解为，在接受美学用主体间性宣扬读者主体性的基础上，以伽达默尔主体—问题的理解模式，对其进行一定程度的限制。

通过柏拉图，伽达默尔关于对话的看法是："提出问题比回答问题还要困难。"[1] 这也是为什么在文学交流中问题视野的提取如此重要。为了发现作品中的问题视野，"谈话艺术的第一个条件就是确保谈话伙伴与谈话人有同样的发言权……服从谈话伙伴所指向的论题的指导。进行谈话并不要求否定别人，而是相反地要求真正考虑别人意见的实际力量"[2]，这实际上是一种态度要求，在阅读中不把作品当成死的对象而是视为参与一场谈话的"伙伴"，读者需要承认作品跟自己平等交流的地位，接受作品限制的同时也在阅读中保持开放性。

交流，即在问与答中进行一场对话。作品与读者的交流是一种不同于人与人之间的不对称交流，这种交流缺乏双方通常遵守的交流情境和惯例，会出现读者单方面向本文进行自我投射的情况，使作品仅仅成为一面反射着读者主体性光辉的镜子，这确实是文学交流的常态，但并不是接受美学的最终理想。我们确实需要通过交流在他者那里完成自我认识和体验的更新，交流的最初动力便来自他者认识自我视角的这种不可见性。交流的目的是去除这种不可见性，从而更好地认识自己，无论交流的对象是人还是作品这点都不会改变。只是与人面对面的交流不同的是，在与作品的交流时，读者需要自己主动去提问和回答，用伊瑟尔的话来说这是一种不对等的交流，因而也对交往主体提出了更高的要求。

在阅读中对作品提问，是让读者对作品暴露和强化自己的无知和缺陷。在

[1] [德] 汉斯－格奥尔格·伽达默尔. 真理与方法 [M]. 洪汉鼎，译. 上海：上海译文出版社，1999：466.
[2] [德] 汉斯－格奥尔格·伽达默尔. 真理与方法 [M]. 洪汉鼎，译. 上海：上海译文出版社，1999：472.

读者阅读作品时，他会发现作品也在对自己下论断，而为了验证这种论断是否正确，读者无须去削弱它们，反而应该主动去承认并且暴露和强化它们。凭借提问的暴露和强化力量，问题视野得以不断更新，读者自身的视野也可以扩展，达到交流目的。理解作为一种辩证法式的问答对话，是伽达默尔对古希腊思想的重返，对于接受美学自身而言，也是一次富有意味的追根溯源。接受美学一直视文学交流为解决自己读者主体性困境的最终办法，但这种交流究竟是什么，如何展开却始终没有得到清晰的说明。问题视野相比起期待视野和本文的空白和否定性，更能反映读者和作品的交流过程，也能起到限制读者主体性的作用。最终，哲学诠释学让我们看到的是，文学交流并非只是一个遥不可及的理想，读者的阅读实际上是对作品问题视野的发现和回答，同时也是对自身生存境况的感悟和反思。

第二节　巴赫金的文学对话

巴赫金经历了两次世界大战，以及苏联时期严酷集权时代的高潮和衰落。在 1928 年被逮捕并判处流放之后，巴赫金自知已经不可能再公开发表自己的思想著作，只能借助朋友的名字，以文学批评的形式表达自己的哲学思想。面对官方在思想控制上的高压，巴赫金"为了以政治上稳妥的形式提出他的自由哲学，所采用的一个主要策略是将自己的理论等同于高尔基及其他权威人物的看法……巴赫金按照当时所要求的风格和语言裁制自己的讲话"。[1]巴赫金转向文学既是研究的需要，也是一种必要。身患残疾的巴赫金为了生存，习得了许多职业和阶层的话语，他培训过财务管理，在妇女组织演讲过妇女解放的话题，向官员讲述马克思的思想，向工人普及文学和音乐，当然更多时候，他是作为一名大学教师向学生讲述哲学和文学。可以说，巴赫金的对话思想与其一生的经历深深嵌入在一起，他擅长和不同的人交往，并总能得到他们的理解，原因在于一方面他总是保持着谦逊和低调，另一方面则是他承认这些话语在"复调"上的合法性，尤其是面对斯大林时期那种政治上的强大独白。

一、自我意识结构的对话性

对于哲学家的巴赫金而言，存在是一种事件。巴赫金的哲学起点，始于人存在的唯一不可重复性，以此为前提，主体与围绕的世界、事物和他人发生着关系。每个主体都应在自我行为构成的事件中表述自己的存在价值，并主动履行其存在的责任，即巴赫金所说的应分，同时这种责任又必然与个体的价值判

---

[1]　[美]卡特琳娜·克拉克，迈克尔·霍奎斯特. 米哈伊尔·巴赫金 [M]. 语冰，译. 北京：中国人民大学出版社，2000：418、421.

断绑定在一起，这也是为什么早期巴赫金考虑将自己的哲学定义为一种伦理哲学。世界由多个唯一不可重复的主体组成，同时上演着众多主体的生存景观，从主体的自我视角去看，诸多主体的世界自然是一个他人构成的世界，这个他人由主体的对话建构，既真实存在也来自想象。

自我意识本身便是一个具备对话性的多层结构。巴赫金将人的主体意识分为三个层次："自为之我""为我之他人""为他人之我"。"自为之我"是我之为我最纯粹原始的部分，它包括我最初原始的感觉，动机以及欲望；"为我之他人"是当我以"自为之我"在行动时，我认为他人会如何看待我的行为，我怎么理解他人对我的评价；"为他人之我"则是我如何回应别人对我行为的看法，我要如何解释行为的合理性，以此决定我是否采取这样的表述或行为。作为自我意识之核的"自为之我"只涉及关于内心和躯体的零散感觉，这些感觉根本无法组成完整的自我意识，"我身上哪些东西直接为我所知，我身上哪些东西只能通过别人为我所知。所知的最少和最多——前者是肤浅的自我感觉，后者是复杂的自我意识"[1]。

"为我之他人"与"为他人之我"之间本身存在着天然的对话关系，"自为之我"不过是支撑这种对话关系开始的起点，主体的最终建构依赖于"为我之他人"与"为他人之我"的不断对话，否则主体的自我意识将只停留幼稚的自我幻想中。当我尝试理解内心的感觉和欲望时，我已成为"观看"自身的第一个他人——尽管是与我关系最紧密的他人。当我去表达和认识自己，我已经处于外在于我的观察位置，这种巴赫金所说的外位性，使我们从根本上无法完全理解自己和他人，无法对他人做到彻底地感同身受，但也正因如此，与他人对话才显得无比重要。

在主体三层构成中，主体存在的唯一性成为主体外位于自我与他人的哲学依据，凭借唯一性外位于他人，也外位于自我，每次外位性的变更都使主体产生一种理解自我不同的视角（巴赫金所说的超视，也译为视觉余额），主体要

---

[1] ［俄］巴赫金. 巴赫金全集（卷四）[M]. 晓河，等译. 石家庄：河北教育出版社，2000：463.

想完成自我样貌的全塑，三种视角缺一不可。巴赫金对主体存在的阐释，由唯一性发展到外位性，强调自我意识的内核中本身就存有他人这一要素。我是为我的他人，他人亦是为我的他人，与他人对话不仅是自我存在的要求，也是塑造完成主体的必要过程。

在巴赫金对陀思妥耶夫斯基小说的人物分析中，"自为之我""为他人之我""为我之他人"成为揭示人物自我意识的三个维度。[1] 随着陀氏文学创作的成熟，人物自我意识中的他人评价比例不断增加，与自我的争论也愈加激烈。可以说，陀氏小说的发展过程，是一个人物自我意识由部分对话化到全盘对话化的发展过程，而且随着对话化程度的提高，争论的激烈程度和结论的未完成性也在提高。自我意识对话性的反面是唯我论与排他论。当自我意识结构的对话性被破坏，个体放弃自己的位置，甘愿让他者代替或充当自我的在场，便会消极承担甚至放弃生存责任，这已经接近了马克思对人异化处境的描述。巴赫金前期批判理性主义，以抽象逻辑的统一性和普遍性替代个体存在的唯一性，后期则是官方专制的政治体制以及资本主义社会的物化现象对这种唯一性的抹除。自我存在的在场缺失，使个体被动地进入生活，对世界和他人保持距离，将本该负责任的行为事件变为机械的生存惯性。

总之，从巴赫金复调理论的视角看，陀思妥耶夫斯基的小说是一种站在边界上去描述边界的小说，不断触及人物交往的"门槛"，描述这个主体性边界产生危机和动摇的时刻。陀思妥耶夫斯基一直在刻意制造人物与人物之间、作家与人物之间的外位性，并且让它的边界一直处在紧张的矛盾冲突中，导致人物必须去与自我和他人对话、争辩，以此捍卫自我意识的完整性。如果说陀氏的小说有什么独特之处，那就是他以文学笔触将人物日常交际的环境戏剧化，用情节的发展、场景的安排、人物自我意识的描绘等手段，营造出一种非对话不可、非要论辩到底的氛围，这是陀氏小说蕴含的独特对话张力。

二、语调是个人化的社会评价

同主体存在状况的描绘类似，巴赫金认为语言同样来自两个意识的相遇事

---

[1] 比如，巴赫金对小说人物戈利亚德金的分析，见中文全集第五卷第 285 页。

件。"实际上，我们任何时候都不是在说话和听话，而是在听真实或虚假，善良或丑恶，重要或不重要，接受或不接受等"[1]，也就是说，我们使用语言的主要目的不仅是为了传递信息，更是为了表明自己的某种价值判断。语言学应服务于人们交往的实际情况，因此巴赫金将表述纳为语言学研究的基本单位，"表述是可以对之作出回答的最小单位，是能够对之或同意或反对的最小单位"。[2] 理解一个表述，也就意味着在一个具体的语境中，确定对它的态度，找到它所处的位置，并且对它作出不同程度的回应。从逻辑上说，表述的链条是无止境的，当我们说表述具备了一定的完成性的时候，不仅是说这个表述的意义内容完成了，这里还有表述人的意志："我说完了，轮到你说了。"

当我使用语言去描述自我、他人、事物或者世界时，便带着一种我存在事件的特有语调，成为我对它们的现实评价。用巴赫金的话说："我与之发生关系的一切，都是处于我的情感意志的语调中，因为这一切都是我所参与的那一事件的诸因素。"[3]世界虽然充满了众多独立且不同的声音，但其中被承认的实际上是我附在世界上的一种情感价值的语调，普遍性的价值只有在个人情境中才发挥作用，情感价值语调附着在个体对世界的理解上，体现着个体的主动性以及意识的自觉运动。

人类学习语言的过程，便是学习如何使用他人表述的过程。我将他人表述附上自己的情感价值语调，将其变为自我表述。巴赫金论述了三种语调：情感的语调（如讽刺、愤怒、同情），语法的语调（如叙述、疑问、感叹、祈使），言语体裁的语调（艺术的、科学的、政治的）。语调是巴赫金关于表述的重要概念，此前一直未得到相应重视，实际上语调作为语言中物质性的一部分，恰恰是巴赫金语言学的重点考察对象（就像巴赫金在狂欢化中对身体以及生理功能的关注一样）。语言中的语调，正如音乐中的音调，这种存在于声音中最实际又最

[1] ［俄］巴赫金. 巴赫金全集（卷二）[M]. 晓河，等译. 石家庄：河北教育出版社，2000：409.

[2] ［俄］巴赫金. 巴赫金全集（卷四）[M]. 白春仁，晓河，等译. 石家庄：河北教育出版社，2000：207.

[3] ［俄］巴赫金. 巴赫金全集（卷一）[M]. 晓河，等译. 石家庄：河北教育出版社，2000：34.

复杂的基本要素，体现了巴赫金文学批评的敏锐性，由此才能理解为何巴赫金如此执迷于用音乐思维去描述哲学与文学。（物质性的语言学）

语调潜藏在巴赫金所提的"双声语"以及"杂语"等概念背后，成为巴赫金语言学的重要术语。"语调总是处于语言和非语言、言说和非言说的边界上……语调 par excellence（就其本质来说）是社会性的"[1]，语调的合法性既来自说话者对言语氛围的共感，也来自社会评价的共同性。离开社会评价便无法理解表述，这是巴赫金与马克思的共同之处。巴赫金将这种共同性的社会评价称之为"和声支持"，它确立了语调展开活动的背景。语调本身就代表了说话人在具体言语交际中的主观能动性，因为我们每次说话的语调都并非完全一致，我们将自己情绪和价值判断附着在语调上，将其传递给讨论的对象以及听众。语调只有在具体的语境中才能被理解，我们之所以能理解一句话的言外之意，无非是我们感受到这句话暗含的语调不同。

语调是社会评价的个人表现。社会评价决定着个人表述，具有相对的稳定性，既能反映一个时代长期的意识形态环境，也能反映一些短暂的具备时效性的价值取向。语调作为个人价值的典型反映，有效展现了我们使用他人表述的过程，即使我使用和他人一模一样的表述，语调也会因为说话者的态度、情绪、所处氛围等因素而产生微妙的变化。我们使用他人表述面临着两种语调选择：一种是他人表述原本的语调，一种是我们转用之后的语调，二者在表述过程中不断替换着主次位置。这种状态反映了言语主体边界的交替，产生认识此刻存在缘由的微弱回声，它们彼此交错，表现了主体在那一刻的生存现状，而当这种回声开始共鸣，甚至汇合而成某种声部的时候，便出现了众声喧哗的世界。

从巴赫金语言学的角度看，语言不仅有意义，它还有评价，而且这种评价总是社会性的。文学接受者应在还原作品里总体性社会评价的前提下，关注言语主体在表述中的价值判断，以及他们如何在对话中处理他人语调与转用语调的关系。人物语调是巴赫金在《诗学》中研究陀氏小说的着眼点，在陀氏小说

---

[1] ［俄］巴赫金. 巴赫金全集（卷一）[M]. 晓河，等译. 石家庄：河北教育出版社，2000：34.

中，由于存在大量的人物对话，人物有时利用这种对话为自己的过失寻找理由，甚至欺骗读者，隐瞒自己的真实想法，这是陀氏主人公共有的特征。语调分析要求批评者时刻保持敏感，把握人物如何使用语调处理自我与他人，个人与社会之间的关系。

巴赫金曾在笔记中简短地总结道："对话关系是指：同意或反对的立场、评价。"[1]主体的唯一性造就了与他人和世界的边界，而在对话和交往中，边界并未消除，只是在两者主体交汇的地方向我或向他人移动着，每一次的移动，都展现出彼此存在的具体样貌。而力求消除边界，让一方占据另一方的独白意识，则来自外位性立场的消失以及对他人力量的怀疑，它不相信他人力量的重要性和来自他人的善意，不接受他人关照的视点。独白意识消极地利用外位性，拒绝价值情感的语调，将人与世界置于冷漠的客观性中。

在巴赫金的哲学世界中，主体之我来到这个有着众多他人的世界，我在他人眼中亦是他人。当我审视自我，会不自觉地使用他人视角，但因为我与他人存在的天然外位性，我既不能完全走进他人的世界，也不能完全脱离这个他人世界。所以要想看到并知道我是如何存在于世界之中，巴赫金的回答是主体之我必须将自己推到与世界和他人的边界处，唯有站在与世界相交的切线上，才能看见自己在世界中的存在样貌。"文化领域没有内域的疆土，因为它整个儿都分布在边界上，边界纵横交错，便于各处，穿过文化的每一要素"[2]，边界确立着领域的完整性，失去边界，便容易失去自我，而固执于边界，又会变得空洞傲慢。

三、怪诞人体与自然宇宙组成的交往图景

自我意识的对话性以及言语表述的对话性，在后期巴赫金狂欢化的论述中上升到了一个新的高度——怪诞人体观。躯体是人作为主体的空间中心，这个空间中心的可视性只对他人来说才是成立的，我可以看到他人躯体的全貌，但

---

[1] ［俄］巴赫金.巴赫金全集（卷四）[M].晓河，等译.石家庄：河北教育出版社，2000：211.

[2] ［俄］巴赫金.巴赫金全集（卷一）[M].晓河，等译.石家庄：河北教育出版社，2000：332.

是看不到自己被周围空间环抱的整个躯体，这决定了我对自我躯体的认识和感受具有想象的成分。正如巴赫金所说："在我身上，一切空间的存在全都聚集到我的非空间性的内在中心；在他人身上，一切思想的因素却全都聚集到他的空间存在之中。"[1] 他人的空间性躯体因我的观照而产生价值，我的躯体则因为这种价值而产生价值。因此躯体问题首先是一个价值问题[2]，涉及依靠他人来完成的自我认识与评价。

巴赫金以拉伯雷的人体观对比古希腊罗马时期被奉为主流的古典人体观。古典时期的人体是完成的、现成的、封闭的人体，它与其他人体分开，排除人体上一切的生长和增殖的特征，不揭示人体内部的动作和吞食排泄的过程，人体上的孔洞被堵死了，这也成为近代人体观念的基础。相反，拉伯雷以民间文学视角消解了这种封闭的人体观，用人体描述世界，恢复人体的真实性和物质性，重建不同人体之间，人体与世界之间的原初关系，"人体在这里成了世界的测量尺度，成了判定世界对人具有何种现实的分量和价值的衡量尺度。这里第一次一贯到底地尝试围绕着人体建立起一个世界图像"[3]。

巴赫金将拉伯雷的作品定义为怪诞现实主义，基本特点是降格，即把一切官方的、精神的、抽象的东西，通过狂欢化中的诙谐语言，转移到不可分割的物质——肉体、大地和身体的层面。在作品中，围绕怪诞人体观念的主题主要有三个：（1）表现人体的怀胎、分娩，庆祝人体的孕育和诞生。（2）节日中的饮食，人群聚在此处欢乐地吃喝，将动物的肉体肢解烹煮，通过咀嚼吞咽将其变为自身的一部分，饮食象征着人在劳动过程中对自然的胜利，是对世界的吞食。（3）对人体排泄过程的展示，将尿与粪便描写为欢乐的物质形象。三大主题都围绕着人的肚子这一身体下部的器官展开。肚子首先是一个吃与被吃的形象，人吃下动物的肠子，抹消了吃与被吃肉体间的界限，其次肚子还是一个

---

[1] ［俄］巴赫金. 巴赫金全集（卷一）[M]. 晓河，贾泽林，等译. 石家庄：河北教育出版社，2000：138.

[2] ［俄］巴赫金. 巴赫金全集（卷一）[M]. 晓河，贾泽林，等译. 石家庄：河北教育出版社，2000：143.

[3] ［俄］巴赫金. 巴赫金全集（卷三）[M]. 白春仁，晓河，等译. 石家庄：河北教育出版社，2000：360.

负责生育的形象，它在吞食之后又诞生出新的人体。在巴赫金对身体器官的论述中，仅次于肚子与性器官的是嘴，它吞食世界，然后是臀部，这些部位无一不具有凸起和孔洞的特征，使人体可以和世界发生双向交流，将生命的开始与终结交织一体。值得注意的是，筵席中的饮食同资本主义文学中的酗酒和暴食有本质区别，前者具有人体自我更新的含义，后者仅仅是人体在消费主义诱导下的欲望放纵。

怪诞人体的本质，是以文学语言戏剧化表现人体基本的生理功能，取消人体与其他人体、动物乃至世界的边界，歌颂那种从远古时期开始的宇宙一体化。怪诞人体观的最终落脚处为人体的宇宙性，人体成为比肩世界的另一微型宇宙。怪诞人体永远在形成和建构中，不仅针对自身也指向世界和其他人体。怪诞人体吞食世界也被世界吞食，生长出超越自身的界限，如个体产生自我发端的肚子和性器官，它们甚至可以从人的身上分离出来过独立的生活。怪诞人体排除个体人体的存在，肆意张扬着人体的集体性。

正是在与世界的双向交流中，怪诞人体具有了包罗万象性的宇宙图景。人体成为比肩自然宇宙的另一个小型宇宙，其肚子对应大地之腹，身体上的凹凸对应山岳与深渊，屎与尿作为中介把人体与大地和海洋联系起来。怪诞现实主义以人体和宇宙做对比，将人类一直以来对庞大宇宙背后潜藏的恐惧变为亲近可知的东西，这种宇宙恐惧从原始人类对宇宙的敬畏开始，一直保留在民间创作的记忆中，是对宇宙动荡和毁灭的记忆和预感。民间文化以降格的方式，将宇宙诙谐地肉体化，乐观地相信人的力量可以最终战胜宇宙恐惧。相反，官方文化则利用这种恐惧大做文章，甚至利用宗教有意培植它，以稳固其统治。

在巴赫金这里，怪诞人体成为一种理解人和宇宙关系的独特话语。"人体，是宇宙最后也是最好的话语，也是一种居主导地位的宇宙力量；它不会对宇宙及其所有元素心存畏惧。它也不怕死亡：个体的死亡，只是人民和人类庄严生活的一个成分，但也是人民和人类革新和完善所必不可少的一个成分"[1]，人类

---

[1] [俄] 巴赫金. 巴赫金全集（卷六）[M]. 李兆林，夏忠宪，等译. 石家庄：河北教育出版社，2000：389.

历史因这样的躯体化话语成为一个整体，将世界纳入自身的尺度中。怪诞人体不仅是对拉伯雷作品的一种生动阐释，同时还表达了对现代社会抽象化、规范化人体的反思。在商业资本话语的裹挟下，现代社会的人体既自我标榜，又自我封闭，不断追求标新立异的个性化，不遗余力地改造人体的外形，一方面故意忽视或隐藏身体下部进行排泄生殖的本来面目，一方面又怂恿人体沉浸在暴饮暴食及各种性欲暗示泛化的社会氛围中。

现代人体除了自身而不知有他人，身体交往原本可以增进人与人、人与世界的亲昵关系，现在却成为商品意识形态对人的进一步物化。狂欢化中的怪诞人体本是民间文学对普罗大众生活理想的另一种表达方式，以现代视角观之，又难免附加上粗鄙、猥亵、淫秽的色彩。这其实跟巴赫金的初衷相去甚远，的确，来自民间文化的人体观念有其观念和偏见上的腐朽沉积，但在整个漫长的人类文化发展史中，这个体系不断地依靠人民的生活经验和愿望实现着自我更新，能延续如此之久，必然有存在理由。

巴赫金论述怪诞人体的目的，是想借用这种拉伯雷时代的躯体化话语对抗整个现代社会中的物化现实。人和物应互相躯体化："人应躯体化，不脱离集体，非常积极，加入人和物的运动和工作中去。与此同时，物也要躯体化。人和物的关系于是发生变化：物体和世界不是处在人的对立面，而是和人并立，他不是处于世界之中，而是和世界并立。这是处于巨大的宇宙性和历史性背景上的新关系。" [1] 巴赫金在死前所说的走向他人，也是呼吁停止主体自我的故步自封。

巴赫金以狂欢体表达了人类世界理想的交往形式，取消等级制，人们之间的接触变得随便而亲昵，这种接触充满了插科打诨，用粗鄙冒渎的态度将所有事物结成一体。在狂欢化的世界中，诙谐的认识态度占据一切，人既取笑他人也自我取笑，人的躯体是可以类比庞大宇宙的另一微型世界，在他用躯体表达与宇宙世界的亲昵关系时，他甚至认为自己的躯体与所面对的宇宙一样古老。最终，在人民集体的历史中，人之躯体始终乐观地面向未来，人民大众在既往

---

[1] ［俄］巴赫金. 巴赫金全集（卷四）[M]. 白春仁，晓河，等译. 石家庄：河北教育出版社，2000：73.

历史中的坚韧，使其坚信可以战胜生活的困难以及来自原始宇宙的终极恐惧。

狂欢化提供的可能性，使人们可以建立一种在宇宙图景上的大型对话和交往形式，在人类历史的长远时间中始终保持一个未完成的开放性结构。正如巴赫金所说："世上还没有过终结了的东西；世界的最后结论和关于世界的最后结论，还没有说出来；世界是敞开着的，是自由的；一切都在前头，而且永远只在前头。"[1] 这个前行中的世界，以对话化和躯体化对抗着资本社会将人异化的等级制度和孤独自闭，在拒绝自我定论的同时，赞颂人民集体的不朽性。

---

[1] ［俄］巴赫金. 巴赫金全集（卷六）[M]. 李兆林，夏忠宪，等译. 石家庄：河北教育出版社，2000：217.

第三节　哈贝马斯的交往行为理论

哈贝马斯将公共领域视作经济市民转变为国家公民的关键媒介。对晚期西方发达资本主义国家现状的观察，使哈贝马斯认为资产阶级已经通过国家干预与福利制度深度缓解了阶级矛盾，社会制度的变革将从阶级斗争转化为一种公众协商的形式。虽然青年马克思和黑格尔认为政治国家与市民社会的分离不可逆转，但哈贝马斯认为政治公共领域的自我组织潜能，将有可能形成新的"国家的社会化"和"社会的国家化"[1]，从而重新将已经分离的市民社会和政治国家结合起来。主体的个体化与社会化实际上是同一过程，这是哈贝马斯交往行为理论对马克思的直接继承。

一、在资本主义公共领域追溯中反思公共理性

文学批评曾是资本主义公共领域形成之初的主要活动。德国公共交往领域最初形成于 18 世纪，主要内容是私人性质的艺术及文学批评，由一群富有文化教养及艺术品位的市民阶层及学者圈子组成。在沙龙、宴会、咖啡馆这些公共场合，文学批评这种交往活动取得了主流地位，知识分子和贵族聚在一起，暂时抛开社会地位，进行理性论辩，这种以阅读为中介、交谈为核心的公共交往逐渐产生了政治影响，甚至引发了官方颁布书报检查制度。文学批评一直是一种辩证性的反思运动，参与批判社会的实践。

早期公共领域内的交谈一直维持着理性的风范。以霍布斯、洛克、孟德斯鸠等人的观点为例，哈贝马斯提出整个 18 世纪的公共领域都是资产阶级以理性

[1] ［德］尤尔根·哈贝马斯. 公共领域的结构转型 [M]. 曹卫东，等译. 上海：学林出版社，1999: 12.

为原则进行的封建专制批判与自我立法，只是以文学批评的形式委婉地表现出来。政治公共领域与文学公共领域在这个时期近乎融为一体，这也仰赖着文学本身的社会作用。哈贝马斯认为无论何种形式的启蒙都必须以公共性作为中介，"就个人而言，启蒙是一种自我反思的主体性原则"[1]，无论进行哲学批判、还是捍卫人民主权，都离不开理性的公开运用。公共舆论——作为在公共领域内形成的集体意见，兼具了社会批判与国家立法的使命，这使哈贝马斯看到了公共领域的哲学及政治价值。

除此之外，参与公共领域的主体仅仅是有产者，教育和财产是个体进入公共领域的两大基本前提，这也符合早期马克思对市民社会交往实际的判断。哈贝马斯部分诠释了马克思的交往理论："雇佣工人把他的劳动力当作唯一的商品进行交换，而资产者相互之间则是作为商品所有者通过交换商品进行交往。只有他们才是自己的主人，只有他们才具有资格获得选举权和公开运用具有规范意义的理性。"[2] 自私自利有产者的自由竞争，在资产阶级公共领域享有天然的合法性，但马克思也认为随着资本主义经济的发展，诸如工人之类的非市民阶层也会进入公共领域为自己的利益发声。正如资本主义生产关系已经包含着工人自我解放的一般逻辑，资本主义公共领域同样包含着转化为社会主义公共领域的可能性："在社会主义模式的公共领域当中，公与私的经典关系彻底颠倒了过来，对公共领域的批判和控制扩展到了私人通过占有生产工具而获得的资产阶级私人领域——亦即扩展到了社会必要劳动领域。"[3] 私人自律将不再是个体参与公共领域的前提，私人化的公民会随着公共领域的扩大逐步转化为公民化的私人，但这种愿望随着公共领域的结构转型很快破灭了。

在哈贝马斯的视角下，资本主义的公共领域并未如马克思所预想的那样，在无产者进入之后慢慢发生改变。到了20世纪，随着越来越多的非市民阶层进

---

[1] ［德］尤尔根·哈贝马斯. 公共领域的结构转型 [M]. 曹卫东，等译. 上海：学林出版社，1999：122.

[2] ［德］尤尔根·哈贝马斯. 公共领域的结构转型 [M]. 曹卫东，等译. 上海：学林出版社，1999：128.

[3] ［德］尤尔根·哈贝马斯. 公共领域的结构转型 [M]. 曹卫东，等译. 上海：学林出版社，1999：146.

入公共领域，公共领域与私人领域的界限变得更加模糊，文学公共领域从社会精英的哲学思辨与政治批评，演变为大众文化生产与消费的场所，那些保障公共领域保持理性批判意识的机制被动摇甚至瓦解。虽然人们在公共领域的交往变得越来越频繁、便利、快速，但同时批评本身也被商品化。"事实上，广大无产者对公共领域的占领，导致了国家和社会的交叠，从而剥夺了公共领域原有的基础，却未曾赋予它以新的基础"[1]，因此公共性仍然是符合统治阶级利益的公共性，甚至沦为操纵公众的工具，并且在发展出大众传媒之后，公共领域反过来又被大众传媒控制成为虚假共识的代表，从而失去批判性。

公共领域的力量在今天越来越强大，它的作用也在启蒙和控制、教育和洗脑之间徘徊，其悖论表现在："公共领域本身在原则上是反对一切统治的，但是，在公共性原则的帮助下，却建立起了一种政治制度，其社会基础并没有消灭统治"。[2]哈贝马斯认为如果存在一种允许顺利交往和公共批判的公共性，"本来意义上的公共性是一种民主原则……每个人一般都能有平等的机会表达其个人倾向、愿望和信念——即意见；只有当这些个人意见通过公众批判而变成公共舆论时，公共性才能实现"[3]，被操纵的公共领域或许还能发挥积极作用。

面对高度官僚化的社会制度、极其细化的专业分工、多元意识形态的冲击，公共领域达成普遍性共识的难度越来越高，哈贝马斯的解决方式是尝试将批判的公共领域与被操纵的公共领域之间的冲突公开化。在《公共领域的结构转型》一书的结尾，哈贝马斯将非正式的、个人化的意见系统纳入现今制度化、权威化的官方意见系统中，"当然在今天，只有让私人参与到公共领域所控制的正式交往过程中去，批判的公共性才能在一个具有社会学意义的秩序当中，把两个交往领域联系起来"[4]，让非正式的公共领域以批判性的公共性为中介，调和

[1] ［德］尤尔根·哈贝马斯．公共领域的结构转型 [M]．曹卫东，等译．上海：学林出版社，1999：202．

[2] ［德］尤尔根·哈贝马斯．公共领域的结构转型 [M]．曹卫东，等译．上海：学林出版社，1999：97．

[3] ［德］尤尔根·哈贝马斯．公共领域的结构转型 [M]．曹卫东，等译．上海：学林出版社，1999：252．

[4] ［德］尤尔根·哈贝马斯．公共领域的结构转型 [M]．曹卫东，等译．上海：学林出版社，1999：294．

目前准公共领域中的共识强制和冲突强制。

以技术的和实践性的认识兴趣作为指导，将理性反思的解放功能结合起来，从而形成认识和兴趣的统一观，这正是哈贝马斯在《认识与兴趣》一书中的主要观点。在此书中，哈贝马斯对弗洛伊德的引用，使我们对文学交往有了进一步的认识。弗洛伊德学说的影响力来自对人类交往条件的深刻认识，他对病人与医生交往经验的描述，强调了语言对主体生存状况的关键影响，这其实也是文学交往的独特之处。哈贝马斯发现在现实交往中，私人交往不得不向公共交往规则妥协，但是通过梦中语言的压缩和转换作用，交往主体得以表达被社会交往排除在外的无意识欲望。

通常解释学的任务是建立符合语言规则和社会规则的主体间性，以保证进行交往的两个人能够顺利沟通，而心理分析的任务却是由医生这个外来者作为解释中介，让患者借助他人实现了自我交往。心理治疗就好比阅读过程，都是个体借助他者进行自我对话，以此理解潜藏在无意识中的语言，最终发现抗拒社会交往规则的私人动机。心理分析由患者和医生的共同交往实现，文学作品则由读者和文本的交往共同实现，医生成为患者自我认识的工具，对文学交往而言，作品成为读者认识自我的媒介。在心理分析中，医生的主要任务是降低病人身上的自我防御，诱发其主动回忆过去的生活史，在一种相对透明、公开的对话交往中，促使患者进行自我反思，并且为其担负道德责任，同样，在阅读过程中，文本会自然将读者带到一个类似梦境的虚构世界中，从源头而言，这个世界并不由读者本人创造，但它的生成又跟读者的生存经历息息相关，最终导向读者在现实交往中不曾发现的自我认识。

哈贝马斯将马克思关于人与自然的关系定义为一种工具活动："在工具活动这个框架内，得到论证的是生产知识，而不是反思知识，生产活动的模式也不适用于统治和意识形态的重建。"[1] 换而言之，哈贝马斯在这里单方面地将马克思所描述的生产活动定义为一种缺乏反思与批判性质的工具性活动，相反，

---

[1] ［德］尤尔根·哈贝马斯. 认识与兴趣 [M]. 郭官义，李黎，译. 上海：学林出版社，1999：278.

弗洛伊德则是从认识层面对意识形态造就的压抑进行了直接反思。哈贝马斯的这种定论一方面来自对马克思劳动的片面理解，即忽视了马克思论述劳动的前提一直以资本主义社会下的生产关系为前提，这种劳动必然是一种失去反思性的工具活动，而非全部人类劳动的特征。另一方面，马克思并非像哈贝马斯所认为的那样将人视作"创造工具的动物"[1]。在哈贝马斯试图解释自我反思的前提之前，马克思早已提前揭示了这种前提的前提——以一定物质生产活动为基础的特定社会关系，对单独着眼于现代发达资本主义社会的哈贝马斯来说，这是不言自明的背景。即便如此，物质生产仍然是起点，并且对多数人而言是活生生的艰难现实，而哈贝马斯在此处讨论的对象——这个担负得起昂贵心理分析的资产阶级病人，显然不在此列。

在交往行为赋予的主体间性中，通过技术兴趣和实践兴趣限制的理性兴趣，以此为基础的认识使现代资本主义社会的公共交往展现其批判属性。批评马克思，只是哈贝马斯引用弗洛伊德学说的部分目的，最终目的还是借助弗洛伊德心理学说对交往作用的揭示，引入无意识地证明兴趣对自我反思理性的重要性。兴趣即本能，哈贝马斯的结论十分清楚，"认识的兴趣基础影响着认识自身的可能性，因为一切需求的满足同自我保存的兴趣是一致的，所以任何一种幻想，只要幻想中某种需求是解释世界的，都可以提出相同的有效性要求。"[2] 因此，文学交往的价值之一便是对有效性文学规范的辩护和讨论。

二、反思现代性话语

哈贝马斯批判实证主义工具理性的目的，是为了拯救西方岌岌可危的现代性话语。哈贝马斯认为现代性话语植根在自我反思的主体哲学中，黑格尔正是其开创者，"他首先提出了现代性自我批判和自我确证的问题，创立了启蒙辩证法原则"。[3] 启蒙运动对理性的崇拜，源自自我意识在反思活动中表现的权威，

---

[1] ［德］尤尔根·哈贝马斯. 认识与兴趣 [M]. 郭官义，李黎，译. 上海：学林出版社，1999：279.

[2] ［德］尤尔根·哈贝马斯. 认识与兴趣 [M]. 郭官义，李黎，译. 上海：学林出版社，1999：283.

[3] ［德］尤尔根·哈贝马斯. 现代性的哲学话语 [M]. 曹卫东，译. 南京：译林出版社，2011：59.

让主体将自我在内的一切他者全部客体化，在冷眼旁观中制定出普遍性的合理化规范。但是，自反性的自我意识导致主体自我分裂的同时，也将人与生活世界分离开来，这是理性制造的麻烦，而黑格尔认为理性的问题可以凭借理性自身修复，换而言之，主体哲学可以在自己的框架内实现自我超越。对于黑格尔使用现代理性的思路，哈贝马斯评价道："黑格尔预设了一种伦理总体性，它不是从现代性土壤中生长出来的，而是源于原始基督教的宗教团契和希腊城邦对过去的理想化"[1]。哈贝马斯对黑格尔现代性思想的诊断，跟马克思在《黑格尔法哲学批判》中的逻辑有着相似之处——黑格尔对古典政治国家和宗教的迷恋使他无法为新的时代精神作出有效的诊断，尽管他自身的哲学已经昭示了新的方向。

黑格尔试图以绝对的自我关系克服以主体自我为中心的理性，这种现代性主体的自我证明，已经失去了哲学本身的批判性和现实价值，哈贝马斯视之为实践哲学在主体哲学框架内对反思哲学的继承和批判。青年马克思曾试图调和政治国家与市民社会的对立，对此哈贝马斯认为："因此，这种生产力的解放，必须被还原为现代性的一种原则，其基础与其说是认知主体的反思，不如说是生产主体的实践"[2]。哈贝马斯将马克思的哲学归结为一种以劳动为现代性原则的实践哲学，以异化劳动只能从自身内部克服的逻辑，将马克思的实践哲学视为主体哲学的另一变种形式，"在这里，马克思和黑格尔一样陷入了基本概念的困境当中。因为实践哲学不能提供把僵化劳动当作中介化和偏颇化的主体间性加以思考的手段"[3]。因此，无论是黑格尔关于自我意识的反思哲学，抑或是马克思关于劳动的实践哲学，在哈贝马斯看来仍旧是单一性主体哲学的不同变种，无法限制现代社会中的工具理性。

在哈贝马斯看来，尼采揭示了现代性话语本质是一种选择："要么以主体

---

[1] ［德］尤尔根·哈贝马斯.现代性的哲学话语[M].曹卫东，译.南京：译林出版社，2011: 35.

[2] ［德］尤尔根·哈贝马斯.现代性的哲学话语[M].曹卫东，译.南京：译林出版社，2011: 73.

[3] ［德］尤尔根·哈贝马斯.现代性的哲学话语[M].曹卫东，译.南京：译林出版社，2011: 75.

为中心的理性再做一次内在批判，要么彻底放弃启蒙辩证法纲领。"[1] 尼采选择了后者，即从理性框架之外进行彻底的理性批判。既然教化宗教的理性（阿奎那）已经无法完成将现代社会一体化的使命，为什么不直接寻求一种新的替代力量？在黑格尔以绝对精神统一理性导致的自我分裂时，尼采宣扬着迷狂的酒神精神，将浪漫派艺术献祭给新时代的弥赛亚，拯救失去神话庇护的现代人类，"这里与黑格尔的区别是显而易见的——无须思辨理性，单单是诗，只要它以新的神话形式发挥公共效力，就足以取代宗教的凝聚力"[2]，这里也揭示了文学交往对分裂的现代社会具有一定的弥合作用，以诗性的文学交往挽救被工具理性支配的个体。

尼采开启了现代性批判的两条道路：一是以海德格尔、德里达为首，重新回到古希腊哲学的源头，从西方整个形而上学的发展史中反思主体哲学。二以福柯、拉康为代表，使用各种现代学科体系的方法揭示权力意志的弊病，批判主体中心的理性主义。其中，哈贝马斯对德里达的反思，牵扯出一个与文学交往相关的重要问题：交往规范在日常规范语言与诗性语言中的差异。德里达试图通过区别语言的以言行事功能和诗性功能，将后者普遍化，以此把哲学与文学批评融合起来。哈贝马斯承认任何一种规范语言都确实存在着虚构、隐喻的特性，但这并不成为诗性语言在日常语言面前抬高自己的理由，"诗性语言之所以具有优先性和建构的力量，所依靠的不是虚构陈述对事件如实复原的偏离，而是一种成功的加工，它把事例从其语境中解脱出来，使之成为一种崭新的陈述，揭示世界，开阔眼界，在此过程中，陈述的修辞方式从交往陈规中分离出来，获得了自己的独立性"[3]，我们必须承认日常规范性语言也有表达确定意图、减少误解的独特价值。德里达将文学批评与哲学融为一体的做法忽视了两者本身的边界，甚至导致双方失去了原本的特性，文学批评变成了彻底的专家文化，脱离了马克思所倡导的群众性实践。文学批评诞生之初便担任着引导大众文学

---

[1] ［德］尤尔根·哈贝马斯. 现代性的哲学话语 [M]. 曹卫东，译. 南京：译林出版社，2011: 99.

[2] ［德］尤尔根·哈贝马斯. 现代性的哲学话语 [M]. 曹卫东，译. 南京：译林出版社，2011: 104.

[3] ［德］尤尔根·哈贝马斯. 现代性的哲学话语 [M]. 曹卫东，译. 南京：译林出版社，2011: 238.

教育的作用，是日常语言与诗性语言的翻译中介，德里达将尼采激进的理性批判引入修辞学领域的做法，在哈贝马斯看来是一条困难重重的道路。

无论何种选择，在哈贝马斯看来，西方现代性话语在尝试走出主体哲学的路上都遭遇了挫败，对此哈贝马斯给出了自己的答案——交往理性。关键是将意识哲学范式转向交往范式，在交往范式中，单一主体不再具有认识上的天然特权，而是必须化身为沟通行为的实际参与者，与其他主体就生活世界中的各项事务进行商谈，通过交往活动实现的生活世界再生产，组成交往共同体和具有交往结构的生活世界。哈贝马斯旨在构建这样的人际关系："人际关系是由言语者、听众和当时在场的其他人所具有的视角系统构成的，这些视角相互约束、相互作用，并在语法上形成了一种相应的人称代词系统。"[1] 人们只要通过相应的训练习得这些人称系统的使用方式，便可以完成对应的视角转换，从而为达成当下共识集体努力。

交往范式的第一个作用是用主体间性代替反思性的自我意识。当个体处于人际关系中，就必须用外在的、客观性的三种人称视角看待自己，人人都是主体也是对象，在沟通时用去中心化的视角变换建构参与者的自我意识。交往范式的第二个作用是重建与行为者密切相关的生活世界。作为互动性的参与者，交往主体为了在对话过程中证明作为个体在总体生活世界中的合法性，必须满足三方面的要素：传统的产物、集体的产物、社会化的产物，借此在自我批判的叙事中同生活世界建立起直接联系。参与者与生活世界的统一关系，避免了孤立主体进行独白式的言语行为，"交往理性发现，其标准在于直接或间接兑换命题真实性、规范正确性、主观真诚性以及审美和谐性等有效性要求所使用的论证程序"[2]。交往范式将主体性的自我膨胀视作一种扭曲的交往模式，一种借由理性产生的自恋，而交往理性将主体转化为用沟通行为构建生活世界的行为参与者，通过交往形成的共识，在获得主体间性搭建的有效性承认之后，将参与者与生活世界联系起来。每个人都在交往中向对方提出有效性要求，组成

[1]　［德］尤尔根·哈贝马斯. 现代性的哲学话语 [M]. 曹卫东，译. 南京：译林出版社，2011：348.
[2]　［德］尤尔根·哈贝马斯. 现代性的哲学话语 [M]. 曹卫东，译. 南京：译林出版社，2011：366-367.

共识的条件总是随着具体的语境发生变化，因此交往理性所形成的共识并非先验假设或者形而上学抽象的结果，而是具体的、有限的、历史的共识，与各种社会传统保持着动态的复杂联系，而这便是交往范式的第三个作用。

哈贝马斯提醒我们不要把已有的知识系统死板地限制在某种特定的语言功能上。交往行为与生活世界是一对相互补充的概念，后者为前者提供资源，成为前者的背景和结果，而前者通过自身的沟通努力实现后者的再生产。生活世界提供的资源包括：作为知识储备的文化、作为合法规范的社会秩序，以及行为者展示自身力量的个性，言语沟通行为保证生活世界的符号再生产，一种不断循环的动态运动。生活世界的主要情境是对话，并且加深了个体对共同体的承认。《公共领域的结构转型》中对非正式公共领域的探讨，在此变成了"从日常实践的微观领域中自发形成的交往中心可以发展成为自主的公共领域，并成为更高层次的主体间性，但前提在于，生活世界潜能要用于自我组织，用于通过自我组织来使用交往手段。"[1]

三、以学习机制重建历史唯物主义

自我成为主体的同一性是个体认同实践的结果。借由言语对话构建的主体间性，主体自我的发展可以在学习过程中与社会进化保证同一性，这是哈贝马斯从皮亚杰发展心理学中得出的基本结论。人的主体性能力主要分为三方面：认识能力、语言能力、行为能力，三者的相互作用使自我作为主体与其他非主体保持差异和同一性。人只有在与自然和社会两大外在系统的界定中才能认识自己，这符合发展心理学对自我发展阶段的描述。婴儿时期的肉体与周围事物融为一体，根本没有主体性可言，当儿童逐渐发展出识别自我与客观世界的能力，就开始以自我为中心进行判断，随着语言交往的深入，成熟的个体不仅学会遵守规范，而且还会使用反思式的理性批判现有规范，制定新的规范。关于我们自己作为主体的同一性只能由自己来证明，但要确保与他人的同一性保持一致，否则便无法得到承认，从而失去合法性。

---

[1] [德] 尤尔根·哈贝马斯. 现代性的哲学话语 [M]. 曹卫东，译. 南京：译林出版社，2011: 408.

认同实践的同一性，来自交往活动中由主体间性构建起来的相互承认，关于人称代词的相关研究证明了这一点。作为交往主体的"我"和"你"，承担着自我表现与相互评价的任务，而第三人称的"他"则一直置身事外承担着规范参照的作用。一旦第一人称的"我"要求认同，便要求作为"你"的交往对象的承认，以便将诉说自我认同的"我"变成"我们"。哈贝马斯认为这种人称式的"我"—"你"关系是建立自我认同的必要条件，主体只有将自我认同上升为某个特定群体的自我认同才能保证同一性和合法性，并且以这种相互承认的活动来保证自我发展的连续性。

交往行为构架的第一人称与第二人称的主体间性关系，避免了第三人称视角下的客观性——这代表了一种将他人客体化的哲学风险和权力控制。交往行为过程的理解活动要求参与者必须表达自己的立场，否则便无法捍卫其观点的有效性，而社会科学的解释者无法满足这一要求。日常交往是为了实现行为者彼此的目的，而科学交往则是为了理解，这证明了交往行为理论的价值。

对康德而言，主体同一性的答案是自律即自由。对使用皮亚杰发展心理学和米德互动符号学的哈贝马斯来说，"同一性是通过社会化生产的，即通过成长着的人借助于对符号的普遍性的占有从而一体化于一个既定的社会系统产生的"[1]，这是一个个体对社会规范进行学习、运用、反思、改变的过程。人的成长过程并非线性，在面对危机时的不同选择，可能会使一个人突然变得成熟，也可能在很长一段时间内倒退回一个失去获取他人认同的阶段中，这取决于人在交往中处理危机的能力——学习，哈贝马斯将其视为个体通过不断训练将社会规范内在化的过程。

在整个交往活动中，为了将个人愿望上升到社会共识的层次，行为者必须借助语言将自身放置在符号世界中。以符号为基础的角色同一性，代替以欲望为动力的自然同一性，在交往理性的驱使下发展为具备反思能力的、选择性的规范同一性，维持主体自我在个性欲望与社会普遍共识之间的辩证关系。"在

[1] ［德］尤尔根·哈贝马斯. 重建历史唯物主义 [M]. 郭官义，译. 北京：社会科学文献出版社，2013：49.

自我的同一性中，表现出一种自相矛盾的情况：自我作为人，他同所有其他人的相同。但是，作为个体，同所有其他个体则全然不同"[1]，一个成熟的个体必须在社会交往中表现出对目前规范的服从与反思能力，理性因此成为现代社会制定同一性的主要原则，不过从马克思的视角出发，通过理性确定同一性的做法依然是人类社会发展的历史结果，并非具有永恒的合理性。

哈贝马斯继承了黑格尔制定的哲学使命："现代社会在拥有主权的立宪国家中找到了它的理性的（合法性）的同一性，哲学的任务就是把这种同一性作为理性的同一性来表达"[2]。哈贝马斯把绝对精神统领的主体自我理性变为了主体间性式的交往理性，今天的集体同一性已无法用外在的世界观进行整合，而是必须内化在个体和他人一同参与的教育过程中，"集体的同一性是在具有普遍的和同样的机遇参加这样一些交往过程的意识中建立起来的，在这些交往过程中，同一性的形成是一个连续的学习过程"[3]。还是一样的逻辑，即自我发展与社会进化的本质同一性，自我发展必须根植于他人认同，这取决交往活动中对社会规范的学习和反思，其结果是自我发展的同时完成社会规范的更新，是我与他人在交往中借助言语进行相互学习、评价与认同的过程。哈贝马斯对自我发展与社会进化同一性逻辑的论述，使他可以充分地将教育与政治、道德、经济、思想制度的建立融为一体，从而证明了交往理性在现代资本主义国家寻求同一性过程中的重要作用。

哈贝马斯甚至用这种同一性理论重新阐释了马克思生产力与生产关系这一经典理论框架。在《重建历史唯物主义》中，凭借对目前发达资本主义国家的基本判断：生产力已经无法成为社会更迭的突破性力量，而是被束缚在了种种生产关系之中。对于经历了两次世界大战、冷战进入信息时代的西方资本主义国家来说，这的确是不得不面对的生存困境。在哈贝马斯的理解里，生产力的

[1] ［德］尤尔根·哈贝马斯. 重建历史唯物主义 [M]. 郭官义，译. 北京：社会科学文献出版社，2013：60.

[2] ［德］尤尔根·哈贝马斯. 重建历史唯物主义 [M]. 郭官义，译. 北京：社会科学文献出版社，2013：76.

[3] ［德］尤尔根·哈贝马斯. 重建历史唯物主义 [M]. 郭官义，译. 北京：社会科学文献出版社，2013：85.

提高本身就意味着人类社会学习机制的进步，"马克思所理解的生产，不仅是一个个的个人的工具行为，而是不同的个人的社会协作"[1]，由交往和生产组成的社会关系，意味着相互学习和相互认同构成的自我发展与社会进化的同时性，关键在于，马克思自己也将人们的劳动与自我生命的表现行为视为同一的，哈贝马斯因此才能接着马克思的步伐，重新理解生产方式。

哈贝马斯追溯着生产方式的经典定义："生产方式的特征是通过生产力的一定发展水平和一定的社会交往形式，即生产关系，表现出来的。"[2] 这里显然没有区分交往形式和生产关系，而是将二者视为同义语，哈贝马斯在论述中将二者混为一谈，目的是拔高交往行为的地位，甚至整个颠倒马克思对生产力与生产关系的基本论述。马克思过去注意到生产力会受到生产关系限制出现倒退的情况，但这被哈贝马斯与人自我发展出现的倒退联系起来，从而转化为一种由学习机制中断导致的挫败。

哈贝马斯认为："马克思并不是按照一个社会的复合性的增加来评价这个社会的发展，而是根据生产力的发展水平和社会交往形成的成熟与否来评价社会的发展"。[3] 在这里，哈贝马斯直接将马克思关于生产力与生产关系的对应，替换为生产力与交往形式的对应，且不说哈贝马斯没有注意二者的区别，关键是哈贝马斯实际上已经用后者替代了前者——生产关系就是交往形式。

哈贝马斯此举的动机，除了将马克思的理论打上一个"技术至上"的标签外[4]，还在进一步为自己的交往理性铺路。哈贝马斯提出一种围绕着交往理性所构建的全新学习机制，通过社会成员在主体间性中相互学习以及认同产生的交往形式再生产，提高生产力工艺的战略转化，深化群体同一性，以及加速社会规范的更新从而适应新的生产力要求。在哈贝马斯看来，生产力的进步并非社

[1] ［德］尤尔根·哈贝马斯. 重建历史唯物主义 [M]. 郭官义，译. 北京：社会科学文献出版社，2013：106.

[2] ［德］尤尔根·哈贝马斯. 重建历史唯物主义 [M]. 郭官义，译. 北京：社会科学文献出版社，2013：111.

[3] ［德］尤尔根·哈贝马斯. 重建历史唯物主义 [M]. 郭官义，译. 北京：社会科学文献出版社，2013：114-115.

[4] ［德］尤尔根·哈贝马斯. 重建历史唯物主义 [M]. 郭官义，译. 北京：社会科学文献出版社，2013：117.

会发生进化的关键原因，知识的内在增长才是，"……生产力的提高就是从体制问题得到解决的过程中产生的。只有在这种意义上，马克思所阐述的原则——一种社会形态……才能为自己做辩护"[1]。生产力的发展被哈贝马斯理解为一种产生问题的机制，它只能引起而非直接导致生产关系发生变革，还需要社会成员通过交往理性的学习机制将其内在化，推动社会规范的革新之后，才能为新的生产力发展留出空间。

马克思将生产关系适应生产力的典型方法概括为阶级斗争，哈贝马斯对此并不满意，"我想做出的回答是：人类不仅在对于生产力的发展具有决定性作用的、技术上可以使用的知识领域中进行学习，而且在对于相互作用的结构具有决定性作用的道德—实践意识的领域中进行学习"[2]。比起生产领域内的物质交往，哈贝马斯更强调道德与意识层面的精神交往，这显然背离了马克思的交往理论。生产力的提高向社会交往形式的变革提出了问题，答案由全体社会成员以交往理性为原则给出，人类社会的阶段分期从来不以生产力的发展作为标准，而是协作形式，而这又取决于新的学习系统的制度化。

哈贝马斯认为只有借助学习机制，才能解释为什么只有某些社会才能在进化过程中找到问题的解决办法[3]，这是极其片面的，同时也忽视了具体国家在发展中的历史进程、地域特征，以及同其他国家的交往关系。比起马克思生产力与生产关系、生产力与交往形式对社会变革的解答，哈贝马斯的学习机制则略显单薄。尽管哈贝马斯在《重建历史唯物主义》这本书中反复重申："因此，对社会进化来说，道德—实践意识领域中的学习过程，具有起搏器的功能。"[4]但对于一个失去物质肉体的社会而言，通过意识起搏器震颤的灵魂又能在何处安置自己呢？

---

[1] ［德］尤尔根·哈贝马斯．重建历史唯物主义 [M]．郭官义，译．北京：社会科学文献出版社，2013：119．

[2] ［德］尤尔根·哈贝马斯．重建历史唯物主义 [M]．郭官义，译．北京：社会科学文献出版社，2013：120．

[3] ［德］尤尔根·哈贝马斯．重建历史唯物主义 [M]．郭官义，译．北京：社会科学文献出版社，2013：130．

[4] ［德］尤尔根·哈贝马斯．重建历史唯物主义 [M]．郭官义，译．北京：社会科学文献出版社，2013：131．

马克思将人类社会发展的关键归结为物质生产力，哈贝马斯则视为人类学习机制的进步。同样的逻辑，阶级社会中的剥削与压迫，被哈贝马斯当作一种学习机制无法合法化后的倒退，而非生产力与生产关系之间的矛盾表达式。对哈贝马斯来说，重中之重是制定出一系列达成社会一体化的合法性共识，哪怕这种一体化只是虚伪意识形态制造的假象，他也不介意用这种方式描述人类社会的历史变革。"社会进化的学习过程本身在任何发展阶段上都能产生新的动力，而这些新的动力同时也就是新的匮乏和新的历史需求"[1]，这些新的历史需求在哈贝马斯看来，包括但不限于巫术、血缘、上帝、绝对精神、法律、理性，而对马克思而言，则一直是生产资料与劳动力在物质生产中的分离和对立，是不劳动群体获得过多的剩余与劳动群体生存匮乏之间的对立，是少数人对多数人的剥削和压迫，这些悲惨历史与残酷现实不是仅靠言谈就能解决的。

交往理性似乎认为人们通过学习和制定共识解决了意识中的意义匮乏之后，资本家便会心安理得地向工人交出剩余价值。生产力无法变革是当下西方资本主义社会面临的现实，但绝不是人类社会发展的基本定律，对物质生产的怀疑或者是暂时满足，都不能成为用某种意识形态将其覆盖的短视借口，赋予民众平等自由的交谈权利也无力拯救他们身处异化劳动中的沉默和麻木，反倒可以成为统治集团用各种意识形态制造冲突，撕裂人民内部团结的手段。

在哈贝马斯的逻辑中，由于言谈行为涉及了规范形成，从而享有天然的优先性。语言形成的共识能够在言谈结束之后继续约束参与者的其他行为，但是，言语的这种权力与其说来自主体间性的相互承认，不如说是社会教育对主体长期塑造的结果。言谈行为本身对主体的约束，实际上来自社会关系的控制，而后者却并非完全由言谈导致，"人是社会关系总和"是人类社会发展特定历史阶段的结果，马克思过去对德意志意识形态家们的批判，今天仍旧可以放到哈贝马斯身上。"任何一种共识都是建立在主体间对于可以批判检验的有效性要求的相互承认的基础上的；其前提是交往行为者能够进行相互批判"[2]，共识意

---

[1] [德] 尤尔根·哈贝马斯. 重建历史唯物主义 [M]. 郭官义，译. 北京：社会科学文献出版社，2013：134.

[2] [德] 尤尔根·哈贝马斯. 交往行为理论 [M]. 曹卫东，译. 上海：上海人民出版社，2018：153.

味着主客体单一世界观的消解，相互批判的交往行为者虽然符合现代社会对人的理性要求，但仍然带着理想色彩，因为相互批判和相互指责往往是一体两面的行为，而这还不是人类交往行为的通常事实，还有很多曲意逢迎、阳奉阴违的交往需要哈贝马斯的交往行为理论给出答案。

哈贝马斯并非没有意识到过度重视语言的后果，他在《交往行为理论》中尝试限制语言的作用，仅仅将语言视作行为者通过沟通实现其行为目的的媒介[1]，以行为者的动机而非语言来展现交往行为对参与者的作用。尽管解释工作必不可少，但交往行为的目的并不在于解释而是沟通，关键是参与者需要对他们自己与生活世界的共同性作出有效性评价，哈贝马斯此举的目的是防止他人对自己行为理论作出语言本体或理解本体倾向的判断。

不可否认，哈贝马斯的确在意义理解的相对和确定、差异与共性、绝对主义和相对主义之间做了许多辩证性的尝试。面对外部力量强制达成共识的情况，哈贝马斯以不会得到参与者信服为由草草结束，而面对大量不使用语言的间接沟通，哈贝马斯借助奥斯汀的以言行事理论证明语言沟通在交往行为中基础性地位和实践作用。"对于以言行事行为，表达的意义是重要的构成因素；同样，在目的行为中，行为者的意向也是重要的构成因素"[2]，简单来说，为了通过语言对他人产生实质性的行为影响，交往者不能采用以言取效而是以言行事的方式，前者通过语言产生的情感刺激效果控制对方，后者则以公开的就事论事的方式说服对方，使其承认自己的观点。以言取效虽然也是交往行为中的常见情况，但是哈贝马斯认为这种干预性的沟通方式，不会在自己计划的交往行为中占据主导作用，以言行事才是取得共识的关键。

在一系列复杂冗长的命题分析之后，哈贝马斯进一步明确了交往行为的定义："我们所说的交往行为，主要是一些互动，其中，参与者在通过交往达成的共识基础上，把他们自己的行为计划毫无保留地协调起来了。"[3] 哈贝马斯以

[1] [德]尤尔根·哈贝马斯. 交往行为理论 [M]. 曹卫东，译. 上海：上海人民出版社，2018：132.

[2] [德]尤尔根·哈贝马斯. 交往行为理论 [M]. 曹卫东，译. 上海：上海人民出版社，2018：365.

[3] [德]尤尔根·哈贝马斯. 交往行为理论 [M]. 曹卫东，译. 上海：上海人民出版社，2018：383.

此排除了潜在的以言取效，换句话说，对如何防止以言取效在交往行为中产生的负面作用，哈贝马斯的方式是通过抽象的命题分析不断重申言语行为的有效性，要求参与者毫无保留地追求以言行事，如果所有言谈都做到坦诚，交往理性当然能实现它的任务，问题还是在于哈贝马斯如何确保这一前提，可他并未就此提出有效的论证。

纵观整个哈贝马斯的学术生涯，除了依据不同的理论，从不同的学科视角反复论述交往理论的细枝末节之外，只能看到他如何不厌其烦地赘述那个理想的交往场景：一群具有反思意识的、批判精神的参与者，毫无保留地通过语言取得了有效性的共识，并且在交谈结束之后自觉地、忠实地执行这种通过辩护取得的普遍性规范，以此将那些现实交往中出现的钩心斗角、算计和反算计、失去体面的互相攻击和指责、冠冕堂皇的沆瀣一气化为乌有。只靠一个理想场景，或者一个标准，或者理论本身的自我论证是无法解决这些现实问题的，依靠命题条件的有效性分析也无法现实解决摆在交往者面前的生存困境。

在哈贝马斯看来，除了语言，没有其他可以建立主体间性的方式。关于人类历史发展的困境，哈贝马斯提出了正确的认识："战胜外在自然，是以牺牲内在自然为代价的。"[1] 而资本主义社会正是人类为此付出的代价，同时也是资本主义社会的历史使命。但哈贝马斯不同于马克思之处在于：马克思将变革寄托在以生产力发展为基础的生产关系变革（阶级斗争）中，而哈贝马斯在当下西方社会生产力短期无法发生质变的基础上，结合晚期资本主义社会中的国家干预与福利社会制度，认为马克思的生产力和阶级斗争模式已经不具备现实意义，转而致力于推动上层建筑的自我整合模式的变革，为资本主义社会续命。

从马克思对人类社会的推演来看，哈贝马斯的理论虽然具有部分的当代意义，但从长期看却是短视的，仅靠言谈达成共识的愿望看似美好却不切实际。两次世界大战、冷战、朝鲜战争、越南战争以及从海湾战争开始的现代战争，这些事实证明：在世界格局被西方国家用条约制定之前，还有数不尽的暴力与

---

[1] ［德］尤尔根·哈贝马斯. 交往行为理论 [M]. 曹卫东，译. 上海：上海人民出版社，2018：472.

牺牲，将人们拖到谈判桌上进行协商的动力，不仅来自对自由、平等、和平的追求，背后还有军事、经济、文化等不同力量的交锋，无产阶级实现自我解放的社会不会建立在命题分析之中的论辩，而是基于种种物质生产以及相应的交往形式。不能因为西方资本主义社会通过让渡部分利益缓和阶级矛盾的暂时性成就，而把马克思对资本主义社会的基本判断视作过时之语。

无论是通过交往理性范式批判工具理性，还是以语言哲学范式取代意识哲学范式，抑或者通过去中心化的主体间性重建现代理性，哈贝马斯似乎都实现了自己的哲学目标，他遍布整个西方思想世界的声望也从侧面证明了这一点。不过，每当哈贝马斯试图从马克思著作中提取只言片语之时，都试图将马克思打上工具理性、主体哲学、唯心主义[1]、技术至上等漫画式的标签，《重建历史唯物主义》或许是众多著作中离马克思最近的一部，但也只是借助马克思说出自己的话，并切割了马克思将生产与交往形式所做的绑定，同时颠倒了二者的地位。

哈贝马斯的交往思想基本可以概括为：居于这样的前提——在一种哈贝马斯自己设想的理想交往情境中，所有参与者同所处生活世界的背景保持着天然统一，他们平等且自由地进行交谈并最终取得一致的共识，因为所有参与对话的人都被假设共同承认这种理想交往的可能性才进行对话。然后，以自我发展和社会进化的同一性为依据，以合理性为基础，以合法性为要求，以自我辩护为方法，以解决危机填补意识匮乏为目的，把取得共识视为最终的结果。当哈贝马斯说交往理性时，这个"理"字可在中文语境中做三个解释：合理的（有效共识）、理性的（批判工具理性的主体间性理性）、理解的（交往中言谈沟通过程）。

总而言之，哈贝马斯对马克思历史唯物主义的阐释，并非为一种"重建"，而是对马克思框架内的细节"修补"。哈贝马斯引入学习机制介入生产力与交往形式的互动，确实带来一些我们理解马克思交往理论的启示，但这还不足以

---

[1] 哈贝马斯写道："马克思继承了唯心主义的传统和遗产，悄悄地把综合作为参照点抓住不放，即把部分的主观自然同对它来说是客观自然的综合作为参照点。"［德］尤尔根·哈贝马斯．认识与兴趣［M］．郭官义，李黎，译．上海：学林出版社，1999：282．

动摇马克思对社会发展的基础认识，因为在生产力与交往形式之前，还有生产力与生产关系。在人们将整个外自然人化之前，以及自我生产自己的社会关系之前，人类还经历了一个漫长的在无文字、无语言中对抗自然的时期，即使在人类社会发展出足够改造自然的组织形式以后，还在不断地进行以自然为对象的生产和交往，然后才是人自身的意识建构和精神交往。

西方马克思主义研究的困境一直都是，在无力变革根本的生产关系的前提下，在政治无望的现实之中，以维护资本主义制度的立场，用看似全新的哲学话语对资本主义意识形态进行有限的更新和维护，以公共舆论、文化影响社会制度的变革，几个世纪前黑格尔建立法哲学的光景在今天哈贝马斯的身上重复上演，但回顾哈贝马斯的观点仍是有益的，因为马克思已经在过去与其他学者的精神交往中为我们做了例证。

结　语

　　经典文本群的梳理与总结，是一场跟随马克思的长途跋涉。马克思对交往的认识，正如他其他的思想一样，在不断发展和建构中趋于完整，同时在各个时期呈现出不同的特点和侧重。从交往视角看，马克思之所以是一个精力旺盛的思想者，是因为他在和其他思想家进行精神交往时表现了极大的批判热情。马克思习惯在表述自己观点之前，逐字逐句地考察其他人的观点，在一次次的"细读"式学习和反思分离中，马克思找到了属于自己的那条最坚实理论之路。马克思是离人类社会现实与历史距离最近的人，因为他在交往中既亲近劳动人民，又亲近那些远离人民的批判家——而马克思总是能比他们更理解他们自己。

　　作为范畴的交往，其研究意义在于，交往其实是人类日常生活中的一个普通且普遍的行为，范畴本身具有相当的包容性和延展性。在本书中，我们试图从三个层面揭示马克思交往理论：哲学的、政治经济学的，以及文学理论和批评层面。

　　最初人通过与自然和神的交往确立自身的生存准则，随着人自身的强大，人逐渐依赖社会集体以及他人对自我进行确证，这种行为从一开始就存在着种种二元对立。沟通以及调和这些对立便成为各个时期哲学家的主要使命之一，这是最形而上学的交往层次。从马克思交往理论的视角看，二元对立产生的原因主要包括：分工发展之后，精神生产的独立，以及资本生产本身的对立性。资本家必须在与工人的交往中建立对立关系才能无偿获得剩余价值，从交往理论去马克思的整体思想，可以看到马克思深刻地揭示了人们在资本主义社会交往中的种种对立，以及资本是如何使用颠倒、神秘、抽象等方式掩盖这些对立，而在一些特定文本中马克思也提出了对应的人类解放图景。

马克思的交往思想，本质上是对以资本主义生产关系为主导社会下的交往模式、动力、主体、规律的揭示。在本文的研究中，我们对马克思交往理论的研究有这样两个基本的原则：一是遵循马克思在《德意志意识形态》中对生产力与交往形式的规定，将交往与生产绑定在一起，尽量避免单独论述交往本身。二是交往活动本身是人们组织和表达自身社会关系的活动，因此对马克思交往理论的研究同样也是对马克思社会关系论的研究。以这两个基本原则为前提，我们将马克思交往理论定位在了资本流通领域的商品所有者之间的交往，与生产领域内工人与资本家这两种基本的交往模式，同时延伸出了在职工人与产业后备军这种不同性质工人之间的交往，产业资本家同货币资本家之间的交往。我们将价值形式的论述视为资本论的逻辑起点，以此揭示一个人们互为等价物确立彼此价值的世界。交往主体主要是一个交换价值的生产者、占有者。这里最难掌握的地方在于，资本利用了人社会属性中的为他性，将其异化为利用他人而甘愿为他人支配的这种悖论，马克思认为在资本主义社会，我们不是用爱去交换爱，而是用一般等价物即金钱去交换爱。从价值到商品、到货币、到资本，人本身被不断地抽象，并且这种抽象是在人们的交往活动中现实地进行的，对人的存在造成了实质性的影响，我们觉得这是马克思交往理论最重要的价值，它从历史的实际发展中，解释了西方哲学一直想实现的哲学如何解释现实，改变现实，以及历史地、辩证地认识思维与现实中的二元对立。

最后是文学批评层面的交往，即整个文学交往活动。本文对文学交往的定义是，除了通常的作家之间、读者与作者之间、等现实个体或团体之间的交往，还有更加独特的读者与文本的虚构交往，这点是由接受美学所确定的，这些交往活动展示了人类交往活动的多样性和丰富性。我们认为具备马克思交往理论特质的文学批评，其任务就是使用马克思对资本主义社会的种种交往异化现象的反思，解释这些看似自由平等交往背后的虚伪性。其次我将文学交往与文学生产联系起来，然后发现了那些具有良好素养的专业读者，或者说批评家在文学交往活动中的重要性，正是他们将文学生产与文学接受活动结合为一体，因此我认为他们是文学交往活动中的主要角色，文学交往这个范畴的意义便是，作为桥梁或者媒介，将我们过去讨论的文学生产与文学接受统一为了一个整体。使我们可以更加紧密地讨论不同类型文学活动中的不同主体。

从宏观角度看，马克思的交往思想涉及了人与自我、人与他人、人与社会（自然）三种形态：

人与自我的交往，起初是物质躯体的生产和再生产，然后才是自我意识的独立。躯体是感知世界的媒介与工具，也是感知自我的媒介与工具。在马克思的博士论文中，自由的自我意识使人脱离神的控制，而不同自我意识在相互交往中发生的排斥，展现了生存的多样性。到了《1844 年经济学哲学手稿》，借由异化劳动，人与自我表现出敌对关系，意识只有屈服于物质性的肉体，才能忍受异化劳动。由于忽视了物质生产的历史性作用，继承黑格尔遗产的思想家们，将意识独立于世界的现象归功意识自身，那种否定之否定的辩证法，像极了资本的总循环运动，将一切现实对立吸纳进自身不断膨胀的抽象躯体中，试图以不断的狂欢掩盖逐渐暴露的虚伪与虚无。相反，马克思将哲学从自我独白中拯救出来，使其从俯视的思辨降落到现实直观中，自我意识由社会生活所决定，在资本主义社会，自我意识是渴望交往并通过交换支配他人的自私自利。

人与他人的交往，同样来自物质生产的需要。我只能生产单一的物品，但我的需求是多方面的，为此必须与他人交换，甚至到最后，从生产剩余的交换发展到一切生产只是为了交换。在我与他人交往组成的商品世界，我们都是彼此潜在的价值确证者与见证者，最终都要通过交往完成价值兑现。除了诉诸交换价值的种种化身，我们不知还有其他可以表述自我与他人关系的语言与规范。交往的起点是占有他人的欲望，过程是相互算计的理性和曲意逢迎的感性，结果是主体的物化与物的主体化。当我们在相互交往中组建彼此的社会关系时，同样必须接受被这种物化社会关系所支配的命运。

人与社会（自然）的交往，依然开始于物质生产。自然曾经是人类敬畏的对象，但现在人类社会发展到要自我暗示去保护自然。从人类认识自然、改造自然取得的历史成就中，自然已经成为人化的躯体，在生产人类之后，又被人类自身的再生产所改变。在马克思将市民社会与政治国家的对立揭示为私有制和财产的对立之后，人与社会的交往便一直围绕着生产私有制的雇佣劳动。阶级对立下的阶级斗争确实是人类社会长久发展的动力，战争是人类历史中惯常的交往形式，但暴力只是暴力，而非生产力，人们交往形成的集体才是，但是在生产力与生产关系、交往关系发展到一定历史阶段之前，这个集体依旧维持着几千年来少数人统治剥削多数人的对立形式。

从马克思的立场看，认识世界的目的是改造世界，理论要以群众为主体才能转化为现实实践。交往思想亦是如此，只不过人类交往行为的特殊性突出了语言这一媒介，产生了哈贝马斯这种将言语商谈放在中心的交往行为理论，虽然文学作品同样以语言文字为载体，但是马克思的交往思想要求关注文学活动的各个环节，尤其是文学生产，包括作家创作与读者的批评行为，这些行为随着信息技术的发展变得更加频繁，已经成为当今文学交往的现实之一。凭借文学交往，文学生产者与文学接受者得以确认自身的主体性，并在阅读与批评行为中重塑各自社会关系的边界。作者是其作品的第一个读者，读者是作品存在形态的最终完成者以及意义的理解者与创造者。文学批评的含义也在文学交往中得到更新，它现在成为沟通文学生产与文学接受之间的桥梁，并借此突显了自己的作用和地位。

最后，为了消灭分工同时也是摧毁私有制社会，马克思提出了建立以生产力发展作为条件的普遍交往，人类历史如果不通过交往成为世界历史，那么个体就无法实现彻底解放。赋予交往主体以人民性，本身就是中国文学进入世界文学空间的特色维度之一。人民作为过去中国革命的主导力量，理应成为今天文学生产的导引和文学接受的主要对象，并在世界文学的交往中发挥着求同存异、兼容并包的重要功能。虽然马克思关于人类解放的种种描绘，遥远到看上去只是一个乌托邦，但自由勇敢的哲学精神，却在历代人民群众的集体实践中，切实地薪火传递下来。

参考文献

外文文献

一、译著

（一）马恩经典著作

[1] 马克思恩格斯全集 [M]. 中共中央马克思恩格斯列宁斯大林著作编译局，编译 . 北京：人民出版社，1956—1985.

[2] [德] 马克思，恩格斯 . 共产党宣言 [M]. 中共中央马克思恩格斯列宁斯大林著作编译局，编译 . 北京：人民出版社，2014.

[3] 马克思恩格斯选集（第 1 卷）[M]. 中共中央马克思恩格斯列宁斯大林著作编译局，编译 . 北京：人民出版社，1995.

[4] [德] 马克思，恩格斯 . 德意志意识形态（节选本）[M]. 中共中央马克思恩格斯列宁斯大林著作编译局，编译 . 北京：人民出版社，2018.

[5] [德] 马克思 .1844 年经济学哲学手稿 [M]. 中共中央马克思恩格斯列宁斯大林著作编译局，编译 . 北京：人民出版社，2018.

（二）一般译著

[1] [德] 爱德华·策勒 . 古希腊哲学史（七卷本）[M]. 聂敏里主编，聂敏里，等译 . 北京：人民出版社，2020.

[2] [德] 阿克塞尔·霍耐特．为承认而斗争 [M]．胡继华，译．上海：上海世纪出版社，2005.

[3] [德] 阿克塞尔·霍耐特．物化——承认理论探析 [M]．罗名珍，译．上海：华东师范大学出版社，2018.

[4] [法] 爱弥儿·涂尔干．社会分工论 [M]．渠东，译．上海：三联书店，2000.

[5] [英] 艾瑞克·霍布斯鲍姆．资本的年代：1848—1875 [M]．贾士衡，译．北京：中信出版社，2014.

[6] [美] 安德鲁·芬伯格．技术批判理论 [M]．韩连庆，曹观法，译．北京：北京大学出版社，2005.

[7] [英] 安东尼·吉登斯．现代性与自我认同 [M]．夏璐，译．北京：中国人民大学出版社，2016.

[8] [法] 奥古斯特·科尔纽．马克思的思想起源 [M]．王谨，译．北京：中国人民大学出版社，1987.

[9] [英] 贝克莱．人类知识原理 [M]．关文运，译．北京：商务印书馆，2011.

[10] [古希腊] 柏拉图．理想国 [M]．郭斌和，张竹明，译．北京：商务印书馆，2009.

[11] [俄] 巴赫金．巴赫金全集（七卷本）[M]．白春仁、晓河，等译．石家庄：河北教育出版社，2000.

[12] [英] 戴维·麦克莱伦．马克思传 [M]．王珍，译．北京：中国人民大学出版社，2016.

[13] [美] 大卫·丹穆若什．什么是世界文学？ [M]．查明建，等译．北京：北京大学出版社，2014.

[14] [美] 丹尼尔·贝尔. 社群主义及其批评者 [M]. 李棍, 译. 上海: 三联书店, 2002.

[15] [美] 杜威. 经验与教育 (《杜威全集》第13卷) [M]. 赵协真, 译. 莫伟民, 校. 上海: 华东师范大学出版社, 2010.

[16] [德] 弗·梅林. 马克思传 [M]. 樊集, 译. 北京: 人民出版社出版, 1965.

[17] [英] 弗雷德里克·科普勒斯顿. 英国哲学: 从霍布斯到休谟 [M]. 周晓亮, 译. 天津: 天津人民出版社, 2020.

[18] [德] 弗里德里希·黑格尔. 小逻辑 [M]. 贺麟, 译. 北京: 商务印书馆, 2004.

[19] [德] 弗里德里希·黑格尔. 法哲学原理 [M]. 范扬, 张企泰, 译. 北京: 商务印书馆, 2017.

[20] [德] 弗里德里希·黑格尔. 精神现象学: 上下卷 [M]. 贺麟, 王玖兴, 译. 北京: 商务印书馆, 2017.

[21] [德] 斐迪南·滕尼斯. 共同体与社会 [M]. 林荣远, 译. 北京: 北京大学出版社, 2010.

[22] [日] 广松涉. 唯物史观的原像 [M]. 邓习议, 译. 南京: 南京大学出版社, 2009.

[23] [美] 赫伯特·马尔库塞. 爱欲与文明 [M]. 黄勇, 薛民, 译. 上海: 上海译文出版社, 1987.

[24] [美] 赫伯特·马尔库塞. 审美之维 [M]. 李小兵, 译. 上海: 三联书店, 1989.

[25] [德] 汉斯-格奥尔格·伽达默尔. 真理与方法 [M]. 洪汉鼎, 译. 上海: 上海译文出版社, 1999.

[26] [德] 卡尔·雅斯贝尔斯. 历史的起源与目标 [M]. 魏楚雄, 俞新天, 译. 北京: 华夏出版社, 1989.

[27] [德] 卡尔·雅斯贝尔斯. 时代的精神状况 [M]. 王德峰, 译. 上海: 上海译文出版社, 1997.

[28] [美] 卡特琳娜·克拉克, 迈克尔·霍奎斯特. 米哈伊尔·巴赫金 [M]. 语冰, 译. 北京: 中国人民大学出版社, 2000.

[29] [法] 科尔纽. 马克思的思想起源 [M]. 王谨, 译. 北京: 中国人民大学出版社, 1987.

[30] [英] 克里斯蒂安·福克斯. 交往批判理论: 互联网时代重读卢卡奇、阿多诺、马尔库塞、霍耐特和哈贝马斯 [M]. 王锦刚, 译. 北京: 中国传媒大学出版社, 2019.

[31] [俄] 列夫·托尔斯泰. 艺术论 [M]. 丰陈宝, 译. 北京: 人民文学出版社, 1958.

[32] [美] 刘康. 马克思主义与美学: 中国马克思主义美学家和他们的西方同行 [M]. 李辉, 等译. 北京: 北京大学出版社, 2012.

[33] [美] 理查德·E. 帕尔默. 诠释学 [M]. 潘德荣, 译. 北京: 商务印书馆, 2014.

[34] [德] 路德维希·费尔巴哈. 费尔巴哈哲学著作选集: 上下卷 [M]. 荣震华, 王太庆, 译. 北京: 商务印书馆, 1984.

[35] [匈] 卢卡奇·格奥尔格. 社会存在本体论导论 [M]. 沈耕, 毛怡红, 译. 北京: 华夏出版社, 1989.

[36] [英] 洛克. 人类理解论 [M]. 关文运, 译. 北京: 商务印书馆, 1981.

[37] [英] 罗斯·阿比奈特. 现代性之后的马克思主义——政治, 技术与社会变革 [M]. 王维先, 等译. 南京: 江苏人民出版社, 2011.

[38] [德] 马丁·布伯.我与你 [M].陈维纲，译.上海：三联书店，2002.

[39] [德] 马丁·海德格尔.存在与时间 [M].陈嘉映，王庆节，译.上海：三联书店，1987.

[40] [美] 马克·斯劳卡.大冲突：赛博空间和高科技对现实的威胁 [M].黄铿坚，译.南昌：江西教育出版社，1999.

[41] [德] 马克斯·霍克海默.批判理论 [M].李小兵，等译.重庆：重庆出版社，1989.

[42] [德] 马克斯·霍克海默，特奥多·阿尔多诺.启蒙辩证法（哲学片段）[M].洪佩郁，蔺月峰，译.重庆：重庆出版社，1990.

[43] [德] 马克斯·舍勒.资本主义的未来 [M].罗锑伦，等译.上海：三联出版社，1997.

[44] [德] 马克斯·韦伯.新教伦理与资本主义精神 [M].于晓，陈维纲，等译，上海：三联书店，1987.

[45] [德] 马克斯·韦伯.经济与社会（上、下）[M].林荣远，译.北京：商务印书馆，1997.

[46] [法] 米歇尔·福柯.规训与惩罚 [M].刘北成，杨远婴，译.上海：三联书店，2012.

[47] [法] 米歇尔·博德.资本主义史 [M].吴艾美，译.北京：东方出版社，1987.

[48] [美] 尼古拉·尼葛洛庞帝.数字化生存 [M].胡泳，范海燕，译.海南：海南出版社，1997.

[49] [英] 齐格蒙特·鲍曼.个体化社会 [M].范祥涛，译.上海：三联书店，2002.

[50] [英] 齐格蒙特·鲍曼.共同体 [M].欧阳景根，译.南京：江苏人民出版社，

2003.

[51] [法] 让·波德里亚. 消费社会 [M]. 刘成富，全志钢，译. 南京：南京大学出版社，2000.

[52] [美] 特里·平卡德. 德国哲学 1760—1860：观念论的遗产 [M]. 侯振武，译. 北京：中国人民大学出版社，2019.

[53] [德] 西美尔. 金钱、性别、现代生活风格 [M]. 刘小枫，编. 顾仁明，译. 上海：学林出版社，2000.

[54] [德] 西美尔. 货币哲学 [M]. 陈戎女，耿开君，文聘元，译. 北京：华夏出版社，2007.

[55] [德]H.R. 姚斯. 审美经验与文学解释学 [M]. 顾建光，等译. 上海：上海译文出版社，1997.

[56] [德]H.R. 姚斯，[美]R.C. 霍拉勃. 接受美学与接受理论 [M]. 周宁，金元浦，译. 沈阳：辽宁人民出版社，1987.

[57] [波] 亚当·沙夫. 作为社会现象的异化 [M]. 衣俊卿，等译. 哈尔滨：黑龙江大学出版社，2015.

[58] [波] 亚当·沙夫. 马克思主义与人类个体 [M]. 杜红艳，译. 哈尔滨：黑龙江大学出版社，2015.

[59] [英] 亚当·斯密. 国富论（上下册）[M]. 贾拥民，译. 北京：中国人民大学出版社，2016.

[60] [德] 伊曼奴尔·康德. 实践理性批判 [M]. 李鹏，译. 北京：商务印书馆，1999.

[61] [德] 伊曼奴尔·康德. 纯粹理性批判 [M]. 李秋零，译. 北京：中国人民大学出版社，2011.

[62] [德] 尤尔根·哈贝马斯. 公共领域的结构转型 [M]. 曹卫东，等译. 上海：

学林出版社，1999.

[63] [德] 尤尔根·哈贝马斯 . 认识与兴趣 [M]. 郭官义，李黎，译 . 上海：学林出版社，1999.

[64] [德] 尤尔根·哈贝马斯 . 现代性的哲学话语 [M]. 曹卫东，译 . 南京：译林出版社，2011.

[65] [德] 尤尔根·哈贝马斯 . 重建历史唯物主义 [M]. 郭官义，译 . 北京：社会科学文献出版社，2000.

[66] [德] 尤尔根·哈贝马斯 . 交往行为理论（第一卷 行为合理性与社会合理化）[M]. 曹卫东，译 . 上海：上海人民出版社，2018.

二、英文文献

[1] Andrew Mathers. We Make Our Own History. Marxism and Social Movements in the Twilight of Neoliberalism[J]. *Social Movement Studies*,2016,15(3).

[2] Bahar Kay Han. An Analysis of Marx's Legacy in the Field of Communication Studies[J]. *TripleC: Communication, Capitalism & Critique*,2018,16(2).

[3] Christian Fuchs. *Digital Labour and Karl Marx*[M].Taylor and Francis:2014-01-03.

[4] Christian Fuchs. *Marxism*[M].Taylor and Francis:2019-12-30.

[5] Christine Ward Gaile,Community, State and Questions of Social Evolution in Marx´s "Ethnological Notebooks"[J]. *Anthropologica*,2003,45(1).

[6] Danielle Barrios-O´Neill. Social Media: a Critical Introduction[J]. *Information, Communication & Society*,2015,18(12).

[7] Fraser Ian. Justice, Equality and Community: An Essay in Marxist Political Theory[J]. *Contemporary Political Theory*,2002,1(1).

[8] Gerstenberg Oliver. Radical Democracy and the Rule of Law: Reflec-

tions on J. Habermas´Legal Philosophy[J]. *International Journal of Constitutional Law*,2019,17(4).

[9] J.Antonio Robert. *Marx and Modernity*[M]，Blackwell Publishers,2003.

[10] John Gregson. Marxism Lost and Found: Alasdair MacIntyre and the Contemporary Debate[J]. *International Critical Thought*,2015,5(2).

[11] Mike Macnair. Marxism and Freedom of Communication[J]. *Critique*,2009,37(4).

[12] Martin Morris. Social Justice and Communication: Mill, Marx, and Habermas[J]. *Social Justice Research*,2009,22(1).

[13] Mattias Ekman. Understanding Accumulation The Relevance of Marx´s Theory of Primitive Accumulation in Media and Communication Studies[J]. *TripleC: Communication, Capitalism & Critique*,2012,10(2).

[14] Nick Couldry,Ulises A. Mejias. Data Colonialism: Rethinking Big Data´s Relation to the Contemporary Subject[J]. *Television & New Media*,2019,20(4).

[15] Paul Rekret,Simon Choat. From Political Topographies to Political Logics: Post-Marxism and Historicity[J]. *Constellations*,2016,23(2).

[16] Roland Boer. Concerning the "Warm Stream" within Marxism[J]. *International Critical Thought*,2016,6(1).

[17] Stefan Kalmring,Andreas Nowak.Viewing Africa with Marx: Remarks on Marx's Fragmented Engagement with the African Continent[J].*Science & Society*,2017(03).

[18] Thomas Joseph Maschio. Culture, Desire and Consumer Culture in America in the New Age of Social Media[J]. *Qualitative Market Research: An International Journal*,2016,19(4).

中文文献

一、著作类

[1] 陈力丹 . 精神交往论：马克思恩格斯的传播观 [M]. 北京：中国人民大学出版社，2008.

[2] 陈先达，靳辉明 . 马克思早期思想研究 [M]. 北京：中国人民大学出版社，2016.

[3] 范宝舟 . 论马克思交往理论及其当代价值 [M]. 北京：社会科学文献出版社，2005.

[4] 冯宪光 . 马克思美学的现代阐释 [M]. 成都：四川教育出版社，2002.

[5] 宫瑜 . 交往理性与道德共识——哈贝马斯话语伦理学研究 [M]. 北京：中国社会科学出版社，2017.

[6] 韩红 . 交往的合理化与现代性的重建 [M]. 北京：人民出版社，2005.

[7] 贺金瑞 . 全球化与交往实践 [M]. 北京：人民出版社，2002.

[8] 侯才 . 青年黑格尔派与马克思早期思想的发展 [M]. 北京：中国社会科学出版社，1994.

[9] 胡亚敏 . 中西之间：批评的历程——胡亚敏自选集 [M]. 武汉：华中师范大学出版社，2012.

[10] 胡亚敏 . 马克思主义文学批评中国形态的当代建构 [M]. 北京：人民出版社，2020.

[11] 姜爱华 . 马克思交往理论研究 [M]. 北京：知识产权出版社，2009.

[12] 李鹏程 . 马克思早期思想探源 [M]. 北京：人民出版社，2008.

[13] 李素霞．交往手段革命与交往方式变迁 [M]．北京：人民出版社，2005.

[14] 栗文莲．交往与市场：马克思交往理论研究 [M]．北京：社会科学文献出版社，2000.

[15] 李衍柱．马克思主义文艺理论在中国 [M]．济南：山东文艺出版社，1990.

[16] 刘明合．交往与人的发展 [M]．北京：中央编译出版社，2008.

[17] 刘明石，于海洋编著．交往视域人的主体性 [M]．哈尔滨：哈尔滨地图出版社，2008.

[18] 刘勇等著．马克思主义与 20 世纪中国文学 [M]．南昌：百花洲文艺出版社，2006.

[19] 刘小枫．接受美学译文集 [M]．北京：生活·读书·新知三联书店，1989.

[20] 鲁菩．语言言语交往 [M]．北京：社会科学文献出版社，2004.

[21] 马新晶．唯物史观视域中的交往理论研究 [M]．北京：中国社会科学出版社，2013.

[22] 钱中文．文学理论：走向交往对话的时代 [M]．北京：北京大学出版社，1999.

[23] 任平．交往实践与主体际 [M]．南京：苏州大学出版社，1999.

[24] 任平．交往实践的哲学 [M]．昆明：云南人民出版社，2003.

[25] 任平．走向交往实践的唯物主义：马克思交往实践观的历史视域与当代意义 [M]．北京：人民出版社，2003.

[26] 闰艳．马克思交往理论视界中的思想政治教育创新探究 [M]．天津：南开大学出版社，2015.

[27] 唐踔．马克思世界交往理论及其当代价值研究 [M]．北京：世界图书出

版公司，2013.

[28] 童星．网络与社会交往 [M].贵州：贵州人民出版社，2002.

[29] 王鸿生．交往者自白 [M].北京：东方出版社，1995.

[30] 汪怀君．人伦传统与交往伦理 [M].济南：山东大学出版社，2007.

[31] 王伟．文本作为交往的世界 [M].桂林：广西师范大学出版社，2014.

[32] 王武召．社会交往论 [M].北京：北京大学出版社，2002.

[33] 王先霈．中国文学批评的解码方式——王先霈自选集 [M].武汉：华中师范大学出版社，2010.

[34] 王振林．现代西方交往理论研究 [M].北京：中国社会科学出版社，2015.

[35] 王志红．差异性社会共识理论研究 [M].北京：社会科学文献出版社，2016.

[36] 温儒敏．中国现代文学批评史 [M].北京：北京大学出版社，1993.

[37] 吴伯凡．孤独的狂欢——数字时代的交往 [M].北京：中国人民大学出版社，1998.

[38] 吴仁平．对马克思早期哲学著作的理解 [M].北京：中共中央党校出版社，2008.

[39] 席大民．马克思主义历史哲学（第4卷）：普遍交往论和世界历史论 [M].长春：吉林人民出版社，2006.

[40] 向玉乔．英美新马克思主义伦理思想 [M].北京：中国人民大学出版社，2016.

[41] 姚纪纲．交往的世界：当代交往理论探索 [M].北京：人民出版社，2002.

[42] 于希勇.马克思恩格斯伦理思想的展开维度 [M].北京：中国社会科学出版社，2015.

[43] 严平编.伽达默尔集 [M].邓安庆，等译.上海：上海远东出版社，2003.

[44] 张雯雯.哈贝马斯的交往行为理论与历史唯物主义 [M].北京：中国社会科学出版社，2019.

[45] 郑召利.哈贝马斯的交往行为理论——兼论与马克思学说的相互关联 [M].上海：复旦大学出社，2002.

[46] 周志山.马克思社会关系理论及其当代意义 [M].济南：齐鲁书社，2004.

[47] 朱立元.马克思主义文艺理论中国化研究 [M].北京：经济科学出版社，2009.

[48] 朱士群等著.阶级意识、交流行动与社会合理性：西方马克思主义社会政治理论的现代性话语 [M].合肥：中国科学技术大学出版社，2005.

[49] 张健.全球化时代的世界文学与中国："当代世界文学与中国"国际学术研讨会论文集 [M].北京：中国社会科学出版社，2010.

二、期刊类

[1] 陈力丹.论马克思恩格斯的全球交往观念 [J].河南大学学报（社会科学版），2011(04).

[2] 陈映霞.从"生产"到"交往"——德意志意识形态中的交往思想再探 [J].长白学刊，2019(04).

[3] 崔琳璐.马克思人本逻辑的视阈转换及其当代语境——以《1844 年经济学哲学手稿》与《政治经济学批判(1857—1858年手稿)》为文本考察 [J].理论月刊，2017(06).

[4] 崔永学．从全球化维度对马克思"交往"与"人的发展"观的解读 [J].北京师范大学学报 (社会科学版)，2008(04).

[5] 戴圣鹏．论工业与资本在世界文明交往与融合中的作用 [J].学习与探索，2015(02).

[6] 丁立群．交往、实践与人的全面发展 [J].哲学研究，1992(07).

[7] 丁茜．马克思与哈贝马斯交往观的比较 [J].马克思主义哲学研究，2006(01).

[8] 范宝舟．论马克思交往理论的基本特征 [J].武汉大学学报 (人文科学版)，2003(05).

[9] 方维规．"文学作为社会幻想的试验场"——另一个德国的"接受理论" [J].外国文学评论，2011（04）.

[10] 方博．青年马克思的公民浪漫主义——再论《论犹太人问题》[J].北京大学学报 (哲学社会科学版)，2021(03).

[11] 方汉文．马克思"世界的文学"：中国化的新概念翻译与注解——马克思"世界的文学"理论札记之三 [J].中国文学研究，2021(03).

[12] 冯潇．唯物史观视域下的交往理论 [J].江西社会科学，2017(06).

[13] 弗兰科·莫莱蒂，诗怡．对世界文学的猜想 [J].中国比较文学，2010(2).

[14] 郭祥才．论生产与交往的互动作用 [J].浙江社会科学，2015(02).

[15] 韩立新．《穆勒评注》中的交往异化：马克思的转折点——马克思《詹姆斯·穆勒〈政治经济学原理〉一书摘要》研究 [J].现代哲学，2007(05).

[16] 韩立新．从国家到市民社会：马克思思想的重要转变——以马克思《黑格尔法哲学批判》为研究中心 [J].河北学刊，2009(01).

[17] 侯振武，杨耕．关于马克思交往理论的再思考 [J].哲学研究，2018(07).

[18] 胡亚敏．中国马克思主义文学批评的人民观 [J].文学评论，2013(05).

[19] 胡亚敏. 马克思主义文学批评"中国形态"探讨 [J]. 中国文学批评，2015(04).

[20] 黄静婧. 论网络交往中的人的发展 [J]. 理论月刊，2018（04）.

[21] 黄念然. 马克思主义文学批评中国形态的历史进程 [J]. 中国人民大学学报，2012(02).

[22] 黄少华. 论网络空间的人际交往 [J]. 社会科学研究，2002(04).

[23] 姜爱华. 马克思交往范畴的实践定位探讨 [J]. 理论探索，2008(02).

[24] 江丹林. 论交往实践观与唯物史观的内在联系 [J]. 哲学研究，1992(01).

[25] 姜海波. 私有财产的外化与交往异化——解读《詹姆斯·穆勒〈政治经济学原理〉一书摘要》[J]. 现代哲学，2008(03).

[26] 凌晨光. 论文学交流 [J]. 山东社会科学，1992(03).

[27] 李海滨. 交往的历史形式及其根据 [J]. 哲学研究，1992(08).

[28] 李琦. 交往问题研究的实践论转向——马克思社会交往思想的理论探析 [J]. 兰州学刊，2007(06).

[29] 李淑梅. 马克思人民主体性的国家建构思想——基于《黑格尔法哲学批判》的探讨 [J]. 北京大学学报（哲学社会科学版），2021(01).

[30] 李素霞. 世界普遍交往与卡夫丁峡谷的跨越——兼论马克思社会交往理论的方法论意义 [J]. 马克思主义研究，2012(05).

[31] 李维意. 论世界交往的空间效应——基于马克思资本与劳动关系的现代性批判视角 [J]. 哲学研究，2019(10).

[32] 栗文莲. 马克思的交往学说及其实践意义 [J]. 马克思主义研究，2000(05).

[33] 李晓敏. 论《穆勒评注》中的交往异化 [J]. 马克思主义哲学研究，2017(01).

[34] 林剑. 人的社会交往与人的本质、人的发展 [J]. 哲学研究，1993(07).

[35] 刘刚. 论交往在社会实践系统中的地位和作用 [J]. 哲学研究，1991(11).

[36] 刘煜昊, 张文雅. 马克思文化交往思想及其当代价值 [J]. 理论学刊，2015(11).

[37] 刘明合. 马克思交往观视角上人的三重本质探究 [J]. 理论探讨，2007(06).

[38] 刘文艺. 社会对抗：马克思交往异化思想的实质 [J]. 深圳大学学报（人文社会科学版），2016(05).

[39] 刘忠世. 论普遍性交往 [J]. 山东大学学报（哲学社会科学版），1991(01).

[40] 刘宗碧.《1844 年经济学哲学手稿》的双重异化批判和马克思新经济学逻辑的孕育 [J]. 哲学动态，2012(11).

[41] 刘秀萍. 重温《神圣家族》对《蒲鲁东》的分析和评判 [J]. 现代哲学，2016(01).

[42] 梁爽. "人的本质"的自我生成何以可能——《德意志意识形态》对黑格尔辩证法的继承与重构 [J]. 哲学研究，2022(10).

[43] 黎杨全. 从网络性到交往性——论中国网络文学的起源 [J]. 当代作家评论，2022(04).

[44] 马援. 马克思主义世界交往理论及实践与当代人类命运共同体的建构 [J]. 世界社会主义研究，2019(04).

[45] 聂锦芳. 一段思想因缘的解构——《神圣家族》的文本学解读 [J]. 学术研究，2007(02).

[46] 欧力同. 交往理论的演变：从近代到当代 [J]. 上海社会科学院学术季刊，1995(04).

[47] 欧阳英. 关于交往概念的综合理解——由哈贝马斯交往理论引发的深入

思考 [J]. 世界哲学，2018(02).

[48] 彭萍萍. 马克思恩格斯的世界交往理论及其当代价值 [J]. 当代世界与社会主义，2007(02).

[49] 齐勇. 马克思与哈贝马斯交往理论中价值问题的差异比较 [J]. 学术交流，2011(03).

[50] 屈彩霞. 德意志意识形态中的精神交往批判思想探析 [J]. 理论月刊，2012(02).

[51] 乔国强. "世界文学"中的中国文学问题 [J]. 中国文学研究，2022(03).

[52] 任平. 交往实践观：马克思《资本论》的哲学视域 [J]. 中国社会科学，2003(02).

[53] 沈江平，张婧. 被遗忘在附录中的异化思想——解读马克思《穆勒评注》中的交往异化 [J]. 理论视野，2019(02).

[54] 舒小昀. 中心·世界·交往：全球化语境下解读经典马克思主义的三个关键词 [J]. 求索，2004(04).

[55] 孙民，齐承水. 马克思现代性语境中的"交往"概念 [J]. 山东社会科学，2016(11).

[56] 孙伟平. 人类交往实践的革命性变迁——虚拟交往及其哲学批判 [J]. 吉林大学社会科学学报，2012(03).

[57] 孙文宪. 回到马克思：脱离现代文学理论框架的解读 [J]. 学术月刊，2013(08).

[58] 宋婷婷，刘奕含. 马克思《1844 年经济学哲学手稿》中异化理论的赫斯因素 [J]. 学术交流，2018(06).

[59] 唐正东.《穆勒评注》中"交往异化"的准确内容及其思想史地位 [J]. 现代哲学，2008(04).

[60] 万光侠 . 马克思的交往理论及其当代价值 [J]. 江西社会科学，2000(04).

[61] 王德峰 . 交往是实践活动的基本形式——对马克思交往概念的思考 [J]. 复旦学报（社会科学版），1996(02).

[62] 王晓红 . 马克思晚年笔记的原始核心是什么——关于《路易斯·亨·摩尔根古代社会一书摘要》的地位 [J]. 高校理论战线，2009（03）.

[63] 王晓华，张建华 . 交往的异化及其扬弃——对马克思社会理论的现代解读 [J]. 华中科技大学学报（社会科学版），2001(04).

[64] 王振林 . 解析与探索——哲学视域中的主体际交往 [J]. 人文杂志，2000(03).

[65] 王伟 . 作为自我意识限制条件的自然——以马克思博士论文为文本依据 [J]. 社会科学论坛，2022(03).

[66] 王兴辉 . 马克思早期国家批判的路径分析——以《黑格尔法哲学批判》为中心 [J]. 理论月刊，2020(12).

[67] 王旭东 . 重释《德意志意识形态·费尔巴哈》章中交往形式概念的作用和意义 [J]. 社会主义研究，2018(05).

[68] 吴海江，徐伟轩 . 马克思恩格斯"自由人的联合体"思想及其当代意义 [J]. 东南学术，2018(05).

[69] 吴毅 . 马克思的交往实践观及其现实意义 [J]. 华东师范大学学报（哲学社会科学版），2008(02).

[70] 席大民 . 德意志意识形态中的交往思想何以被误读和低估 [J]. 天津社会科学，2012(04).

[71] 许斗斗 . 德意志意识形态中"交往形式"理论新释——析"交往形式"即"生产关系"的观点 [J]. 东南学术，1999(02).

[72] 夏莹 . 启蒙与马克思新唯物主义的形成——重读马克思《博士论文》[J].

山东社会科学，2022(11).

[73] 杨伊. 交往的异化与扬弃及马克思交往理论的当代意义 [J]. 湖北社会科学，2013(12).

[74] 杨洪源.《哲学的贫困》中的价值形式问题 [J]. 现代哲学，2021(01).

[75] 炎冰. 论"自我意识"的政治学况味——马克思《博士论文》续探 [J]. 南京社会科学，2012(06).

[76] 余达淮. 资本的道德与不道德的资本——从《1844 年经济学哲学手稿》谈起 [J]. 马克思主义与现实，2015(04).

[77] 张新标. 马克思交往理论的形成及其确立 [J]. 前沿，2014(01).

[78] 张岩冰. 附录中的思想遗珠——解读马克思《穆勒评注》中的交往异化 [J]. 理论月刊，2020(01).

[79] 张一兵. 从交往异化到雇佣劳动批判——赫斯哲学补论 [J]. 河北学刊，2012(03).

[80] 张一兵. 资产阶级社会的历史性透视——广松涉版《德意志意识形态》"费尔巴哈章"新探 [J]. 理论探讨，2022(05).

[81] 张永庆. 马克思交往思想的历史考察和当代意义 [J]. 首都师范大学学报（社会科学版），2005(03).

[82] 张永清. 马克思主义文学批评的当代形态 [J]. 学术月刊，2011(10).

[83] 张晓萌，周鼎. 马克思人权观建构的四维论析——基于《论犹太人问题》及相关文献的研究 [J]. 马克思主义理论学科研究，2022(10).

[84] 赵家祥. 解析德意志意识形态中的一个难解之谜——"生产关系"概念与"交往形式"等术语的关系 [J]. 哲学动态，2011(04).

[85] 周青鹏. 马克思恩格斯视野中的资本主义交往 [J]. 学术论坛，2011(07).

[86] 邹之坤，刘丽红. 从马克思的交往实践观看人的发展 [J]. 学习与探索，

2005(01).

[87] 邹诗鹏 . 马克思论市民社会的经济性质——基于《黑格尔法哲学批判》的讨论 [J]. 马克思主义与现实，2021(05).

三、博士论文

[1] 王晓丹 . 生产关系论 [D]. 华中师范大学，2018.

[2] 温恕 . 文学生产论：从布莱希特到伊格尔顿 [D]. 四川大学，2003.